张蕊 著

黑白灰地带

如何走出婚姻家庭的误区和阴霾

中国出版集团
中国民主法制出版社

全国百佳图书
出版单位

◆人们都说我像一位主持人

◆其实,我是一位执业 13 年的律师

◆我热爱法律

◆也热爱生活

◆ 热爱《法律讲堂》

◆衷心地祝愿，每一位读者、观众、粉丝都能收获美满的爱情和幸福的婚姻

◆欢迎你到东北来，看雪，看我

序

张蕊律师邀请我为她的新书作序，我甚是忐忑。一来自己文笔平平；二来作为传媒人，既没有著作等身的荣耀，也没有业内大佬的资历，为人作序，实属赶鸭子上架。张蕊律师的《黑白灰地带——如何走出婚姻家庭的误区和阴霾》这部著作精选了33期她在央视《法律讲堂》主讲的经典案例，涉及婚姻家庭生活的方方面面，故事性强、针对性强，法理分析鞭辟入里，对警示和预防违法犯罪、构建和谐的家庭关系大有裨益。

我本人有幸与《法律讲堂》栏目一同成长，见证了她的诞生、发展、壮大和辉煌。《法律讲堂》，作为中央广播电视总台的一档普法节目，从2004年12月28日开播以来，一直致力于提升公民法律素养、传播法律智慧、传承法治精神，以案释法、以情动人、以理服人，在业界具有一定的影响力和感召力。栏目先后6次与《新闻联播》《今日说法》等栏目一起获得"央视品牌栏目30强"荣誉称号。截至目前，已有来自全国26个省、直辖市、自治区400余位优秀法律工作者登上《法律讲堂》，他们凭借过硬的法律专业知识和丰富的办案经验，满怀对普法事业的执着和热爱，认真讲好每一个法律故事，传播社会正能量，践行习近平总书记提出的"努力让人民群众在每一个司法案件中都感受到公平正义"的指示精神。

主讲人是《法律讲堂》节目的核心竞争力，在以服务民众法律生活为己任的栏目宗旨的感召下，他们立足本职、勇于担当，展示了法律人良好的职业素养。在栏目的精心培养下，主讲人提供的选题内容越来越生活化、镜头前的表达也越来越生动传神。栏目的高标准、严要求，塑造了主讲人的美好行业形象，成就了《法律讲堂》节目期期言之有物、言之有理、言之有情的精彩。在这些精彩中，就闪耀着张蕊律师的光辉。

　　张蕊律师是《法律讲堂》的明星主讲人，我和张蕊律师的第一次会面也是通过大屏幕。直观的印象是，她身材娇小、睿智，略带几分东北腔，故事讲得有声有色，情理法的分析张弛有度、入心入理，给我留下了深刻印象。与张蕊律师第一次线下见面，是在参加"第五届沈阳律师金话筒大赛暨《法律讲堂》主讲人选拔活动"的现场，张蕊律师作为栏目资深主讲人担任了央视频网络直播分会场的主持人。全程5个多小时的直播，张蕊律师神采奕奕，金句频出，水准完全不亚于专业主持人。张蕊律师作为《法律讲堂》在沈阳地区选拔的第一批主讲人之一，4年录制上百期节目，这在整个栏目也是极为少见的。如此高产的节目数量，可以看出她这几年对《法律讲堂》的投入和专注，这种坚持与我见到她本人时给我的印象一样，执着且有力量。

　　透过张蕊律师的朋友圈，发现她的确很忙。在央视做节目进行公益普法只是她生活的一小部分，她在其本职事业上，不忘初心，牢记律师的职责使命。一面面锦旗、一声声感谢、一堂堂普法课、一份份荣誉，足以说明一切。我了解到，13年的律师执业之路，张蕊律师先后被评为辽宁省优秀律师、沈阳市优秀律师、沈阳市优秀女律师、沈阳市十佳法治宣传志愿者等殊荣，还担任了《中华人民共和国民法典》沈阳宣传形象大使。这体现了一名优秀律师的社会责任和担当。

　　《法律讲堂》作为中央广播电视总台传媒"航母编队"中的一架"战机"，在新时代面临新机遇、新挑战，需要不断地注入新的活力，需要更多像张蕊律师一样优秀的法律界人士共同参与、共谋发展。这是一个共同成长、相互成就的普法平台。张蕊律师上百期公益普法节目的积淀，让她收获了来自全国各地观众、粉丝的喜爱，《黑白灰地带——如何走出婚姻家庭的误区和阴霾》这部书的顺利出版自是水到渠成的结果。该书收录33期《法律讲堂》的节目，涉及52则情感、婚姻、家庭的经典案例，张蕊律师以女性律师视角透过现象看本质，解密一个个案件背后的婚姻情感密码，告诉大家如何走出婚姻家庭的误区和阴霾。这是一本值得一读的法律佳作。

是为序！

《法律讲堂》栏目 陈德鸿

2023年7月

目录 Contents

恋爱情感

逃亡人生 2
爱情陷阱 11
真假爱人 19
"疯狂"的彩礼 28
贪婪的恋人 37
都是"彩礼"惹的祸 46
声音的诱惑 55
校花邂逅"富豪" 65

婚姻

带刺的婚姻 76
婆媳大战 84
夫妻财产争夺战 92
失踪的妻子 101
契约夫妻 110

荒唐夫妻	119
婚姻陷阱	128
对家暴说"不"	136
全职妈妈的保障	145

婚外情

水井里的戒指	156
大桥下冰冻的女尸	164
所谓的"婚外情"引发的血案	173
令人着迷的女主播	182
情债	191
用情不专引来祸	199
丈夫花心的代价	207
致命情人	218

老人与孩子

老人爱上保姆后	228
为了孙子状告前儿媳妇	237
爷爷奶奶抢孩子	245
保姆的秘密	254
少女的噩梦	263
失职的营业者	271
早来的爱情	279
坠楼的少女	287
后　记	295

恋爱情感

逃亡人生

法律知识点：追诉时效

2018年五一小长假的一天，家住南方的林晓娇早早地就起床了。因为这一天，她和老公李大海要带儿子去春游。他们一家之前就计划了好久，自从儿子到外地上大学，一家人聚在一起的时间太少了，所以趁着五一假期，他们一家人要到近郊去野炊。

老公李大海刚起床，林晓娇忙前忙后地在收拾出门要用的东西，这个时候门外传来了敲门声。这大早上的，会是谁呢？

打开门一看，林晓娇愣住了，站在门外的不是别人，而是警察。林晓娇奇怪地问道："你们找谁？"话音刚落，警察涌进客厅，一把抓住了刚从卧室走出来的李大海。李大海当场被制伏，但是他却淡定地说道："我跟你们走！"警方给李大海戴上手铐，说："张广弘，我们找你好久了！"

林晓娇愣在原地。张广弘？丈夫李大海怎么突然变成张广弘了呢？结婚20多年，她从来不知道丈夫还有别的名字。

那么，警方为什么要带走李大海？"张广弘"又是怎么一回事呢？随后，警方给林晓娇下了拘留通知书，"张广弘"因为涉嫌故意杀人罪被刑事拘留了。没错，李大海的真实名字就叫张广弘，他在23年前杀了人！

一起生活了20多年的枕边人，竟然是杀人凶手！而且还有别的身份！李大海到底有多少不为人知的秘密？这就要从20多年前说起了。

那一年李大海22岁，但是那个时候他的名字叫张广弘。当年张广弘有一个青梅竹马的初恋女朋友，名叫刘艳艳，两个人打小就认识，上学的时候还是同桌，他们在童真的岁月里一起长大，后来出落成了小伙子和大姑娘。

张广弘长相俊朗，热情幽默，十里八村给他说媒的很多。而刘艳艳从小就是个乖乖女，凡事都听父母的。张广弘初中毕业就去打工了，刘艳艳念完职高，也找了份工作。在他们20多岁的时候，两个人在同学聚会上又联系了起来，张广弘对刘艳艳暗生情愫，经常和她聊天，约她出来见面。

有一天，两人坐在他们经常约会的小溪边。张广弘从裤兜里掏出一枚用草编织的戒指，深情款款地对刘艳艳说："艳艳，我喜欢你，以后我一定努力赚钱，给你买一颗真的钻戒，我这辈子就只对你一个人好。"刘艳艳早就明白张广弘的心意，而且她也喜欢张广弘。她娇羞地点了点头，两个人就这样在一起了。

张广弘很爱刘艳艳，就算他们偶尔拌个嘴，都是张广弘主动示好，去哄刘艳艳开心。刘艳艳也觉得自己很幸运，遇到一个这么好的男朋友。确立了恋爱关系以后，他们相处得很甜蜜。张广弘和刘艳艳两家人其实也都认识，村里人也都知道刘家的姑娘和张家的小伙谈起了恋爱，每次刘艳艳去张广弘家，街坊邻居都打趣地说道："哟，新媳妇来了啊！"

但是，刘艳艳的父母对他们的交往其实并不看好。他们觉得虽然张广弘对女儿挺好，但是结婚是两家人的事儿，张广弘家的经济条件太一般了，女儿的身材相貌样样都不差，应该找个条件更好的。

可是，刘艳艳一直和张广弘相处着，谈了小半年，张广弘家来提亲了。张广弘父母买了好酒好茶到刘家提亲，还一并带了一万零一百元的彩礼，寓意"万里挑一"。

张广弘终于要娶心爱的艳艳为妻，甭提多开心了。张家还在村里挨家挨户发了喜糖，宣布张家要娶刘艳艳过门了，让大家等着发请柬，都来喝喜酒。在当地有个习俗，过了彩礼，发了喜糖，再办了婚礼，那就是结婚，正式结为夫妻了。村里人看着这一对青梅竹马的小两口都发喜糖了，也为他们高兴，就等着喝他们的喜酒祝贺了。

可是，这个时候发生了意想不到的事，这婚结不成了。怎么回事呢？原来就在张家提完亲后，刘艳艳的父亲不干了！因为彩礼给少了！别人家娶媳妇都是5万元、8万元，还有10万元的，可张广弘家才给一万零一百元，还美其名曰"万里挑一"，这不是糊弄人吗？

可是刘艳艳愿意，她说："爸，你又不是不知道张广弘家啥条件，他对我好，我愿意嫁给他，彩礼多少不重要！"刘家父母却态度一致："傻姑娘，对你好能当饭吃吗？现在还没结婚呢，就这么吝啬，以后还能指望他们家把你当回事吗？这彩礼必须得涨，不然我们老刘家的脸面往哪儿搁！"刘艳艳没有什么主意，她对父母的话言听计从，也觉得父母说得有道理，于是就告诉张广弘："我爸妈要涨彩礼。"

张广弘家条件不好，母亲生病，父亲靠种地维持一家的生计，其实这1万元彩礼还是张广弘自己打工攒的。但是，未婚妻家提出了条件，为了娶媳妇过门，张广弘说："行，我答应！"于是，张家又借了4万元彩礼送去了刘家，彩礼这关算是过了。

可是，刚刚解决了彩礼问题，这个时候又出事了。说来也巧，张广弘还有一个姐姐，结婚多年一直没有孩子，而刘家有个亲戚和张家早就认识。刘家亲戚一直想要个孙子，可是偏偏儿媳妇生了三胎都是女儿。一家人养孩子的压力实在太大，所以老三出生以后，一看还是个女孩，就想找个知根知底的人家送过去抚养。

于是，他们就把孩子过继给了张广弘的姐姐抚养。可没想到，这个孩子到张广弘姐姐家半年不到，就生病夭折了。刘家亲戚认定是张家没有照顾好孩子，所以多次到张家讨要说法，说是他们害死了孩子，还要张家赔偿。因此，刘家亲戚和张广弘家是水火不容，结下了梁子，关系一度很紧张。

刘家亲戚因为孩子夭折的事对张家怀恨在心，听说张广弘和刘艳艳定了亲，气得直跳脚，说："我们刘家的姑娘怎么能嫁到仇人家呢？"所以，他们到刘艳艳的父母家，告诉艳艳的父母，刘家和张家八字不合，他们送去张家的孩子活活被张家克死了。"这张广弘命也硬，我问过算命的了，这婚要是结了，不出两年，咱们的艳艳肯定也得出事儿。"

刘家父母听了胆战心惊，心里直犯膈应。他们只是想给女儿找个好人家，平平安安地过一辈子，听说张广弘与刘艳艳八字不合，这不是把女儿往火坑里推吗?!这婚是不敢结了，于是刘家再次悔了婚。谁承想，这次悔婚，竟然给刘艳艳招来了杀身之祸！

好事不出门，坏事传千里。刘家刚一悔婚，就在村里传开了。有人说："癞蛤蟆想吃天鹅肉，到嘴边的天鹅飞了吧！"还有人说，张广弘配不上人家刘艳艳，就算结了婚将来也得离。可张家喜糖都发了，这婚却不结了，张广弘的父母觉得很没有颜面，一连几天都不敢出门，生怕别人在背后指指点点，问东问西。

别看张广弘平时老实巴交，骨子里却是个十分要强的人。他求过刘艳艳好几次，还上门找她的父母解释，说："当初你家亲戚给我姐孩子的事情，孩子夭折真的是个意外，那孩子本来身体就不好，没足月就出生了，这事真不赖我姐。"张广弘还多次找刘艳艳，让她好好和家里人商量商量。可是刘艳艳说了也没用，刘家已经决定了，这婚就是不结了。

既然刘家悔了婚，不肯把女儿嫁过来，张广弘就想把当初给的彩礼要回来，毕竟对于他们家来说，这5万元也不是一笔小数目，而且5万元的彩礼里面有4万元是跟别人借的。可这个时候，刘艳艳的父亲却说："彩礼可不能退，你家喜糖都发了，谁都知道我女儿和你订婚了，现在婚没结成，可是我女儿的名声没了。"而且刘家亲戚不停地给刘艳艳的父亲吹耳边风，说婚没结成是张家的责任，送到他们家的孩子夭折了，张家不赔钱，现在彩礼自然不能退！就这样，张广弘上门要彩礼，刘艳艳的父亲坚决不退，还把他赶了出去。

张广弘因为要不回彩礼，还在刘家碰了一鼻子灰，非常沮丧。回到家，一家人商量该怎么办。张家觉得，刘艳艳不结婚还不退还彩礼，他们刘家欺人太甚，而且张广弘的姐姐还听说刘艳艳的父母已经在张罗刘艳艳和隔壁村的男人相亲了。这让张广弘感到颜面无存，他越想越生气，把准备结婚用的东西全都翻了出来，一把火烧了。

看着燃烧的火焰，张广弘的心里也有一团火在烧。他想不明白，他和刘艳艳相爱，眼看着就要结婚了，就算两家有什么矛盾、误会，刘艳艳多少也应该顾及一下他的感受，她怎么能说变心就变心！张广弘怎么也不相信刘艳艳会情愿跟他退婚，他一定要听到刘艳艳亲口跟他说。于是，他想约刘艳艳见面好好聊聊。

转过头来，我们来看一下刘艳艳这些天是怎么过的。起初刘艳艳的确死活不同意家里退婚，在家又哭又闹，甚至还绝食了好几天，一心求父母成全她和张广弘。无奈父亲使出撒手锏，说道："你要是和他结婚，以后就别想再回我们这个家！"一边是自己心爱的男人，一边是自己的亲生父母，刘艳艳哪个都舍不得。可是，父母身体都不好，为了她和张广弘的事，父亲气昏过去好几次。刘艳艳的母亲劝她："女儿，你就别气你爸了，要是闹出个好歹来，咱们一家人可怎么活啊！"就这样，刘艳艳最后选择听从父母的安排，一个人哭了好几天。她的初恋永远停留在了21岁。

这天，张广弘约刘艳艳晚上10点钟在小溪边见面。刘艳艳既犹豫又忐忑，犹豫的是到底要不要见，忐忑的是她害怕张广弘怪自己抛弃了他。刘艳艳不知该如何面对张广弘。但是，刘艳艳思来想去，纠结了很久，还是决定和张广弘见最后一面，把话说清楚。她走出家门想见曾经心爱的男朋友最后一面。没承想这真成了她人生的最后一面。

张广弘从地里干完活回来，晚上喝了酒，之后便骑着自行车到他们以前经常约会的小溪边等刘艳艳。张广弘左等右等，一直都没有等到刘艳艳出现，就在他准备骑车去刘艳艳家附近找她的时候，刘艳艳来了。

还不等刘艳艳开口，张广弘扑通一下就跪在了刘艳艳面前，说："艳艳，我是真心爱你的，也一定会给你幸福，你不要离开我，不要和我分手。"张广弘求刘艳艳不要和他分手，他还提出可以带她远走高飞。"咱们出去打工，两人一起打拼，一定能过上好日子。"如果分手，他们一家就太没有面子，在村子里也待不下去了。

"男儿膝下有黄金"，刘艳艳看着自己心爱的男人声泪俱下地哀求自己，她很心疼，她又何尝不想和他相守一生！可是自己哭也哭了，闹也闹了，父母就是不同意。刘艳艳也哭成了泪人，她扶起张广弘，牵着他的手说："咱俩好了这么长时间，谢谢你一直呵护我、照顾我。我家里就是不同意咱俩在一起，咱俩的缘分尽了，你找个好女人过日子，忘了我吧！"面对着张广弘的哀求，想到父母的不易与坚决，刘艳艳不敢违背父母的意思，便拒绝了张广弘。还说两个人以后不要再见面了，都各自成家好好生活。

就这样，张广弘从刘艳艳那里没有得到他想要的答案，他的心彻底死了。他瘫坐在地上，一想到自己心爱的女人将来要成为别人的新娘，而自己却会成为村里人的笑柄，张广弘怎么也接受不了。他颜面尽失，仿佛心都在滴血，他已经分不清爱与恨，真与假了……回荡在他脑际中的只有一个念头：报复！

那一刻，张广弘怒从心头起，恶向胆边生！往日满腔的柔情蜜意刹那间变成了你死我亡的"毒瘤"，报复的欲望已经吞噬了张广弘最后一点理智。他瞬间像个疯子一样噌地站起身，恶狠狠地盯着刘艳艳。

刘艳艳从未见过这么恐怖的张广弘，她想逃离，小心翼翼地试探着向后退。可就在刘艳艳转身想要离开的时候，张广弘一把拽住了她的胳膊，操起自行车后座的镰刀，毫不犹豫地挥向了她的脖子。刘艳艳瞬间倒在了血泊之中。

张广弘看着刘艳艳浑身是血，痛苦地倒在地上，他意识到自己杀人了！而他杀害的不是别人，是他青梅竹马的初恋情人！因为害怕事情暴露，他连夜逃窜。

刘艳艳是晚上背着父母偷偷出门去见张广弘的。女儿一夜未归，父母也不知道。第二天早上他们喊女儿吃饭的时候，发现女儿不在家，还以为她出去了。这时候，邻居慌慌张张地跑进院子，说道："老刘啊，大事不好了！你快去看看吧，艳艳出事了！"

刘家父母赶忙跟着邻居跑到小溪边，只见刘艳艳睁大双眼，身上还有多处刀伤，已经没有了生命体征。警方通过侦查发现，刘艳艳被杀害之后，她的未婚夫却突然不见了。于是，很快锁定张广弘有作案嫌疑。

但是，张广弘连夜脱逃。而且这一逃就是20多年，连家里人都不知道他到底去了哪里。张母因为过度想念儿子，思念成疾，在张广弘逃跑后的第三年就离世了。张父经受不住打击，精神出了问题，日日蹲坐在门口等张广弘回家。可是张广弘活不见人，死不见尸，就像人间蒸发了一样，杳无音信。一个大活人怎么会凭空消失了？张广弘逃亡后到底去了哪里？

原来，张广弘杀害刘艳艳后，担心被抓，连夜逃跑，辗转多地，最后来到了南方。他买了好几张假身份证，换不同的名字生活，最后改名叫"李大海"。起初，他在一家小餐馆打工，话不多，但工作勤勤恳恳。饭店的老板娘觉得小伙子人很踏实，慢慢地，就把收银和店长的工作都交给他做。再后来他自己当了老板，开了饭店。他为人很低调，而且从不喝酒，也不交朋友，一门心思把精力都用在做生意上，生意越做越大，越干越红火。

逃亡的第三年，张广弘认识了现在的妻子林晓娇。他用假身份和林晓娇结婚后，还有了一个可爱的儿子。在妻子林晓娇的眼中，李大海就是她一生的依靠，他厚道、顾家，从不让林晓娇出去工作，对儿子也很好，尽到了一个父亲的责任。只是结婚20多年，林晓娇从未见过公婆及李大海的家人。一开始林晓娇说到这个话题，李大海就说："父母早就过世了，老家也没有什么亲戚。"后来，林晓娇也就不再多问了。

张广弘不仅换了姓名，连性格、为人处世的方式，全都改变了，20多年前的张广弘好像和他早已没有什么关系。然而，张广弘之所以对林晓娇和儿子这么好，这当中有他对刘艳艳的亏欠。他总是想，如果刘艳艳没死，如果当年他们结了婚，也许他们的孩子现在也有20多岁了。

在20多年的逃亡中，张广弘隐姓埋名，他从不敢像一个正常人一样去公共场合，不敢交友，不敢出门旅游，从不坐火车、飞机，只要出门从来都是开车，每当听到警笛声，他感觉心都要跳出来了。这么多年，他从未睡过一个安稳觉，总是会梦到那晚倒在血泊中的刘艳艳，睁大双眼看着他。20多年来一直如此，直到警方那天上门找到了他，于是就有了开头的那一幕。

李大海以为,"张广弘"这个人已经彻底从世界上消失了。在那个通信和交通都不发达的年代,加上受限于当时的技术手段,警方对张广弘的追捕工作一度陷入了盲区,但一直没有放弃缉拿凶手。随着侦查技术的进步,警方通过大数据人脸识别,锁定李大海就是当年杀害刘艳艳的真凶——张广弘。为了不打草惊蛇,警方在张广弘家附近蹲守排查数日,在摸清了他的生活及活动轨迹后,决定收网,对张广弘实施抓捕行动。

张广弘被警察带走的那一刻,他深深地叹了一口气。其实,他早就预料到会有这样的一天,只是他不愿意相信,这一天真的会来。到案接受法律的制裁,才是他真正的解脱。

张广弘杀人已经是20多年前的事,有人说犯罪时间超过20年没有找到人就不会再追究刑事责任了。那么,还能不能追究张广弘的刑事责任呢?

《中华人民共和国刑法》第87条规定:"犯罪经过下列期限不再追诉:(一)法定最高刑为不满五年有期徒刑的,经过五年;(二)法定最高刑为五年以上不满十年有期徒刑的,经过十年;(三)法定最高刑为十年以上有期徒刑的,经过十五年;(四)法定最高刑为无期徒刑、死刑的,经过二十年。如果二十年以后认为必须追诉的,须报请最高人民检察院核准。"而第88条第1款规定:"在人民检察院、公安机关、国家安全机关立案侦查或者在人民法院受理案件以后,逃避侦查或者审判的,不受追诉期限的限制。"

虽然张广弘已经逃亡20多年,但是本案在20多年前已经立案侦查,因此当然不受追诉时效的限制,张广弘依然要接受法律的处罚。

公诉机关以故意杀人罪对张广弘提起公诉,但张广弘辩称,当年只是想伤害被害人刘艳艳,并没有想杀死她的意图。而证据显示,刘艳艳死亡时身上有多处刀伤,而且刀刀致命,足以达到剥夺他人生命的程度。显然,张广弘说自己没有杀人的故意是站不住脚的。

最终,法院认定,张广弘因与刘艳艳结婚不成,因彩礼问题发生纠纷，用镰刀非法剥夺他人生命，致人死亡，其行为已构成故意杀人罪。考虑到张广弘因为婚恋、对方悔婚纠纷激化引发杀人行为，酌情从轻处罚，因此以故意杀人罪判处张广弘死刑，缓期2年执行，剥夺政治权利终身。

这一悔婚纠纷最终以悲剧收场，刘艳艳的生命永远定格在了21岁。张广弘逃亡20多年，担惊受怕，惶惶不可终日，最终也难逃法网。

一场婚约的撕毁，毁了两个人，也毁了两个家庭，这个结局不免令人惋惜。假如当年和平分手，刘家返还彩礼，好聚好散，也许悲剧不会上演。如今，张广弘以特殊的方式回到了自己离别20多年的家乡，却是去指认当年的犯罪现场。而现场距离他父母的墓地也不过2千米，可他再也没有机会见到生他、养他的父母了。

法网恢恢，疏而不漏。正义可能会迟到，但永远不会缺席。在此也要提醒那些在逃的不法分子，随着警示侦查技术的进步，无论不法分子逃得多远，藏得多深，终究还是逃不过法律的制裁。

爱情陷阱

> 法律知识点：1. 民间借贷与诈骗罪的区别
> 　　　　　　2. 刑事责任与民事责任认定的区别

【案例一】

2019年夏天的某个周末，刘晓雪下班买了牛排，晚上准备给男朋友杨军涛做法式大餐，这可是她留学期间学到的手艺。到了家，刘晓雪兴致勃勃地准备晚饭的时候，手机响了。拿起一看，是个陌生号码发来的信息："赶快离开杨军涛，我才是他的女朋友。"刘晓雪心里一紧，顾不上翻动手里的牛排，愣愣地站在原地。关了火，她回拨了电话，之后她全明白了。

不久之后，警方找到了刘晓雪，让她到公安局去一趟。这到底是怎么回事呢？一切还要从半年前说起。

刘晓雪从国外留学回来，就进入了一家外企工作。她是个非常认真的人，工作一直很努力，也得到了同事的认可和上司的器重。自从毕业回国她就一头扎进了工作中，但有一个问题一直让父母非常着急，那就是她的终身大事。父母总是拿她和身边的人对比："你看刘姐家的姑娘，结婚早，现在刘姐都当上姥姥了。你年纪不小了，要是再不结婚，以后就越来越费劲了，姑娘啊不要眼光太高……"

可是，刘晓雪知道这还真不是眼光高的问题。刘晓雪这年30岁，她也想早点找个人恋爱结婚，而老天好像特地让她的白马王子来得迟了一些，就为了让她等到真爱。刘晓雪心里也着急，却不想将就，她希望找到一个足够优秀的人，在心灵上能和自己完美契合。但每天的工作的确占据了她大量时间，她根本没有机会出去社交，也没办法接触到新朋友。

这时候，闺密给她介绍了一款网上交友软件。刘晓雪就是通过网上交友，认识了男朋友杨军涛。杨军涛比刘晓雪大3岁，交友软件上登记的信息显示，他是创业公司老总，白手起家，照片看起来英俊帅气、成熟又稳重。

两个人在网络上相识了以后，聊了大概半个月，杨军涛就约刘晓雪出来吃饭，两个人第一次见了面。现实中的杨军涛大方沉稳，什么都懂，而且还很幽默。刘晓雪的内心有一种小鹿乱撞的感觉。她对杨军涛可以说是一见钟情。杨军涛对刘晓雪也满是欣赏，说她就像一朵玫瑰——独立又美丽。就这样两个人见了面以后，杨军涛对刘晓雪展开了热烈的追求。

杨军涛浪漫又温情，时不时还送刘晓雪名牌包包和礼物。刘晓雪觉得杨军涛是她的"真命天子"，老天让她等这么久，都是值得的。恋爱3个月以后，两个人的感情逐渐稳定，就开始了同居生活，但杨军涛有一半的时间都在忙工作，也很少回他和杨晓雪的家。刘晓雪觉得，男人嘛，尤其是杨军涛还正在创业，精力自然要放在事业上，所以她非常理解杨军涛。

有一天，杨军涛突然跟刘晓雪说："亲爱的，我最近生意周转要用钱，你能不能借我一些用用？"刘晓雪在职场打拼多年，有些积蓄，于是问道："你需要多少？"杨军涛说："5万元就够，过几天肯定还你！"刘晓雪想都没想，就打给了杨军涛5万元。没过多久，杨军涛确实把这钱还给了刘晓雪，还给她买了礼物，说多亏媳妇出手相救，公司才渡过难关。

但是没过多久，杨军涛又向刘晓雪借钱，这一次说是因为公司要投资新的项目，如果运营得好，公司就能上一个新台阶，可这一次杨军涛开口就要20万元。因为上一次杨军涛借的钱很快就还了，而且他们是恋人，又在一起生活，刘晓雪觉得自己理应支持杨军涛的事业。"如果以后两个人结了婚，还不是你的就是我的，我的就是你的嘛！"所以，刘晓雪又把钱打给了杨军涛。

刘晓雪一心一意期待着能和杨军涛的爱情修成正果，没想到却接到了一个陌生女人的短信，说自己才是杨军涛的正牌女友，还让她赶快离开杨军涛。可这个女人是谁呢？刘晓雪拨了回去，打通了电话。对方说自己是杨军涛的恋人兼生意伙伴，他们在一起已经半年多了，她和杨军涛才是真爱，让刘晓雪不要缠着杨军涛不放。

刘晓雪没有想过杨军涛会对爱情不忠，于是打电话质问杨军涛，问他这个女人到底是谁？杨军涛却解释说："亲爱的，她就是我前女友，我们早就分手了。她只是嫉妒我和你在一起，想搅黄我们而已。我对你是一心一意的，你得相信我啊。"听到杨军涛这样说，刘晓雪略微松了一口气，毕竟她也没有杨军涛出轨的确凿证据，而且杨军涛对刘晓雪仍然是一如既往地好，所以这件事很快就平息了。

但不久之后，刘晓雪又接到了一个电话，这个电话是公安局打来的，让刘晓雪去做笔录。报案的就是曾经给刘晓雪打电话的女人。报案的女人说，半年前她在网上认识了杨军涛，杨军涛也偶尔和她一起生活，前不久杨军涛以做生意周转为由向她借款10万元，但是还了2万元以后，剩下的钱一直拖着不给。她在和杨军涛谈恋爱的时候，发现杨军涛还同时和别的女人在交往，刘晓雪就是其中一个。于是，她偷偷查看杨军涛的手机，并记下了刘晓雪的电话号码，让她离开杨军涛。而杨军涛知道以后，一方面骗刘晓雪说，这个女人只是自己的前女友，另一方面又和这个女人提出分手。女人绝望之下要求杨军涛还钱，但是杨军涛没钱可还，他说："和我恋爱，给我花钱，那都是你自愿的！"无奈之下，女人才报了警。

警方找到杨军涛了解情况，在证据面前他承认了。原来，他同时交往多个女朋友，并向她们分别借了钱，而借来的钱其实都被杨军涛消费挥霍了。他根本没有做什么生意，之前的公司也早就已经倒闭了。

杨军涛如实供述了事情经过。原来在社交网络上认识刘晓雪的时候，他就了解到刘晓雪是海外留学回来的女白领，收入高。于是，他就谎称自己是创业开公司的，并时不时地晒一些名车、名表，证明自己很有品位。他还特地送一些礼物给刘晓雪，让她放松警惕。杨军涛之前向刘晓雪借了

5万元，但是很快就还了，其实是想"放长线钓大鱼"。而这次刘晓雪借给他20万元，真的打了水漂，因为这些钱都被杨军涛用于赌博、挥霍，还有消费了。但是在派出所里，杨军涛却主张："我和这些女孩恋爱期间确实向她们借了不少钱，但我是向她们借的，以后我肯定会还，我并没有欺骗她们，你们不能抓我！"

那么，杨军涛假借恋爱的名义向对方借钱，这种行为应该如何定性呢？是属于民间借贷还是诈骗犯罪呢？

本案的法律知识点：民间借贷与诈骗罪的区别。民间借贷，是指因借款人与出借人达成借贷协议，由借款人向出借人借款，借款人按照约定及时还款。如果借款人因不能按期还款而产生纠纷，那么这属于民间借贷纠纷，应受民事法律关系调整，即到法院起诉，不产生刑事责任。而诈骗罪，是指以非法占有为目的，采用虚构事实或者隐瞒真相的欺骗方法，骗取数额较大的公私财物的行为。

区别民间借贷纠纷和诈骗犯罪的关键因素在于，行为人获取款项是否存在以非法占有为目的。是还不上钱，还是压根就不想还？正当的民间借贷关系虽然也存在不能按期还款的情况，但往往是因为遇到了客观因素，难以还钱。比如，借款以后，资金周转不开，延期还款。而以借款为名诈骗财物，往往表现为携款潜逃或者像本案被告人这样大肆挥霍，借钱之前就根本没想还。

法院审理后认为，被告人杨军涛以恋爱为名，欺骗多名女性的感情，进而骗取被害人的钱款用于个人挥霍，主观上有非法占有的目的，客观上实施了诈骗的行为，且被害人交付钱款与被告人的诈骗行为之间存在因果关系，应认定为诈骗。最终，判决被告人杨军涛有期徒刑10年，并处罚金人民币10万元，责令被告人杨军涛退赔被害人的经济损失。

这一结果也算对刘晓雪及其他被骗女性有了交代。但在感情上，刘晓雪满盘皆输，她花了很长一段时间才调整好心情重新投入到工作和生活之中。

【案例二】

2018年6月的一天中午，50岁的赵玉梅正在单位午休，这时候手机响了。她接起电话，只听对方说道："您好，请问是赵娇娇的母亲吗？"赵玉梅回道："是啊，怎么了？"对方继续说："我这里是公安局，您让家人陪您过来一趟吧！"赵玉梅顿时感觉后背发凉，问道："有……有什么事吗？好端端地让家人陪我去干吗啊？""您女儿出事了！"赵玉梅挂了电话，两腿发麻，瘫坐在椅子上。

女儿赵娇娇一直都是她的骄傲。赵娇娇在南方某大学毕业后回到了东北，但在赵玉梅身边待了一个多月以后，她说还是喜欢上大学时的城市。她告诉妈妈赵玉梅，说她收到了上班的通知，可以回南方去上班了。赵玉梅虽然舍不得女儿，可是孩子大了，总是要去闯一闯，所以就算有万般不舍，赵玉梅还是为女儿收拾了行囊，送她去了火车站。可没想到女儿这一去竟是诀别！

赵娇娇回到南方后的第三天，赵玉梅就接到了公安局打来的电话，说女儿赵娇娇跳楼自杀了。赵玉梅想不明白，她好好的一个女儿，怎么离家才三天就自杀了？这三天到底发生了什么？

这就要从赵娇娇的家庭说起了。赵娇娇生长在一个单亲家庭，母亲赵玉梅在赵娇娇很小的时候就和她爸爸离婚了。赵娇娇一直跟着母亲生活，还随了母亲的姓。小时候爸爸很少去看她，后来慢慢地就不联系了。在赵娇娇的记忆里，她甚至都忘记父亲长什么样了。随着赵娇娇慢慢长大，她越来越理解母亲，而"爸爸"这个词好像在她的生命里消失了一样。然而，自从赵娇娇认识了一个人，她的生活就发生了改变。这个人好像给了她父亲般的温暖，又给了她兄长般的关爱，最重要的，还有爱情的甜蜜，这个人叫薛家成。

性格内向的赵娇娇，大学期间很少与同学来往，她沉迷于网络的虚拟世界，喜欢在网上聊天。大三那年，赵娇娇在网上认识了一个叫"逆风飞扬"的人，他就是薛家成。两个人聊得很投缘，经常联系。虽然没见过面，但是在聊天中赵娇娇知道薛家成比自己大10岁，单身，他们还在同一个城市。而且从照片看，薛家成成熟稳重、事业有成，还很帅气。薛家成对赵娇娇也很上心，经常对她嘘寒问暖，甚至每天打电话叫赵娇娇起床去上课。

认识了一个多月以后，薛家成就和赵娇娇浪漫地见面了。一天，赵娇娇刚下晚自习，这时候收到了薛家成发来的信息："你在干吗？"赵娇娇回复："我刚下晚自习，正往寝室走。"对方立刻回复："你看今天的星星好漂亮啊！"赵娇娇抬头看了看星空，回复道："是啊，要是你在身边就好了。"没想到对方却说："想见我的话，你回头！"赵娇娇一回头，薛家成捧着一束玫瑰花出现在她的面前，引发了同学们阵阵尖叫。那一刻，赵娇娇觉得自己幸福极了。

从那以后，赵娇娇和薛家成交往得越来越频繁。薛家成一有空就开车来学校接赵娇娇，两个人经常约会看电影，已然成为一对令人羡慕的小情侣。整个大四，赵娇娇都和母亲说自己要实习找工作，一直没回老家。其实，薛家成为她租了房子，两个人过起了同居的生活。而这一切，母亲赵玉梅都被蒙在鼓里。

大学一毕业，赵娇娇回家短暂地待了将近一个月。但是，赵玉梅总觉得女儿好像心事重重，她以为女儿是因为找工作的事而焦虑。然而她不知道的是那个时候赵娇娇和薛家成的感情出现了问题。

眼看要毕业了，赵娇娇非常渴望和薛家成有个家，可是总租房子也不是办法。于是，赵娇娇问薛家成："你对我们的未来有什么打算？"言外之意，就是问薛家成如何考虑他们的关系。但是，薛家成并没有给出赵娇娇想要听到的答案。他劝赵娇娇："你还年轻，就应该多读书！"赵娇娇试探性地问过几次，薛家成都闪烁其词，这让赵娇娇很失望。

而让她更失望的是，她在薛家成的手机里竟然发现了一张他和别的女人还有孩子的照片！赵娇娇问薛家成这个女人和孩子是谁？薛家成说这是他表姐和她家的孩子。赵娇娇不信，跟薛家成大吵一架，一气之下提出分手，回了老家。

既然赵娇娇已经回到了母亲身边，她为什么又要去往薛家成的城市呢？因为她发现自己怀孕了。赵娇娇回来以后，一天早上她吃过早饭开始呕吐不止，赵娇娇回想起最近总是犯恶心，就怀疑自己怀孕了。一查确实是怀孕了。赵娇娇本来就很依恋薛家成，她根本舍不得和他分手。这下查出怀孕了，她就对和薛家成重归于好抱有希望。之前，她和薛家成闹别扭要分手，可如今她已经怀了薛家成的孩子，赵娇娇认为她和薛家成的关系一定会有转机。所以，第二天赵娇娇就告诉妈妈，说她的面试通过了，她要回去上班。妈妈赵玉梅自然非常支持女儿，所以没有多想，只是嘱咐她要注意安全。没想到女儿这一走竟然再也没有回来。

可是，赵娇娇为什么要自杀呢？赵玉梅在整理赵娇娇的遗物时，发现了女儿的日记和手机中与薛家成的聊天记录，她明白了，是薛家成欺负了女儿。于是，她报了警，让警方一定要严惩这个负心汉。

警方侦查后得知，原来事情远没有这么简单。在证据面前，薛家成供述了整个经过。原来，赵娇娇回到薛家成所在的城市找他，可是薛家成并没有表现出多么的热情。见赵娇娇突然回来找他，薛家成给赵娇娇在宾馆开了一间房，让她先住下。之后就避而不见了。赵娇娇问薛家成："我已经怀孕了，无论如何你要给我一个说法。"这时候，薛家成摊牌了："我有家，我的确很喜欢你，可是我不能离婚。你把孩子打掉吧！"

赵娇娇原本想，既然她已经怀孕了，她和薛家成的关系一定能修成正果。没想到换来的却是薛家成的无情，就连让她打掉孩子，他都说得这么轻描淡写。更让她无法接受的是，在这个节骨眼上，薛家成竟然破罐子破摔，承认自己有家室。赵娇娇不断地给薛家成打电话，让他来见一面，当面解释，但是薛家成总是回避，最后索性连电话都不接了。只身一人在宾馆中的赵娇娇孤独又无助，原来薛家成当初对她好都是骗人的，她也不敢告诉母亲自己怀孕的事。

由于从小缺少父爱，赵娇娇很没有安全感，本以为遇到比自己大10岁的薛家成，他会真心呵护疼爱自己，没想到竟然是个骗子。凌晨的时候，绝望的赵娇娇给薛家成发去了一条短信："早上9点钟你必须过来，否则我死给你看！"可是，她并没有等来薛家成的回复，也没有等来薛家成的出现。上午9点半，赵娇娇从宾馆楼顶跳下，她的生命永远定格在了23岁。赵玉梅中午接到当地警方的电话，于是就有了开头那一幕。

那么本案中，在恋爱时一方欺骗了另一方，导致被欺骗的一方自杀身亡，欺骗一方要承担什么责任呢？

本案的法律知识点：刑事责任与民事责任认定的区别。在恋人之间吵架导致一方冲动自杀的事件中，死者是自杀，在另一方不存在帮助其自杀等行为的前提下，一般是不构成犯罪的。但由于双方是男女朋友关系，另一方对于一方因为吵架引起的自杀行为存在诱导因素，因此其也具有相应的劝阻义务，如果没有履行这种劝阻义务，就存在过错，需要对恋人的死亡承担民事责任。

赵玉梅在咨询了律师之后，将薛家成告上法庭，要求他对女儿的死承担民事赔偿责任。

法院审理后认为，本案中，赵娇娇是具有完全民事行为能力的成年人，理应理智处理感情问题，薛家成作为有妇之夫隐瞒已婚事实欺骗赵娇娇的感情。在明知赵娇娇有心自杀的情况下，采取不管不问的放任方式，没有进行任何劝阻和救助，对赵娇娇不理智的自杀行为有一定的过错，构成侵权。最终，法院判决薛家成应对赵娇娇的死亡结果承担15%的民事责任，赔偿赵娇娇死亡赔偿金等各项费用共计12万元，并酌定赔偿赵玉梅精神损害抚慰金1万元。

薛家成妻子得知这件事之后，无法接受薛家成婚内出轨，坚决和薛家成离了婚。而赵娇娇这个鲜活的生命因为这段恋情而陨灭，她为这段被欺骗的爱情付出的代价未免太过沉重。这也给年轻的女孩们一个警醒：谈恋爱一定要擦亮眼睛，认真了解过之后再作决定，同时也要珍爱生命，不要用别人的错误来惩罚自己。

真假爱人

法律知识点：1. 人格权
          2. 诈骗罪

【案例一】

2018年5月底的一天，天气晴朗，在东北某市的区法院门前，一个柔弱的女子在那里站立了很久。

女人名叫张晓丽，一想到马上就要进入法庭，见到那个自己曾经深爱，如今却恨之入骨的男人，张晓丽的心里很不是滋味儿。她和未婚夫刘宇在一起的点点滴滴，那些温存而美好的画面还历历在目，而这一切就像一场梦，那些美好的瞬间原来都是虚幻的，现实的真相折磨得她遍体鳞伤。

法庭上，张晓丽难掩泪水，声泪俱下地宣读了起诉状。

张晓丽到底经历了什么？又是什么原因让她决定起诉自己的未婚夫？这还得从张晓丽的职业说起。

张晓丽长相甜美，身材高挑，大学里学的是影视表演专业，优越的外形条件让她总是成为人群中的焦点。可光鲜靓丽的外表，在她毕业后选择"北漂"，从事演员职业的时候，并没有给她带来多少便利。她挤过公交车，住过地下室，也去剧组试过镜，演过几个小角色，但是张晓丽的演艺事业一直都没有起色。

后来，正赶上直播行业兴起，张晓丽经过一家传媒公司包装，成为一名网络主播。主播这个职业，一方面能满足张晓丽对表演的热爱，另一方面收入还很可观。张晓丽大部分时间都在手机、电脑前开直播表演、唱歌、和网友聊天。她凭借靓丽的外表和优美的嗓音，在短视频平台上吸引了百余万粉丝，而且每次直播她都能收到很多网友刷给她的礼物。她还在直播中售卖商品，收入十分可观。

在直播过程中，张晓丽卖力、热情地和网友们打招呼、聊天。她和网友之间的距离在网络中看似那么近，其实在现实中大家都是陌生人，谁也不认识谁。所以，每当直播到深夜，关掉热闹的直播间，卸去厚厚的妆容，异地他乡看着空空的屋子时，张晓丽的内心都很寂寞。主播这个行业看似光鲜，其实黑白颠倒，都是别人有时间了她才工作，真的很辛苦。直到有一天，一位网友的出现，让张晓丽的生活发生了改变。

一天晚上10点多钟，张晓丽正在家里直播，一个网名叫"唯一"的网友在直播间里连续送了几件很贵重的礼物，这给张晓丽留下了很深的印象。这个名叫"唯一"的网友没事就和张晓丽在网络上聊天，张晓丽下了直播，他也会在网上给张晓丽发消息，对她嘘寒问暖，这让张晓丽备感温暖。

可就在张晓丽和"唯一"在网络上聊了快一个月的时候，这个叫"唯一"的网友却突然消失了。张晓丽感到纳闷儿，热情的"唯一"怎么消失了？两个多星期以后，她终于收到了这个叫"唯一"的网友发来的信息，信息上是这样说的："我住院两个多星期了。住院的这段时间，我想了很多，满脑子都是你，虽然我们相识于网络，但我已经深深地喜欢上了你，你可以不在乎我，不回复我，但请你给我一次追求你的机会好吗？"

张晓丽反反复复地看了好几遍"唯一"发来的这段文字。的确，网络里每天给她发信息的人很多，不是要联系方式，就是想要约会，只有"唯一"是真心关心她、在乎她。在"唯一"生病的时候，他惦念的却是张晓丽，这让张晓丽有些感动。张晓丽回复了"唯一"的信息，问他身体好点了没有。于是，在同一个城市的两个人，从网络世界走到了现实生活中，开始了约会。

"唯一"的真实名字叫刘宇。第一次见面,两个人约在西餐厅。刘宇穿了一身十分正式的西装,手里捧着一束玫瑰花,他长相帅气,谈吐得体。张晓丽没有想到,现实生活中的"唯一"竟然如此风度翩翩。

这次见面以后,刘宇就对张晓丽展开了热烈的追求,送鲜花、送礼物,约张晓丽吃饭。刘宇把张晓丽的生活安排得满满当当,从他走进张晓丽的视线以后就没有离开过。张晓丽接受了刘宇的追求,两个人正式确立了恋爱关系。

刘宇告诉张晓丽,他家在外地,自己刚来这个城市做生意,现在还是租房子住。以后他会留在这个城市发展,和张晓丽结婚也是肯定要买新房的。张晓丽心想,既然双方已经确立恋爱关系了,就让男朋友刘宇搬到自己家里住吧。

自从两个人同居之后,刘宇就细心地照顾起张晓丽的生活起居。张晓丽直播很辛苦,刘宇就洗衣、做饭一手包办,把两个人的小家打理得井井有条。张晓丽身边的小姐妹个个都找了有钱的男朋友,但是张晓丽觉得,刘宇虽不是什么大老板,可他真心实意对自己好,这可不是金钱能换来的。她觉得遇见刘宇非常幸运,也非常幸福。

可就在这个时候,一件事情的发生打破了他们的生活节奏——张晓丽怀孕了。得知自己怀孕后,张晓丽既惊喜,又充满顾虑。自己是个网络主播,每天工作时间很长,如果怀孕了,势必要中止现在的主播事业。最主要的是,她和刘宇还没有结婚,也没有发展到要孩子那一步。

刘宇知道张晓丽怀孕后,有些惊讶。随后对张晓丽说:"亲爱的,你怀孕了是好事啊,反正孩子早晚都会要的。"刘宇的话让张晓丽十分感动。在得知张晓丽怀孕后的几天里,刘宇对张晓丽更加体贴周到,什么活都不让她干。

但是问题来了,张晓丽意外怀孕,可她和刘宇连婚都没结,所以当务之急是赶快领结婚证。刘宇承诺说,过几天他就回老家取户口簿,和张晓丽先登记结婚。张晓丽满心欢喜地答应了,就等着刘宇回老家取来户口簿，两人尽快结婚。可她没有想到，刘宇一去就再也没有回来。

刘宇刚走的时候，还每天和张晓丽电话联系。可一个星期之后，刘宇对张晓丽的态度开始变得冷淡下来。刘宇态度的转变让张晓丽一头雾水，直到她在刘宇的外套里发现了那几张纸，看完纸上的内容，张晓丽彻底明白了。

她手里握着这几张纸，呆呆地坐在床角，心就像针扎一样疼。原来，张晓丽在刘宇的衣服兜里发现的那几张纸，竟然是一份判决书。判决书最后一页写着："不准许原告李婷婷与被告刘宇离婚。"判决书的下发日期是3个月前。

张晓丽半天没有缓过神儿来，她瘫坐在床上。再看一遍判决书，上面写的确实是刘宇的身份信息。原告李婷婷起诉被告刘宇离婚，法院没有准予他们二人离婚，也就是说，刘宇现在是有婚姻关系的，他根本不可能和自己结婚。张晓丽终于明白了，为什么刘宇说回家取户口簿后，就消失不见了，原来他一直都在骗自己。

这个曾经答应要娶自己的"未婚夫"竟然有老婆，自己当了"第三者"，还怀了他的孩子！知道真相的张晓丽觉得自己很可笑。空荡荡的房间里，判决书从张晓丽的手中散落在地上，她坐在床边默默流着眼泪。

可是既然刘宇没有离婚，那么他谎称自己是单身，处心积虑地接近自己，到底是为什么呢？张晓丽充满疑问，她尝试着拨通了刘宇的电话。

刘宇知道张晓丽已经看到了那份判决书，知道他有婚姻关系后，终于摊牌说出了实情。刘宇说，自己和妻子已经结婚7年，感情确实一直不好。一年前，他来东北创业，和妻子聚少离多。于是，妻子起诉，要与他离婚。妻子起诉以后，刘宇又想争取和好，所以法院给了两个人一次缓和的机会，没有判决解除婚姻关系。但在此期间，刘宇在网上认识了做主播的张晓丽，他对张晓丽一见钟情，想和她在一起。于是，隐瞒了自己有家庭的真相，开始追求张晓丽。可没想到张晓丽怀孕了，还打算把孩子生下来。刘宇担心纸包不住火，就以回老家取户口簿为借口，玩起了"人间蒸发"。

知道真相的张晓丽伤心欲绝，感慨自己遇人不淑，打掉了腹中的孩子。张晓丽认为，刘宇欺骗自己的感情，导致自己怀孕。于是，一纸诉状将刘宇起诉到了法院，要求他支付医疗费和精神抚慰金。法院受理后，通知刘宇开庭，但是他一直回避，法院决定缺席审理此案，于是就有了开篇那一幕。

男女双方分手，在什么情况下，没有过错的一方可以获得精神抚慰金？

《最高人民法院关于确定民事侵权精神损害赔偿责任若干问题的解释》第1条规定："因人身权益或者具有人身意义的特定物受到侵害，自然人或者其近亲属向人民法院提起诉讼请求精神损害赔偿的，人民法院应当依法予以受理。"

原《中华人民共和国民法总则》第110条规定："自然人享有生命权、身体权、健康权、姓名权、肖像权、名誉权、荣誉权、隐私权、婚姻自主权等权利。"

本案中，身为有妇之夫的刘宇，以单身身份追求原告，并骗得原告与其以情侣身份同居生活，导致原告怀孕，最后不得已人工流产，这给原告的身心造成了伤害。被告刘宇的行为不仅有违社会公序良俗，还属于故意侵犯原告人格权。法院经过审理，认为原告张晓丽有权向被告刘宇请求精神损害赔偿，判决被告刘宇赔偿原告医疗费及精神损害抚慰金等费用共计人民币7万元。

法院判决后，刘宇的妻子得知刘宇在没有和她解除婚姻关系的情况下婚内出轨，于是再次提起离婚诉讼。法院审理后，认为刘宇婚内出轨有过错且夫妻感情确已破裂，已无和好可能，准予二人离婚。

这场感情风波，刘宇不仅失去了张晓丽，也失去了婚姻。张晓丽以为在网络世界里找到了真爱，却没想到刘宇有家庭、有妻子。因为刘宇的谎言，张晓丽怀孕又流产，比起身体上的伤害，心灵上的伤痛更难以抚平。网络婚恋里真真假假，难以辨别，被骗取的钱财也许还可以追回，可被伤害的真心就不知道何时才能愈合了。

【案例二】

2017年冬季的一天，在东北小镇上，晚上6点多钟，天色已经暗了下来。因为刚刚下过一场大雪，在路灯的映衬下，整个街道白雪皑皑。镇上的派出所里，突然来了一男一女，男人用力把女人拽进派出所，情绪激动地说："我要报警，我一定要把她送进监狱！"

警方向两人询问了事情的经过。男子说他叫王强，被他扭送到派出所的不是别人，就是自己的媳妇郭晓慧。王强还说，郭晓慧就是一个骗子。郭晓慧却解释说："警察同志，你别听他胡说，我们俩就是夫妻吵架，我们这就回家解决。"这"夫妻俩"，男方说女方是骗子，女方说是两口子闹矛盾，到底应该相信谁呢？

在警方的询问中，王强向警方出示了他人与郭晓慧的聊天记录，证明妻子郭晓慧和别的男人有暧昧，甚至要私奔。可是，即便妻子郭晓慧真的和别的男人暧昧不清，这也不属于刑事案件。直到王强说出了他和郭晓慧认识前前后后发生的事，警方才了解到，这还真不是两口子吵架这么简单。

其实，王强和郭晓慧认识只有3个月，两人也仅仅是简单地办了婚礼酒席，连结婚证都没有领。既然两人没领证，那怎么能叫"媳妇"呢？这还要从王强和郭晓慧的相识说起。

王强今年42岁，是个出租车司机，平时拉活儿，车一开就是一天，大多数时间都是在车上度过。别看王强已经人到中年，但他还没有结过婚。年轻的时候也处过几个女朋友，但不是他没看上女方，就是女方没看上他，种种原因导致他一直都是单身一人。久而久之，他也就顺其自然，不着急找对象了。

3个月前，王强下了班，闲着没什么事，就通过手机摇一摇搜索附近的人，加上了一个网名叫"真爱"的女网友微信。两个人没聊几句就发现，他们住在同一个小区。这个叫"真爱"的女网友，就是郭晓慧。

在微信聊了快一个星期之后，某一天，郭晓慧大早上要赶火车。于是，王强就主动提出开车送她去火车站。就这样，两个人在小区门口第一次见了面。当天早上，郭晓慧穿了一件红色的连衣裙，在清晨的阳光下，很是明艳动人。把郭晓慧送到目的地后，王强也没有收车费。于是，为表示感谢，郭晓慧出门回来就邀请王强到家里吃饭。之后二人熟识了起来，微信聊天更加频繁。

郭晓慧比王强小两岁，她告诉王强自己离婚了，家在外地，她是来东北打工的，最近刚刚在这个小区租了房子。

王强觉得，郭晓慧和自己年纪相仿，外形靓丽，一个人来到陌生城市，孤苦伶仃不容易。他也是自己一个人，两个人又住在同一个小区，很有缘分。王强也不拐弯抹角，他直接就问郭晓慧："你看咱俩能不能在一起？"郭晓慧明白王强的心意，说考虑两天，最后和王强确立了恋爱关系。打了20多年光棍儿的王强，通过网络遇到了心仪的对象，女方还答应了他的追求，这让王强心花怒放。

从那以后，郭晓慧白天在附近的饭店打工，晚上做好饭菜等着王强收工回家，有时还备上两口小酒。王强怎么看郭晓慧都喜欢，觉得她善解人意又风情万种，他张罗着让郭晓慧把租的房子退了，直接搬到他的家里。

这时，郭晓慧开出一个条件，说自己不是随便的人，要搬到一起住，就得结婚，彩礼要6万元，图个事事顺意。结婚必然要领证，王强说："彩礼没问题，找个时间，咱俩把结婚证领了去！"可是郭晓慧却说，自己的户口簿在老家，不方便取，等年底回老家，再取户口簿回来登记。"我人都是你的了，你还担心我跑了不成？"王强也没多想就答应了，于是现凑了6万元彩礼给了郭晓慧。王强还带着郭晓慧见了家人和亲戚朋友，简单地办了结婚仪式。

彩礼给了，婚礼办了，就剩下一起和和美美地过日子了。可是，一部手机的出现，彻底击碎了王强的美梦。

"结婚"一个月后的一天，王强拉完活儿回家，郭晓慧正在做饭。王强听到有手机振动的声音，就在沙发上找自己的手机，发现不是自己的手机在响。顺着振动的声音，他找到了郭晓慧的手提包，原来是郭晓慧的手机在响。

王强拿出手机正准备给郭晓慧,但屏幕上显示的信息,让王强的心里咯噔一下。屏幕上的信息写着"宝贝儿,我好想你"。王强打开郭晓慧的微信上下翻动,这一看不要紧,他惊讶地发现,郭晓慧同时和多个陌生男人发送暧昧信息,有的甚至也到了谈婚论嫁的地步。

王强突然意识到,自己该不是被郭晓慧骗了吧!于是,他拿着手机问郭晓慧和这几个男人的暧昧信息是怎么回事?郭晓慧见王强发现了那部秘密手机,连忙上前争抢,说和他们就是聊聊天,让王强不要多想。但王强坚决不相信,直接就把郭晓慧拽到了派出所,于是就有了开头的那一幕。

公安机关侦查发现,郭晓慧虽然自2015年出来打工,但在老家有婚姻关系。她和丈夫聚少离多,每年春节回家才能见上一面。平常没事她就上网聊天,聊来聊去,郭晓慧就喜欢甚至迷恋上了网络交友。她隐瞒已婚事实,同时和多个异性暧昧接触。郭晓慧有一次搜索附近的人,认识了王强,王强想要和郭晓慧在一起的意愿非常强烈,郭晓慧就想,既然王强想结婚那就得支付彩礼。于是,郭晓慧隐瞒自己已婚的事实,谎称年底回老家取户口簿再登记,骗王强先支付给她6万元彩礼。

像郭晓慧这种"以收受彩礼的方式骗取钱财"的行为应该如何定性呢?

根据《中华人民共和国刑法》第266条的规定,以非法占有为目的,用虚构事实或者隐瞒真相的方法,骗取数额较大的公私财物的行为,属于诈骗罪。诈骗罪的基本特征是,行为人以非法占有为目的实施欺诈行为,使被害人产生错误认识,被害人基于错误认识处分财产,受到财产上的损失。

尽管被告人郭晓慧当庭辩称,自己没有骗王强的彩礼钱,自己收了彩礼也与王强办了婚礼,钱是王强自愿给的,自己也可以把钱退回去。但是,触犯了《中华人民共和国刑法》并不是把钱退回去这么简单。被告人郭晓慧许诺将来与王强办理结婚登记。被害人王强信以为真,作出错误的意识表示,将6万元交付给郭晓慧。而被告人郭晓慧本身有夫妻关系,根本不可能与王强登记结婚，而且在与王强交往期间她还同时与多名男性网友关系暧昧。可见，郭晓慧的真实目的是向王强索要彩礼，骗取礼金，其行为构成诈骗罪。

法院审理后认为，公诉机关指控被告人郭晓慧犯诈骗罪事实清楚、证据充分，罪名成立。综合考虑犯罪手段、数额、社会影响、认罪态度等情节，判处被告人郭晓慧有期徒刑 4 年，并处罚金 1 万元。

郭晓慧案发后，在老家的丈夫得知其和王强在一起生活，还办了婚礼，他无法接受这样的事实，和郭晓慧离了婚。

一场结婚的闹剧，让王强备受打击。好在郭晓慧最终把彩礼退还给了王强，而她也受到了法律应有的处罚。

就这两个案例来说，第一个案例中，刘宇已经结婚，却隐瞒已婚事实欺骗张晓丽的感情，给张晓丽的身心造成了巨大伤害。张晓丽起诉后，刘宇承担了民事赔偿责任。而在第二个案例中，女方郭晓慧明明有婚姻关系，却虚构自己单身，向男方索要彩礼。经过法院审判，郭晓慧不仅要返还"彩礼"，还要承担刑事责任。

在现实生活中，有很多人因为没有时间、圈子太小等原因而选择通过网络结识恋爱对象，但我们没有办法通过网络详细地了解对方的真实情况。在网络上交友、恋爱要谨慎，现实中也要多考证对方的身份。同时，也要提醒那些利用网络实施犯罪的人，网络并非法外之地，通过网络行骗，也必将受到法律制裁。

"疯狂"的彩礼

> 法律知识点：1. 什么情况下彩礼可以返还
> 2. 组织出卖人体器官罪

【案例一】

2020年9月的某天上午，东北的一个小镇上，吴倩和几位宝妈带着孩子在家附近的超市门前晒太阳，这是村里她们几个宝妈经常带着孩子一起玩儿的地方。吴倩的孩子还小，只能在怀里抱着。突然，吴倩的手机响了，她把孩子放到推车里接通了电话。接完电话后，吴倩脸上的笑容不见了，她推着孩子急匆匆朝家走去。

好端端的吴倩为什么突然推着孩子离开了呢？原来，电话是法院打来的，吴倩被起诉了。起诉她的不是别人，正是她的老公徐振国。吴倩刚生完孩子，女儿还不满1岁，徐振国为什么要起诉吴倩离婚，还要求吴倩把彩礼也还回来呢？这还要从一年前说起。

一年前七夕节那天，镇上的饭店门前架起了高高的拱门，上面烫金的大字写着新郎徐振国、新娘吴倩的名字，中间还挂着两个人心形的结婚照。上午10点18分，鞭炮声响起，徐振国和吴倩"终于"举办了婚礼。

亲戚朋友、左邻右舍都参加了他们的婚宴，为这对小夫妻送上了祝福。结婚3个月后，吴倩就生下了一个女孩，显然，吴倩结婚的时候已经怀有7个月的身孕。

可两结婚刚刚1年多，孩子还不满1岁，徐振国居然将自己的妻子吴倩告上了法庭，不仅要求离婚，还要求吴倩家把彩礼都退回来。难道是徐振国另寻新欢了？这又是怎么回事呢？

吴倩和徐振国是邻村的，因为高考成绩不理想，吴倩没有上大学，高中毕业后就在镇上的超市里当收银员。一次同事过生日，邀请了吴倩还有其他一些朋友一起去镇上的KTV庆祝，就在这个生日聚会上，吴倩认识了大自己8岁的徐振国。那一年吴倩刚19岁。

KTV的包房里，一群年轻人开心地喝着啤酒，唱着歌，而坐在一旁的徐振国的目光却一直停留在一个女孩的身上，这个女孩就是吴倩。两个人在房间里相遇的那一刻，徐振国一下子就被活泼开朗的吴倩吸引了，他们还合唱了一首歌。就这样，在这次聚会上，徐振国加了吴倩的微信，两个人开始联系起来。

加上好友后，徐振国和吴倩每天都联系，徐振国还约吴倩看电影、吃饭。虽然徐振国比吴倩大8岁，但是吴倩觉得徐振国很成熟，风度翩翩，也很迁就自己。徐振国每天嘘寒问暖，下雨了还亲自接送，同事见到了都说："哟，吴倩，你这男朋友是暖男啊，真够贴心的。"吴倩腼腆地一笑。虽然那个时候男女朋友这层窗户纸还没有捅破，但是，吴倩在内心已经确认了徐振国就是她的男朋友。

就这样，在徐振国的追求下，两人认识两个月以后，正式确立了男女朋友关系。但是，他们的恋爱遇到了巨大的阻碍。这个阻碍来源于吴倩的父母，尤其是吴倩的妈妈。

吴倩家有两个孩子，除了吴倩，还有一个儿子，是吴倩的弟弟。吴倩和徐振国交往的时候，她弟弟正好念高三，准备考大学。其实，吴倩高考落榜是因为没有发挥好，后来父母觉得吴倩是女孩，上不上大学无所谓，所以也就没有让吴倩继续复读，而是让她直接工作了。这样的话，全家人就能集中精力供吴倩的弟弟读书。吴倩的妈妈最常和吴倩说的一句话就是："你弟将来出人头地了，我们一家就能过上好日子了。"吴倩每个月大部分的工资都交给妈妈保管，攒着给弟弟读书用。

吴倩长得比较漂亮，一米六七的个头，一双水汪汪的大眼睛。村里人也有给吴倩说媒的，但是吴倩的妈妈都拒绝了，说孩子现在还小，大一点再说。其实，吴倩妈妈心里跟明镜儿似的，认为吴倩是要嫁到城里过好日子的，将来他们一家都能进城生活。

可是，没承想吴倩和大她8岁的徐振国谈上了恋爱。要是徐振国家经济条件好，吴倩的父母也就认了，毕竟也算有所图。然而，徐振国家要条件没条件，论年龄徐振国还比吴倩大8岁，这可真是样样都不占。

但是，吴倩很喜欢徐振国，说他对自己好。吴倩妈妈一听，气不打一处来，说："傻孩子，没有钱，他将来拿啥对你好啊？"总之，吴倩的父母横竖反对吴倩和徐振国在一起。然而，一件事的发生，吴倩的父母拦也拦不住了——吴倩怀孕了。

一天上午，徐振国接到了吴倩的电话："振国，我要和你说个事儿……"吴倩欲言又止，吞吞吐吐的，徐振国从来没有见过吴倩这样扭捏，问道："亲爱的，发生了什么事？"吴倩说："我怀孕了！"听到这个消息，徐振国没有惊讶，他几乎有些兴奋地和吴倩说："你在哪儿呢？我带你去医院看看。"

徐振国为什么这么高兴呢？他比吴倩大8岁，已经到了适婚的年龄，父母年纪也都大了，早盼着他结婚抱孙子了。虽然徐振国和吴倩在谈恋爱，但是吴倩父母不同意，徐振国也没有正式见过吴倩的父母。现在吴倩怀孕了，生米煮成了熟饭，简直是天作之合，吴倩的父母一定会同意吴倩和他结婚的。

随后，徐振国赶快回家和父母商议，要到吴倩家提亲。徐家父母一听，儿子徐振国两步并一步，不仅有了媳妇，连孩子都有了，这对于徐家来说是双喜临门。所以，在儿子的提议下，3天后徐家父母拎着大包小裹地去了吴倩家。

尽管吴倩已经和家里说了徐振国的父母要来见个面，商量一下结婚的事，但是吴倩的父母还是没有什么笑模样。在吴倩家里，吴倩的妈妈旁敲侧击说："我同事家的女儿，也嫁了一个比她大的老公，人家光彩礼就给了30万元，还给了'三金'，供她弟上学，每个月人家还给生活费。"徐振国家本来经济条件就不好，徐家父母听吴倩妈妈话里有话，而自己只带了5万元彩礼，这下提也没敢提。

于是，吴倩妈妈先开口了："他们俩要结婚，你们家准备给多少彩礼？"为了儿子，徐振国的妈妈没有底气地说："我们家……最多能准备10万元。"在一旁的徐振国憋不住了："妈，至于吗？"然后，又和吴倩的妈妈说："阿姨，我和吴倩是真心相爱的，您这是嫁女儿还是卖女儿啊？"吴倩的妈妈气得直跺脚，对着徐振国就是一顿骂："还没怎么着呢，你个小兔崽子就这么和我说话，这婚你们别想结了。""不结就不结，我看肚子一天比一天大，难看的是谁？"徐振国的妈妈也气不过，和吴倩的母亲争吵了起来。两家人第一次见面就吵得不可开交，不欢而散。

这时，吴倩的妈妈才知道吴倩怀孕了，而且孩子已经将近4个月了。眼看生米煮成了熟饭，吴倩的肚子一天比一天大，要是不结婚就有了孩子，传出去肯定让人笑话。于是，吴倩的妈妈也适当妥协了，把彩礼降到了5万元。之后，徐振国和吴倩两个人领了结婚证，还办了酒席。

但是，在结婚当天，两家人又发生了不愉快的事儿。结婚当天早上，新娘子吴倩早早地梳妆打扮好，等待迎亲。而徐振国到了吴倩家后，吴倩妈妈又提出，结婚大喜的日子，男方家迎亲得给女方娘家大红包。徐振国得再拿2万元才能把新娘子娶走。可是迎亲现场，徐振国根本没有带这么多钱。一边是新娘家坐地起价额外要2万元彩礼，一边是亲朋好友都在饭店等着喝他们的喜酒。无奈之下，徐振国只能给父母打电话，让他们又凑了2万元，这婚算是终于结完了。

结完婚以后，吴倩搬到了徐振国家一起生活，3个月后孩子降生，生了个女儿，一家人都很开心。徐振国和吴倩结婚时欠的钱，徐振国和父母也一直在慢慢还。

既然小两口日子过得还不错，徐振国为什么要起诉吴倩离婚，还要要回彩礼呢？难道是徐振国反悔了？这得从一件事说起。

孩子快1岁的时候，发烧住院，在医院验了血，孩子的血型显示是B

型，但是徐振国和吴倩的血型都是 A 型，孩子不可能是 B 型血。徐振国惊呆了。为了搞清楚状况，他又偷偷带孩子去做了亲子鉴定，结果确定孩子和他没有血缘关系。徐振国想不通，他和吴倩感情挺好，吴倩为什么要背着他这样做呢？

原来，吴倩和徐振国谈恋爱，吴倩父母嫌徐振国家穷，一直反对，再加上父母一直很宠爱弟弟，连徐振国给的结婚彩礼，都要留着给弟弟上学用，这使吴倩十分痛苦。吴倩经常问自己，父母为什么这么偏爱弟弟而忽视自己。一边是亲情，一边是爱情。那段时间，吴倩很是矛盾和纠结，无法释怀，于是她和朋友去酒吧喝酒，在酒吧和别人发生了"一夜情"。后来，吴倩怀孕了，但是她也不确定孩子是谁的。徐振国发现孩子不是他的之后，虽然吴倩一直在请求徐振国的原谅，但他还是难以接受。于是，徐振国起诉了吴倩，要和她离婚，还要求吴倩把彩礼钱退回来。

事已至此，吴倩认为两个人婚也结了，孩子也生了，所以彩礼不应该退。那么，吴倩家收取的彩礼到底应不应该退还呢？

本案的法律知识点：什么情况下彩礼应该返还？目前，根据我国法律规定，按习俗给付彩礼的，有三种情形可以请求返还：一是双方未办理结婚登记手续的；二是双方办理结婚登记手续，但确未共同生活的；三是婚前给付导致给付人生活困难的。其中，第二项和第三项应当以双方离婚为条件。之所以要作出如此规定，是因为目前我国给付彩礼的情况较为普遍，如果对彩礼问题完全不管，可能会使一些当事人的财产权益受到严重损害。

《中华人民共和国民法典》第1042条第1款规定："禁止包办、买卖婚姻和其他干涉婚姻自由的行为。禁止借婚姻索取财物。"

本案中，女方吴倩的父母在婚约中一直要求男方给付彩礼，男方徐振国一家最后借钱给付了彩礼，但是女方吴倩却怀了别人的孩子，最终导致和徐振国的婚姻破裂。法院审理后，判决他们二人离婚，并根据"婚前给付导致给付人生活困难的"，彩礼应该退回，判决吴倩向徐振国返还彩礼6万元。

法院判决离婚后，吴倩带着孩子回了娘家，而徐振国将返还的彩礼还了当时欠下的债。他和父母道别后，一个人到外地打工，离开了这个让他伤心的地方。

本案中，女方父母重男轻女，想用高价彩礼嫁女儿，结果搞得夫妻二人压力都很大。男方为满足丈母娘的要求，借钱给付彩礼，好在钱最后还回来了。

【案例二】

2020年12月的一天早晨，刚刚下完雪的东北，寒风凛冽，白雪皑皑。一个包裹得严严实实的男人，一瘸一拐地走进了派出所，看到民警后，激动地说道："我要报警，我被人骗了！"

前来报案的男子名叫刘军。这天寒地冻的，刘军为何独自一人来到派出所报案，还说被人骗了？难道是被骗钱了？可就在警察问他被骗了什么时，他居然说有人骗了他的肾。"骗了肾？"接警的民警听完后都很惊讶，光天化日之下，难道有人非法摘除了刘军的肾不成？事情还要从刘军的家庭说起。

刘军生活在一个四口之家，没结婚前，他一直和父母、弟弟生活在一起。父母的身体都不好，干不了什么活儿，而年轻的弟弟还没有踏出校园的大门，维持一家人生活的担子，都压在了刘军的肩上。

因为父母身体不好，刘军除了要耕种家里的几亩田地，农闲的时候还会到家附近的城镇打点零工贴补家用，供弟弟上学。由于家里条件的确不好，已经30岁的刘军还没娶上媳妇，成了村里名副其实的光棍儿。

可是尽管如此，勤劳踏实的刘军却没有一丝抱怨。而上天也没有亏待刘军，在镇上烧烤店打工的时候，刘军认识了他心仪的姑娘——李晓洁。

李晓洁就住在刘军的邻村，家里也有一个弟弟。夏天农闲的时候，家里没有什么活，但镇上的烧烤店却是最忙、最缺人手的时候，李晓洁就一个人到镇上的烧烤店当服务员。一天下班后，收拾完碗筷的李晓洁从厨房走出来，发现外面下起了瓢泼大雨，雨点打在棚顶上，噼里啪啦就像在炒一锅豆子。看来今天是要在店里面坐着睡一宿了，李晓洁自言自语地嘀咕着。

就在这个时候，刘军穿着雨衣走了进来，李晓洁惊讶地说道："军哥，你咋回来了，你不是都下班了吗？"刘军支支吾吾地也没说出个理由，直接把怀里揣着的一件雨衣递给了李晓洁，然后笑呵呵地说道："你穿上，俺骑车给你送回家去。"李晓洁顿时就明白了刘军回来的原因，然后羞涩地穿上雨衣，坐在刘军自行车的后座回了家。

自从这件事情之后，刘军对于李晓洁的喜欢更加明显，而李晓洁也没有拒绝刘军，两个人之间的感情也是心照不宣。在其他人看来，这就是一对甜蜜相爱的小情侣。

虽然两个人不是一个村的，但是两个人恋爱的事情很快就传到了李晓洁父母的耳朵里。自己的姑娘居然和邻村出了名的穷光棍儿在一起，李晓洁的母亲知道后，气不打一处来，对着李晓洁就是劈头盖脸地一顿埋怨和训斥，直接对李晓洁说："我辛辛苦苦把你拉扯大，你现在要和穷小子结婚，你弟弟以后怎么办啊？我告诉你，除非我死了，不然门儿都没有！"

但是，李晓洁的确和刘军是真心相爱的，于是她跪在了父母面前，祈求父母同意她和刘军的婚事。李晓洁的母亲说道："你要是认定了他，愿意和他过苦日子，我不拦着。但我和你爸是准备用你的彩礼给你弟弟娶媳妇的，你让刘军家准备8万元的彩礼，有了彩礼，你爱和谁结婚就和谁结婚！"

8万元的彩礼，别说刘军家，就是对于村上任何一家来说，都是一笔巨额的数目。无奈之下，李晓洁向刘军提出了分手，她告诉了刘军父母，家里强硬的态度和苛刻的要求。刘军看着自己心爱的姑娘哭成了泪人，他无比心疼。他把李晓洁抱在怀中，对李晓洁说："晓洁，你不用担心，我来想办法解决这8万元的彩礼。"

第二天，一个人在家的刘军打开了自己的钱包，只有3000元，这是他仅有的一点积蓄。对于他来说，8万元简直是一个天文数字，但是想到自己做梦都想娶回家的李晓洁，刘军心里暗暗发誓，不论如何，一定要凑到8万元。就这样，刘军没事就开始上网搜索快速挣钱的方法。

一天，一则广告吸引了刘军的注意。只见广告上标注着"专业手术摘取，高回报，低风险"。没错，这是一条卖肾广告！一个肾，换自己和李晓洁一生的幸福，走投无路的刘军觉得这可能是解决彩礼的唯一途径，于是他拨通了广告上的电话。

接通电话的是一个普通话十分标准的男子，他向刘军介绍，他们是一家专业的肾脏移植私人医院，由于肾脏的配型十分困难，因此他们愿意高报酬购买肾源。如果确实是稀有的肾源，可以卖到15万元的好价钱。刘军听后，激动不已，要是有了这15万元，不仅可以给李晓洁8万元的彩礼，剩下的钱自己还可以做点小买卖。于是，刘军向对方询问了做手术的具体要求和细节。

安顿好家里的一切后，刘军和父母谎称要出门半个月，就急急忙忙地赶往约定好的手术地点。

手术室在郊区的一个两层公寓里，一进门就能看到身着白大褂的医生和护士。没过一会儿，一个穿着白衬衫的男子走到他面前，开口一说话，刘军就认出了这是前几天与他通话的男子。陌生男子将刘军带到办公室，并递上一张名片，上面写着"马经理"。寒暄了几句后，马经理走到办公桌前，从抽屉里拿出了5万元现金，对刘军说："这些钱，我手术前就给你，让你也放心，剩下的10万元，手术结束后再给你。"刘军拿着5万元，心甘情愿地躺上了手术台。

做完手术后，刘军留在病房里观察了两天，没有什么大碍，他准备早点回家把彩礼钱给李晓洁的父母。他走之前和接待自己的男子要钱，对方说，剩余的10万元需要在3天之内打到他的银行卡上。刘军一听，也行，于是就带着5万元先去了李晓洁家。

因为刚做完手术，刘军的伤口还没有完全愈合，他一瘸一拐地到了李晓洁家，把5万元现金给了李晓洁的父母，说剩下的3万元缓一缓。李晓洁父母看到钱，这才同意了两人的婚事。

一周后，两个人就在刘军的家里摆宴席，举办了婚礼。结婚后，刘军一直有所担忧，因为做手术剩下的10万元，对方一直都没有打到他的银行卡上。每次打电话，对方都以各种各样的借口把时间往后推。而这边，自己的老丈人，总是向自己催要剩下的3万元彩礼。

令刘军更没想到的是，再给男子打电话时，对方已经关机了。这时，刘军才意识到，自己可能被骗了。于是，他赶紧到派出所报了案。

组织出卖人体器官罪，是指在征得被害人同意或者承诺后，组织出卖人体器官以获得非法利益。本罪名为行为犯，不以损害结果的发生为既遂标准，对于所有以营利为目的组织他人收购人体器官、出卖人体器官的行为，均应当纳入本罪的范畴。

警方接到刘军的报案后，迅速实施侦查和抓捕工作。不久，就将犯罪分子马壮，也就是接待刘军的马经理抓捕归案。法院审理后认为，被告人马壮为牟取非法利益，组织、介绍他人出卖肾脏，其行为符合组织出卖人体器官罪的构成要件，公诉机关指控被告人马壮犯组织出卖人体器官罪罪名成立，予以支持。最后，法院认定被告人马壮犯组织出卖人体器官罪，判处有期徒刑2年，并处罚金人民币1万元。

李晓洁知道真相以后，内疚自责，后悔不已。最后，她说服了父母不再追要剩余的3万元彩礼，和刘军两个人成为真正的夫妻。然而，每到阴雨天刘军的伤口都会隐隐作痛，那一道伤疤永远留在了他的身上。

爱情是富有激情的，但也应该是理性的。我国的彩礼习俗由来已久，给付彩礼是男方表达诚心聘娶的态度和心意，也说明男女双方即将走进婚姻的殿堂，然而彩礼不是婚姻的试金石，我们不能用彩礼去攀比，更不能用彩礼绑架婚姻和爱情。

贪婪的恋人

法律知识点： 1. 民间借贷与诈骗罪的区别
      2. 敲诈勒索罪

【案例一】

  2018年的除夕夜，家家户户都在团团圆圆过大年。家住东北某市的李萌家，这个春节过得尤为高兴，因为这一年，李萌考上了大学。

  然而，大过年的，李萌的行为却很异常。最近，她总是心事重重，坐立不安，只要手机一响，她就显得特别紧张。李萌的妈妈感觉到这孩子有点不对劲。

  这时，李萌的手机又响了，她赶紧拿着手机就往自己的房间走。李萌的妈妈站在她的门口听到了李萌的电话内容："我不是已经还你钱了吗？你能不能给我点时间，等开学再说！"

  究竟是什么人会在大年三十这一天让李萌还钱呢？李萌真的欠别人钱吗？在妈妈的追问下，李萌哭着说出了实情。原来，她借了高利贷，现在借给她钱的人，整天逼着她还债，她害怕极了。

  李萌的妈妈感到奇怪，因为她给李萌的生活费和零花钱足够李萌日常花销的，而且由于担心女儿在外地上学手头紧，她还特地多给了生活费。李萌为什么要去借高利贷呢？这还要从李萌考上大学时说起。

  2017年夏天，李萌终于如愿以偿地接到东北某大学的录取通知书，她欢呼雀跃，甚至热泪盈眶，等着她的将是丰富多彩又自由的大学时光。

9月，离开了父母的管教约束，李萌开启了大学生活。李萌业余时间喜欢滑轮滑，在一个轮滑的网络群里，她认识了一个男生。而李萌原本快乐无忧的生活，就从认识这个人开始发生了改变。

大一下学期的一天，李萌和网络群中的网友相约一起去旱冰场滑轮滑。强烈的鼓点，热情的氛围，青春洋溢的少年们，在轮滑场里尽情地舞动，气氛热烈，处处散发着青春的激情与活力。长发飘飘、青春靓丽的李萌在旱冰场上很惹人注意。而一个高高瘦瘦，穿着一身白色衣服的男生，也同样吸引着李萌的注意。

滑了几圈以后，李萌到场下休息，一边喝水一边和朋友聊天。这时候，那个身穿白色衣服的男生出现在了李萌的面前，毫不掩饰地说："嘿！美女，留个联系方式吧！"没等李萌反应过来，一起来的同伴就开始起哄。在大家的附和声中，李萌腼腆娇羞地把电话号码给了眼前穿白色衣服的男生。

当天晚上，李萌回到寝室就收到了白衣男生发来的信息："我叫赵博，很喜欢你，做我女朋友吧！"赵博这样开门见山，像极了"霸道总裁"。况且白天在旱冰场，李萌对白衣翩翩的赵博就有了心动的感觉。他不仅轮滑滑得好，而且还长得干净帅气。就这样，两人在网络中相识，因为旱冰场的一见钟情，赵博开始猛烈地追求李萌。

赵博比李萌大5岁，已经步入社会，参加工作了。只要他一有时间就开着车来学校接李萌，不光送鲜花、送礼物，还一起看电影。情窦初开的李萌，面对赵博热烈勇敢的追求，很快就和他确认了恋爱关系。

赵博告诉李萌，他是做放贷生意的，就是把钱放出去给别人用，他收取利息赚钱。赵博平时出手阔绰，经常呼朋唤友出入高消费的娱乐场所，还送李萌昂贵的礼物。同学们很羡慕李萌找了一个帅气、有钱还有情调的男朋友。

可是，这又与李萌被催债有什么关系呢？

李萌和赵博相处两个月后的一天，赵博到学校接李萌出去吃饭。在车上赵博对李萌说:"亲爱的,你现在手里有没有3000元?我这儿有个很急的贷款业务,差3000元就可以放款赚钱了,过几天就还你。"当时,李萌刚收到家里打过来的生活费,再加上她手里还有点儿零花钱,于是立马就给男朋友赵博转了3000元。一个星期后,赵博把钱还给了李萌,还送给李萌一瓶香水,说:"亲爱的,咱们这笔业务多亏了你的3000元。"李萌没想到自己还能帮上赵博生意上的事,非常开心。

自从这次借完钱以后,赵博几乎每个月都有那么一两次资金周转不开的时候,需要向李萌借钱应急。李萌心想,男朋友的事业她一定得支持。但是渐渐地,李萌也有些力不从心,自己毕竟是个学生,生活费都是父母给的,她没有那么多钱借给赵博。因此,李萌就对赵博说,能不能找他的那些朋友想想办法。但是,赵博说,毕竟钱不多,不好向朋友开口,而且借几天就还回来了,还能挣利息;再说要是从朋友那里借钱,挣的利息肯定也要分给人家,这样就不划算了。

李萌一听,确实是这么个道理。当自己的钱不够时,她就开始帮赵博向自己的同学借钱,前前后后一共向同学借了1万多元。别看这1万多元不多,但对于刚上大学的学生来说,可不是一笔小数目。

当赵博不能及时还钱时,李萌就再向别的同学借钱,拆东墙补西墙,把之前欠同学的钱先还上。时间久了,被欠钱的同学就有意见了,同学们开始议论,说李萌总向他们借钱,还欠钱不还。李萌意识到,再这样下去也不是办法,于是催促赵博赶快把欠她同学的钱还上。可就在这个时候,赵博说他的公司出事了。

赵博十分为难地告诉李萌:"亲爱的,我真是对不住你,公司最近出了点问题,放出去的一笔大额贷款一直收不回来,导致资金链断了。再这样下去,公司没有资金再向外放款,放出去的钱也收不回来,几个投资人还等着收回成本和分红,公司就会陷入死循环!"赵博还说,这个时候只有一个办法,就是新的资金再注入,快速放款,把难关攻克。李萌虽然很想帮助男友赵博,但是无能为力,再说她也不明白赵博生意上的事情。

后来,赵博想出来一个主意,就是让李萌去找社会上的贷款公司贷款,一是能把欠同学的钱尽快还了;二是多贷出来一部分钱能用于赵博公司的贷款周转。赵博告诉李萌,因为自己做放贷生意很多年,名下已经有多份贷款,他的贷款额度肯定没有李萌高,所以用李萌的名字贷款最稳妥。

李萌想,为了赵博她已经欠了同学1万多元,马上要放假了,同学们也急着用钱。就这样,为了帮赵博,也为了尽快还同学的钱,李萌同意了赵博的提议。于是跟着他到贷款公司办理了贷款,贷出了10万元,1万多元还给了同学,剩下的钱都交给了赵博。贷款期限是3个月,每个月都要还本金和利息。赵博承诺,还贷款的事李萌不用操心,贷款全由他来还。

借完贷款的第二个月,李萌放寒假回了父母家。从这时候开始,李萌就接二连三地接到催款的电话和短信。短信的内容不是要告诉学校她欠钱不还,就是要找她家长,还扬言要找到李萌的家里来,这让李萌感到很害怕。

李萌打电话给赵博说:"你赶快还贷款啊,贷款公司总找我要钱怎么办?"一开始,赵博总是说,快了快了,等一有钱马上就还上。可后来赵博干脆连电话都不接了。

父母向来都很重视李萌的学习,李萌在学校也是学生会干部。李萌既担心父母知道她交往了一个男朋友,也担心学校知道她欠了同学的钱,所以她既不敢和父母说,也不敢和老师说。整个假期,只要她接到催款电话就很紧张,于是就有了开篇的那一幕。

李萌的母亲知道实情后,觉得女儿是被别人利用而贷了款,于是赶快报警。警方经过调查找到了赵博,对案件展开了侦查,结果却令人感到很意外!

原来,赵博并不是单身,他已经结婚好几年,孩子都上小学了。赵博在旱冰场认识李萌后,觉得她年轻漂亮,就谎称自己单身开始追求李萌。和李萌接触以后,赵博发现,李萌不仅人单纯,而且家境也很好,于是就想从李萌身上捞点钱花。

赵博的确做过网贷生意,但是经济收益不好,再加上近几年国家对网贷金融把控比较严格，他早就不做网贷生意了。之后，赵博也没有什么正经职业。赵博平时特别好面子，花钱还大手大脚。他让李萌借的钱，还有贷款的钱，其实都被他挥霍了。

公诉机关以诈骗罪对赵博提起了公诉。而赵博认为，即便他欺骗了李萌的感情，但钱都是李萌借给他的，大不了他可以把这些钱还回去。他认为，在法律上自己和李萌只是借款关系，不是诈骗。

那么，本案中赵博的行为到底是普通的民间借贷还是诈骗犯罪呢？

我们来看一下民间借贷和诈骗罪的区别。民事借贷，是指借款人与出借人达成借贷协议，由借款人向出借人借款，借款人需要按照约定及时还款。如果借款人因不能按期归还而产生纠纷，那么这属于民间借贷纠纷，应受民事法律关系调整，不产生刑事责任。而诈骗罪，是指以非法占有为目的，采用虚构事实或者隐瞒真相的欺骗方法，骗取数额较大公私财物的行为。

区别民事借贷纠纷和诈骗犯罪的关键因素在于，行为人获取款项是否存在"以非法占有为目的"。正当的民间借贷关系，虽然也存在不能按期归还的情况，但往往是因为遇到了不以其意志为转移的客观困难。而以借贷为名诈骗财物，则往往表现为携款潜逃，或是像本案被告人这样大肆挥霍，根本目的是非法占有，不想归还。

本案中，被告人赵博以谈恋爱为名，骗取女大学生李萌的感情，进而骗取被害人钱财用于个人挥霍，主观上有非法占有的目的，客观上实施了诈骗行为，且被害人交付钱财与被告人的诈骗行为之间存在因果关系。人民法院审理后认为，被告人赵博犯罪事实清楚，证据确实、充分，公诉机关指控的罪名成立。

案件审判的过程中，赵博将钱还给了李萌，李萌交还了贷款公司的贷款。法院最终判处被告人赵博有期徒刑6年，并处罚金1万元。

一纸判决让大学生李萌的初恋以假冒男友赵博受到刑事处罚而终结。初恋是美好的，但是李萌的初恋却给她的人生上了一课。社会是纷繁复杂的，网络交友更要提高警惕。

【案例二】

2018年8月的某个周一下午，陈丽像往常一样在单位开会，但是她的手机却振动个不停。陈丽看了一眼，挂断了电话继续开会。可是，手机还是一直振动，显然有人一直在给她打电话，而陈丽却数次挂断没有接听。

直到她手机里收到了一条短信，当陈丽看了短信以后，表情立刻变得紧张起来。她坐不住了，赶快走出会议室回了一个电话。

陈丽出了门，在走廊的角落里对着电话的那一头，生气地说道："李伟，你到底想干什么！"李伟在电话里得意扬扬地说道："有能耐你别回我电话！一个小时之内，老地方见，否则，你同事的邮箱里，都会收到刚才我给你发的照片。"

李伟到底给陈丽发的什么照片？为什么李伟给陈丽打电话她不接，可是发了一条信息，陈丽马上就给李伟回了电话？李伟和陈丽又是什么关系呢？这事还要从陈丽刚刚大学毕业时说起。

陈丽老家在农村，她凭借自己的刻苦努力考上了东北某市的一所大学，大学毕业后就留在了当地工作。陈丽深知从老家农村走出来不容易，所以她要强、勤奋，工作积极努力。她上班的地方在一个商业繁华地段，为了上下班方便，陈丽就在附近的老旧小区租了套房子。

一天晚上，有一个人通过附近的人搜索，申请添加陈丽的微信。头像是一个很深沉内敛的男人，陈丽通过了好友验证，添加了对方的微信，这个人就是李伟。聊天中，李伟告诉陈丽，他上半年刚从国外留学回来，住在陈丽家附近的小区。与陈丽不同的是，李伟住的那个小区是个高档小区。

陈丽经常和李伟聊天。李伟和她聊工作上的事情、聊国外的生活，陈丽觉得李伟好像什么都懂，对他很崇拜。就这样，陈丽通过网络和李伟相识，对李伟有一种怦然心动的感觉，她每天都期待李伟发来消息。两个星期后，陈丽主动提出要和李伟见面。自从这次见面后，陈丽和李伟的关系发生了彻底的改变。

李伟不仅见多识广，而且还是一个大帅哥。他长相帅气，穿着得体，浑身散发着成功人士的魅力。与同龄的男生比起来，李伟多了些许成熟稳重，这彻底打动了陈丽的心。陈丽勇敢地向李伟表白，两个人确立了男女朋友关系，自此李伟经常把陈丽带回家中过夜。

　　陈丽以为她找到了这个世界上最完美的男人，直到接二连三的事情发生，陈丽开始意识到不对劲了。

　　先是陈丽在给李伟收拾房间的时候，发现了衣柜角落里女人的衣物。陈丽质问李伟到底是谁的衣服？李伟吞吞吐吐地说是以前的女朋友留下的，让陈丽不要胡思乱想，要相信他。虽然陈丽心里有疑惑，但没有抓到李伟背叛她的证据，所以陈丽没有深究下去。

　　随后的几天，李伟出差不在家。某天，陈丽晚上在李伟家收拾屋子的时候，门铃响了。陈丽打开房门，一个陌生的中年女人连鞋都没换直接走到客厅，环视房间后问道："李伟呢？他欠房租要欠到什么时候？我这是核心地段的房子，不愁租，房租都欠我半年了，再不交房租赶紧走人！"

　　什么？房子是租的？陈丽想不明白，李伟明明告诉她，这个房子是全款买的，怎么会是租的呢？陈丽一开始还质问这个女人："你凭什么说这房子是租的？"找上门的房东硬气地说："笑话！我自己的房子还凭什么！你看，这不我还有钥匙呢！"房东当着陈丽的面用钥匙打开了门。陈丽有些尴尬地说："这样吧，李伟现在没在家，等他回来，我就让他去找您，你俩再研究房租的事。"好说歹说，房东没有继续在家里等着李伟，说好宽限几天就交房租。

　　李伟出差一回来，陈丽就问他："李伟，这房子是租的，你为什么欺骗我！"李伟被问得愣了神儿，反倒轻描淡写地说道："你知道了？我也不是要欺骗你，最近运营项目需要钱，房子还没下来，这不是怕万一我说房子是租的你看不上我嘛！"

　　陈丽觉得李伟很虚伪，明明是租的房子，却说是自己买的。再说自己是真心和李伟在一起，从来没有贪图他的钱财，而且她和李伟谈恋爱期间，还是陈丽花的钱比较多一些。通过李伟欺骗她这件事后，陈丽觉得李伟人品不好，于是和李伟提出分手。可是，一件意想不到的事情发生了。

陈丽提出分手，李伟却翻脸了。李伟告诉陈丽："分手可以，你得拿5000元分手费！"陈丽说："笑话，凭什么给你分手费？"让陈丽怎么也想不到的是，这时李伟拿出了一样东西——陈丽的裸照。

原来，李伟与陈丽恋爱期间偷偷拍了很多陈丽的裸照。李伟威胁陈丽说，不拿5000元分手费，就要把这些照片先发给她的亲戚同学，再发布到网络上，让陈丽身败名裂。陈丽害怕裸照被泄露，毕竟她在这个城市刚站稳脚跟，如果裸照泄露出去那她的名誉就毁了。无奈之下，陈丽说服自己，就当遇到渣男了。她给了李伟5000元，心想只要能和李伟一刀两断，他不再纠缠自己，就认了。

本以为这件事就这样了结了，但是陈丽错了。李伟并没有就此收手，他继续以裸照纠缠陈丽，要和她见面。于是，就有了开篇的那一幕。

陈丽来到李伟租住的房子中，李伟想与陈丽复合，说自己很爱陈丽，求她原谅自己。还说他之所以欺骗陈丽房子是他买的，是因为在乎陈丽，怕陈丽瞧不起他。李伟看到陈丽，还想与陈丽发生性关系，但是陈丽拒绝了。李伟见陈丽没有与自己和好的可能，当场就向陈丽提出了一个条件，他要求陈丽第二天下午4点钟前一次性给他5万元，买断这些裸照，否则他想往哪发、发给谁，就不好说了。

陈丽之前给了李伟5000元，是因为不想与他纠缠，就当花钱买教训了。但是，这次李伟不仅要求发生性关系，还继续威胁陈丽要更多的钱。陈丽越想越委屈，也越想越气愤，于是报了警。警方将李伟传唤到案，李伟到案后，如实交代了要和陈丽发生性关系，还以裸照威胁陈丽要钱的事。

警方查明，原来李伟并不是什么"海归"，也没有正当职业，赌博欠下债务，连房租都一直拖欠着。但李伟因为人长得帅气，甜言蜜语很讨女孩喜欢。他经常在网络上交友，以恋爱名义骗取女孩子信任，而且还同时与好几个在网上认识的女孩交往，陈丽在李伟租的房子里发现的女士睡衣，就是李伟同时交往的女人留下的。

公诉机关以敲诈勒索罪和强奸罪两项罪名对李伟提起了公诉。庭审中，李伟对强奸罪这项罪名提出辩解。他认为，陈丽以前就是自己的女朋友，两个人也发生过性关系，而且最后一次见面时，虽然自己想要和陈丽发生性关系，但是陈丽拒绝后，自己也没有继续与陈丽发生性关系。因此，自己不构成强奸罪。

《中华人民共和国刑法》第24条规定："在犯罪过程中，自动放弃犯罪或者自动有效地防止犯罪结果发生的，是犯罪中止。对于中止犯，没有造成损害的，应当免除处罚；造成损害的，应当减轻处罚。"由此可见，犯罪中止存在两种情况：一是在犯罪预备阶段自动放弃犯罪；二是在实行行为终了的情况下，自动有效地防止犯罪结果的发生。

本案中，被告人李伟在实施强奸犯罪时，在当时的条件下，完全能够强行与被害人发生性关系，但被告人考虑到被害人不愿意再与其发生性关系，便主动放弃了该行为，有效地制止了犯罪后果的发生，属于犯罪中止。法院最终判决：被告人李伟犯敲诈勒索罪，判处有期徒刑2年，缓刑3年，并处罚金人民币5000元；犯强奸罪，免于刑事处罚。

网络世界真假难辨，尤其通过网络婚恋交友，我们更应该提高警惕，保护好自己。也提醒那些通过网络骗财、骗感情的人，法律不会遗漏每一个角落，利用网络交友实施违法犯罪，也必将得到法律的严惩。

都是"彩礼"惹的祸

法律知识点：被害人过错

2017年8月初的一个周末，东北的天气燥热，午后的小区一片安静，只听见知了吱吱吱地叫个不停。午饭过后，二楼王玉香家的激烈争吵声打破了小区的宁静。今天是王玉香的亲家母带着儿子赵勇上门提亲的日子，两家人本来高高兴兴地商量子女的婚事。午饭刚过，怎么还吵起来了呢？这还要从王玉香的女儿李小月与赵勇的婚事说起。

李小月是赵勇的女朋友，两个人已经交往了大半年。

这天中午，赵勇和母亲叶翠娥大包小裹地拎着烟酒糖茶一起来到女朋友李小月家。这已经是赵勇第二次来小月家提亲、商量彩礼的事情了。赵勇第一次见小月的母亲王玉香，双方就因为彩礼的事情闹得很不愉快。这次，赵勇和母亲一同带着东拼西凑的8万元彩礼钱来到小月家里，希望小月的家人能体谅他们娘俩的一片真心，同意这门婚事，让他和小月早点完婚成家。

当天，小月把赵勇和他的母亲迎进门。小月的父亲李老汉准备了午饭，两家人吃完饭，赵勇的母亲就拿出了事先准备好的8万元彩礼钱放在桌上，对小月的母亲王玉香说道："大姐，这8万元是我们给小月准备的彩礼钱，今天送过来，希望你们早点应允小月和赵勇的婚事。"

王玉香不紧不慢地说道："不是30万元彩礼钱吗？怎么今天变成8万元了，赵勇你是怎么和家里说的？我是30万元彩礼钱嫁女儿，到你们这怎么就打折了?"赵勇说道:"阿姨,我家已经竭尽全力筹备了。可这30万元对我家来说,实在是拿不出来。您看能不能减少点彩礼钱,让我和小月把婚事先办了,彩礼钱我尽快补上。"王玉香一听,赵勇第二次带着母亲来提亲,30万元彩礼钱非但没有带来,还讨价还价。王玉香生气地说道:"没钱,你来提什么亲?有先上船后补票的道理吗?之前咱们都说好了是30万元彩礼,今天却只拿8万元,你们家有娶小月的诚意吗?我是嫁女儿,不是要饭的!"

李小月和父亲李老汉刚想开口劝王玉香,王玉香就冲着女儿吼道:"你瞅你那没出息的样子,白瞎这么多年我把你养得这么好,你这条件找什么样的找不到啊!非得找穷得揭不开锅的人家,传出去让不让人笑话呀!没有30万元彩礼,你们别想结婚。"说完,转身回到自己房间。

李小月没有想到,母亲王玉香丝毫没有顾及赵母的面子。因为赵勇家没有准备够30万元彩礼,而让母亲王玉香大发雷霆。李小月和李老汉很不好意思,劝赵勇和他母亲叶翠娥先回去。

这次赵勇和母亲一同前往小月家提亲,没想到却让母亲和自己一起遭受王玉香的奚落、侮辱,堂堂七尺男儿的脸面有些挂不住。王玉香情绪激动,恶语相向,赵勇也不想母亲跟着自己在李小月家为难,就带着母亲离开了。

赵勇和母亲刚走到楼下,没想到王玉香顺着窗户就把他们带过来的礼品扔了下来,而且咣当一声把窗户关上了。礼品撒落一地,炎炎夏日赵勇和母亲却感到心寒彻骨。

按照常理,女儿要成亲了,父母高兴还来不及,王玉香为啥这样刁难准女婿和上门的亲家母?这事还要从王玉香的女儿李小月和赵勇的恋情说起。

李小月今年26岁,在镇上的农机商店上班。李老汉和老伴王玉香是年纪很大才有的这个孩子,一直视为掌上明珠,倾注了全部的爱。这么多年,他们对女儿精心栽培、细心呵护。小月生得亭亭玉立,各方面条件都很优越。李老汉在外承包鱼塘,家里条件也不错,吃穿不愁。所以在小月的择偶问题上,不仅小月很挑剔,性格强势的母亲王玉香更是瞻前顾后,煞费苦心。她觉得只有经济条件好的、各方面都很优秀的小伙，才能配得上女儿李小月。

2017年初，李小月在一次同学聚会上，见到了多年未见的高中同学赵勇。当两人再见时，都已不是上学时的青涩模样。同学们在聚会上聊聊上学时的趣事，倒也是笑得前仰后合。其实，在上学的时候，赵勇就对李小月很有好感。后来李小月考上了大学。而赵勇成绩一般，家里条件又不是太好，就直接参加工作了，目前在公司当职员。当同学们再见面时，大家都已成家，有的孩子都好几岁了。唯独赵勇和李小月还是单身，同学们都打趣，想撮合他们在一起。李小月再见帅气的赵勇时，便心生好感。她也感受到在聚会时，赵勇总时不时地看向她。

这次聚会后，赵勇对小月展开了热烈的追求。两个人年龄相仿，又是高中同学，自然有很多共同语言。赵勇对小月体贴入微，关怀备至，两个人很快便确立了恋爱关系。交往了半年后，两个人决定见双方的父母，早日把亲事定下。

赵勇的母亲见到李小月后，对这准儿媳妇左看右看，十分满意。

李小月也知道赵勇家里的情况，赵勇的父亲走得早，他和母亲一起生活。这么多年，赵勇的母亲一个人把赵勇带大，没有再嫁，一个女人带着孩子，日子过得不容易。赵勇的母亲虽没能给他挣得丰厚的家业，但培养了赵勇坚强独立的性格。赵勇十分孝顺，深知母亲的艰辛，从没向母亲提出过过分的要求。李小月也是看中了赵勇身上坚强独立的个性，丝毫没有瞧不起赵勇的家庭条件。她觉得只要两人在一起，真心相爱就够了。李小月也知道母亲强势，在带赵勇见父母之前就给他打了"预防针"，让他见到自己家人的时候，说话多注意一些。赵勇满心欢喜地答应："小月，你放心吧，只要能把你娶进门，我做啥都愿意。"

王玉香今年快60岁，身体还算健康，性格要强。家里的大事小情主要都是由她做主。

女儿终于谈了男朋友，就要带回家见父母了，王玉香和李老汉喜上眉梢，早盼着女儿能有个好归宿。赵勇大包小裹地提着见面礼，随李小月来到她家。王玉香和李老汉对赵勇的第一印象很满意。可接下来到了准丈母娘的提问环节，赵勇难免有些紧张和露怯。王玉香问赵勇，是否准备好了婚房，婚房有多大？赵勇吞吞吐吐地答道："阿姨，我现在和我妈住在老房子里，您放心，我和小月已经在攒首付了，打算明年贷款买个房子结婚。"

一直将小月视为掌上明珠的王玉香，一听赵勇家里没有准备婚房，还要和女儿贷款买房子，当即把脸沉了下来，说："哦，贷款买房！那你家可得抓紧了。另外，按照我们家这边的习俗，彩礼是必不可少的。前年小月的表姐结婚，男方给了30万元彩礼，姑娘才嫁过去。我们家小月各方面条件都不差，你可不能因为彩礼的事让我们家在镇上没有颜面啊！"

王玉香认为，赵勇如果连基本的住房保障都不能给自己的女儿，今后的生活被柴米油盐充斥，又有何幸福可言呢？无论如何，在彩礼这个问题上不能少于30万元。否则，自己家没面子不说，这女儿也算是白养了。于是，王玉香态度坚决地告诉赵勇："彩礼30万元一分不能少。这30万元彩礼给你两个月时间，两个月要是不到位，你俩就分手吧，谁也别耽误谁。"

赵勇第一次见小月的母亲，这突如其来的30万元彩礼着实是他没有想到的，他满脸尴尬又不敢反驳。但是，他还是硬着头皮表态："阿姨，我是真心喜欢小月的，想和她成家好好过日子。我回家和家人商量一下，尽最大努力满足您提出的要求。"

小月没想到第一次带着赵勇见父母，母亲就提出30万元彩礼的要求。她看中的是赵勇这个人，不想让赵勇为难，而面对咄咄逼人的母亲，她又很无奈。小月替赵勇说话："妈，我都已经这么大了，我自己的事我能做主。我了解赵勇，就算他什么都没有，我俩一起努力，一切都会有的。难道彩礼就这么重要吗？难道我在你心中就值这30万元吗？"王玉香一听，没想到小月竟然站在赵勇一边，还当着赵勇的面顶撞自己，一股怒火就冲上心头。她情绪激动，嚷道："你这还没出嫁呢，就和这个穷小子站在一边！一起努力？别人都过上好日子了，你还陪着这个穷小子打工赚钱还贷款呢？你是我生的，结婚这个事肯定我做主，没有30万元彩礼，你们别想结婚。"

老伴李老汉在一旁打圆场："先别急,以后慢慢说。"王玉香一气之下,就回了房间。

就这样,赵勇第一次和李小月的父母见面,竟闹得不欢而散。王玉香坚持认为,如果赵勇家拿不出30万元彩礼,就是对娶小月毫无诚意,她坚决反对小月和赵勇在一起。

赵勇和李小月两个年轻人是真心相爱,但这30万元彩礼让他们没法结婚。李小月也左右为难,一边是恋人,一边是母亲。彩礼的事没有动摇两人要在一起的决心,安慰赵勇说："这钱我帮你一起筹,只要咱俩过得好,这钱我妈将来还能贴补我们。咱俩一起努力,我妈早晚会同意我们俩的婚事的。"听小月这样劝自己,赵勇内心多少得到些宽慰,便开始向亲戚朋友借钱筹彩礼。

赵勇一开始没敢和母亲提起30万元彩礼的事情,一是母亲没有这个经济能力,二是怕母亲着急上火。可赵勇家里生活条件一般,没有亲戚朋友愿意借这笔大额钱财给赵勇。眼看两个月的筹款期限就到了,赵勇和李小月一共才借到3万元。

赵勇向亲戚朋友四处借钱的事还是传到了母亲的耳朵里。赵母想不明白,两个人相处得挺好的,赵勇真心对待小月,自己更不会亏待这个准儿媳妇。虽然家里条件不是那么好,可赵勇勤快懂事,也有正经工作。赵母为自己没能力为赵勇提供很好的经济条件,让儿子在女朋友家里难堪而感到心疼和自责。

儿子的终身大事,当妈的必须倾尽所有去帮衬。赵母把所有的银行存款5万元取出来,对赵勇和小月说："这钱本想等你们快结婚时给小月买嫁妆用的,既然亲家母提出彩礼这个事,那我就早点拿出来表示诚意。"小月既难为情,又有些羞愧。赵母让小月和家里人定个日子,到时她和赵勇带着彩礼上门提亲,好准备一下他们的婚事。

李小月没有告诉母亲王玉香,赵勇家到底筹到了多少钱。李小月心想,两家人一见面把话说开,母亲也许能看到他们的诚意,态度会有所缓和，结婚的事就能往前推进。可没有想到，母亲王玉香丝毫没有顾及赵母的颜面，这次定亲只能狼狈收场。于是就有了开篇那一幕。

赵勇带上母亲，拿着彩礼，去李小月家提亲。王玉香非但没有体会到他们的真心实意，反而恶语相向，讥笑嘲讽，这让赵勇有一种被羞辱了的感觉。赵勇认为，小月母亲王玉香和自己说那些难听的话也就算了，可无论如何，不该出言不逊，为难自己的母亲。一连两次上门提亲，都遭到了王玉香的侮辱，让赵勇一度感到内心压抑，觉得对不起母亲。一想起王玉香数落自己和母亲的样子，他就气愤不已，在心里留下了挥之不去的阴影。

第二次上门提亲后，赵勇心情沉闷了好一阵子，对李小月也是不冷不热的，他甚至想放弃和小月的这段感情。

正当赵勇不知道如何继续和小月的感情时，李小月发现自己怀孕两个月了。赵勇和李小月之前感情一直就很好，如今李小月怀了自己的孩子，赵勇也想对李小月负责。李小月既兴奋又忐忑，她十分爱赵勇。如今生米已经煮成了熟饭，她想孩子都怀上了，母亲一定会同意她和赵勇的婚事。她索性搬到赵勇家中一起生活。

就这样，李小月住在赵勇家养胎。小月本来想，等过一段时间，胎像稳定了，母亲慢慢接受了她怀孕的事实，等她态度缓和一些，再和她谈结婚的事。可没想到一个星期以后，李小月等到的却是母亲遇害的消息。李小月接到父亲李老汉的电话，父亲用颤抖的声音告诉李小月，母亲王玉香在家中遇害，并被藏尸床下。

母亲突然被害的消息如同晴天霹雳，让李小月痛不欲生，她非常后悔不该和母亲置气，从家中搬出来。很快，警方经过侦查，锁定了犯罪嫌疑人，凶手正是赵勇。随后警方将赵勇在异地缉拿归案。可是，小月觉得这件事很奇怪，赵勇几天前就出差了，母亲明明每天都更新朋友圈，如何会被赵勇杀害了呢？

女朋友已经怀孕，婚事将近，赵勇为什么要对准岳母痛下狠手又藏尸床下？归案以后，赵勇对杀害王玉香的犯罪事实供认不讳。

原来，自从王玉香知道小月怀孕后，在家里哭天抢地，骂李小月不争气，做出这么丢人现眼的事情。可是，无论她多么生气，女儿怀孕已成事实。王玉香不管怎么阻碍小月和赵勇的婚事，都于事无补。

女儿怀了赵勇的孩子，还和赵勇过上了日子。如今已经有两个月身孕，女儿的肚子一天天大起来，要是婚事都没办，那可太让人笑话了。于是，王玉香只好硬着头皮找赵勇商办婚事。

8月正是养鱼塘的旺季，王玉香的老伴李老汉在养鱼塘照顾生意，晚上要看守鱼苗。一周回来一次，王玉香常常一个人在家。一天中午，王玉香越想小月已经怀孕的事，越觉得婚事不能再耽误了，就给赵勇打去电话，让他来家里一趟，她要和赵勇商量小月和他的婚事。

经过前两次提亲的争吵，对于再谈结婚这件事情，赵勇已经没有了当初的热情，甚至有些不愿意再面对王玉香。但是王玉香毕竟是小月的母亲，她找赵勇商量婚事，赵勇又不能不去。

赵勇本想，小月都已经怀孕了，这次王玉香无论如何不会像之前那样为难自己。可没想到，到了王玉香家，王玉香告诉赵勇，小月虽然怀孕了，但彩礼也要给20万元，否则就让小月做掉孩子，还得赔偿损失。

赵勇本以为他和小月已经有了孩子，王玉香会成全他和小月的婚事，让他们好好过日子。没想到王玉香没完没了地要彩礼，还以打掉孩子相要挟。这20万元彩礼，他家也拿不出来啊！

赵勇压抑了太久的怒火一下涌上心头，觉得王玉香胡搅蛮缠。王玉香是阻碍他和小月结婚的最大障碍。如果没有王玉香，就没有人逼他要彩礼了。他就能和小月顺利结婚了，他们的孩子也能保住。

赵勇一气之下，便抄起凳子向王玉香砸去。王玉香倒地之后，他用沙发边上的晾衣绳狠狠勒住王玉香的脖子。王玉香拼命挣扎，想推开赵勇。可此时的赵勇已经怒火中烧，任凭她怎样反抗都无济于事。

不知过了多久，王玉香的身体渐渐不动弹了，也没有了呼吸。赵勇清理了现场，光天化日之下，他无法将王玉香的尸体运出，一时也没有想好如何处理王玉香的尸体，于是便把王玉香的尸体藏在了床下。

王玉香被杀害后，赵勇看见王玉香的手机放在桌子上，他想如果家人联系不上王玉香，一定会被人发现王玉香已经遇害。如今，李小月住在他家里，李老汉住在养鱼塘那边，最起码一个星期才能回来。赵勇便拿走王玉香的手机，伪装成王玉香还活着的假象，回复信息，定时发朋友圈，以拖延案件曝光的时间。

作案后，赵勇回到家中，内心慌乱不已，尤其不敢面对已经怀孕的李小月。小月要是知道他亲手杀害了她的母亲，自己就会彻底失去她腹中的孩子。一连两天，赵勇都没有想好应该如何回去处理王玉香的尸体，他也不敢再进入王玉香家中。他害怕极了，意识到早晚王玉香的尸体会被发现。于是谎称出差，逃离家中。

终于到了周末，李老汉像往常一样回到家中。此时王玉香的尸体已经严重腐烂，李老汉一推开门就闻到臭味，床底下还流出几道血迹。李老汉掀开床板一看，吓得他整个人差点晕过去。这床板下竟是老伴王玉香的尸体。

李老汉惊魂未定，赶快报警。警方赶到现场侦查，经过法医鉴定，王玉香系被他人扼颈致机械性窒息死亡。

天网恢恢，疏而不漏。警方很快锁定了犯罪嫌疑人赵勇，并在外地网吧将其捉拿归案。等待他的将是法律的制裁。李小月无法接受母亲被未婚夫杀害的事实，因伤心过度，致使腹中胎儿流产。

最终，公诉机关以故意杀人罪对赵勇提起了公诉。法庭上，赵勇的律师提出，该案是因婚姻家庭矛盾引发，且被害人对悲剧的发生具有一定的过错，因此请求法院对赵勇从轻判刑。那么，到底什么是被害人过错呢？

根据《全国法院维护农村稳定刑事审判工作座谈会纪要》的规定，对故意杀人犯罪是否判处死刑，不仅要看是否造成了被害人死亡结果，还要综合考虑案件的全部情况。对于因婚姻家庭、邻里纠纷等民间矛盾激化引发的故意杀人犯罪，适用死刑一定要十分慎重，应当与发生在社会上的严重危害社会治安的其他故意杀人犯罪案件有所区别。对于被害人一方有明显过错或对矛盾激化负有直接责任，或者被告人有法定从轻处罚情节的，一般不应判处死刑立即执行。

　　本案中，赵勇因非法剥夺他人生命，造成一人死亡，犯故意杀人罪，这一点是毋庸置疑的。但是，被害人王玉香刁蛮任性、索要高额彩礼是引发本案的导火索。人民法院在对被告人赵勇定罪量刑时，应考虑到被害人王玉香具有一定过错，对激化矛盾负有责任。本案系由于婚姻家庭矛盾激化引发的故意杀人犯罪，与发生在社会上的严重危害社会治安的其他故意杀人犯罪案件有所区别，综合考虑案件的全部情况判处被告人赵勇死刑，缓期2年执行，剥夺政治权利终身。

　　本案的发生可谓是"彩礼引发的悲剧"。

　　王玉香从向赵勇索要巨额彩礼的那一刻开始，就已经让这桩婚事的发展偏离了正常的轨迹。送彩礼是即将走向婚姻的男方向女方家表示诚意的一种习俗，这样做本无可厚非。可这彩礼的数额应当与双方家庭的经济情况相符合，而不应成为婚姻的筹码，以高额彩礼绑架婚姻。

　　赵勇本来有机会迎娶他的新娘走向婚姻，共同开启美好的人生，却因为准岳母索要巨额彩礼而最终酿成命案，不得不接受法律制裁。李小月接受不了未婚夫杀害母亲的事实，带着伤痛离开了赵勇。如果赵勇当初能冷静地处理彩礼问题，而不是暴力解决，那他的人生也许会大不一样。可生活没有"如果"，只有结果。

　　婚姻应该靠真挚的感情维护，而不是用金钱去衡量。在一场婚姻里，比彩礼更重要的，是真爱与幸福。

声音的诱惑

法律知识点： 1. 赠与行为与诈骗罪的区别
2. 诈骗和民间借贷的区别

【案例一】

一个星期前，赵斌交往了一年多的女朋友突然神秘消失，发信息不回，打电话不接。经过一年多的交往，赵斌对女朋友投入了百分之百的感情。她要星星、要月亮，赵斌恨不得摘星星、摘月亮。赵斌每天看到她发来的照片都无比心动。这一年多来，赵斌每一天都是在朝思暮想中度过。然而，令人意想不到的是，赵斌的女朋友竟然是个男人！

两人交往一年多，日夜思念的女朋友是个男人。这到底是怎么回事呢？

这就要从一年前说起了。

赵斌从小学习成绩优异，研究生毕业后便顺利进入一家外企工作。他是个典型的理工男，大多数时间都用在工作上。

这一晃就到36岁了，因为忙于工作，自己的个人情感问题一直没有着落，经常被老家的父母催婚。

赵斌也不是不想找个女朋友，没有女朋友的主要原因有两个：一是平时工作太忙了；二是自己性格有些内向，不善言谈交际，交际面窄。

每每听到家里催婚，赵斌的心里也着急，可他又不愿意参加什么社交活动，上哪儿找女朋友呢？

有一天，他听同事聊天，说自己的女朋友是在相亲网上认识的。赵斌这下知道了，原来可以在网上找女朋友。于是，赵斌也下载了同事说的那款相亲软件。

这下赵斌的生活充实丰富了，每天都能在网上和单身女孩聊天。下班后，一个人的时候都不觉得那么无聊了。

软件上有很多想要找对象的单身女生可以一起聊天，赵斌对自己能找到心仪的伴侣充满期待。一天，他终于遇到了心中的女神。

赵斌在相亲软件上关注了一个漂亮女孩，她的网名叫"白月光"，她发在网上的自拍照吸引了赵斌。只见她清澈的眼神、甜美的脸蛋、完美的身材，赵斌很快被她吸引了。可以说，赵斌对这个女孩一见钟情。他鼓起勇气，要了女孩的联络方式。没想到，对方很快就回复了，他们加上了好友。

"白月光"告诉赵斌，她的真实姓名叫白小月，今年25岁。平时的爱好就是烹饪美食、看看电影、逛逛街。

小月对赵斌很热情，每次发信息必回。她还对赵斌说："你长得太帅了，是我的理想型伴侣。"

在赵斌眼里，小月是完美的，符合赵斌对伴侣的所有期待。赵斌坠入了白小月的温柔乡，两个人迅速确定了恋爱关系。只是，这段感情保持在网络里。

小月告诉赵斌自己正在国外留学，还有半年多就毕业了。一毕业她就立刻回国，和赵斌开始新的生活。

赵斌坚决支持女友白小月完成学业，还说："小月你放心，我绝不会拖你的后腿，别说半年，半辈子我都能等你。等你回国我就娶你。"

半年多时间里，两个人通过网络联系，始终没有见过面。但是，恋爱中的小情侣每天都会通话联络。

赵斌永远不会忘记第一次听到小月声音的时候，一种麻酥酥的感觉透遍全身。原来，小月不仅人长得漂亮，声音也甜美动人，这更让赵斌着迷。

他甚至觉得自己是幸运的,虽然已经36岁,以前没谈过恋爱,但是该来的总算来了。

赵斌和小月每天都会联系。小月不是发自己在国外的照片、视频,就是和赵斌电话联络,二人约定等小月回国,就开始筹备婚礼。赵斌对小月回国,以及他们未来的生活更加期待了。

而这期间,每每小月遇到生活上的难题,赵斌都及时帮小月解决。虽然身在异国,但是男朋友赵斌可以说无所不能、无微不至地照顾着小月。

网上交往一段时间之后,一天小月委屈地和赵斌说:"哥哥,房东又来收房租了,可是我勤工俭学的工资还没有发下来。这可怎么办呀?"

听到女朋友有难处,况且身在异国他乡,一个女孩子无依无靠,身为男朋友怎么能袖手旁观呢?所以他马上给小月转了1万元。

自此之后,赵斌开始频繁给小月转钱。白小月说,哥哥,我没有新包了。赵斌立马给对方转钱,你自己买吧。

白小月说,我要过生日了。赵斌立刻给小月发红包买礼物。

赵斌一天天倒数着白小月回国的日子。而等来的却是白小月把他拉黑,不想再见他了。

这又是怎么回事呢?

原来,就在赵斌和小月网恋快半年的时候,有一天,小月又向赵斌要生活费。当赵斌给小月微信转账时,却被提示对方的微信被限制了,转不了钱。

于是,小月就让赵斌通过银行卡转钱,可赵斌发现小月提供的银行卡账户名却是一个叫王森的人,这明显是男人的名字。赵斌问小月,这个王森是谁?小月解释说,王森是自己的表弟。

这回让赵斌产生了怀疑,白小月为什么会用表弟的银行账户呢?再加上白小月一直以各种理由要钱,还始终不愿意和自己视频聊天,每次都说网络信号不稳定,只能电话聊天,赵斌觉得多少有些不对劲。

难道白小月背着自己又交往了新男朋友?为什么让他给一个男人转

钱？赵斌的心里产生了疑虑。但他还是按照小月的要求，把钱转到了王森的账户里。

没想到，两天以后，小月又打电话向赵斌要钱了。这个时候，赵斌开始犹豫了。他说："亲爱的，我知道你在国外用钱的地方多，但是，我把我的工资几乎都给你了。我现在手头也很紧张，再说，我前天刚给你转完钱啊！"

没等赵斌说完，白小月咣当一声就挂了电话，任凭赵斌怎么联系，白小月就是不接电话。无奈之下，赵斌只能发信息向小月道歉，苦苦等待小月的回信。直到警察找到赵斌，他的相思梦才破灭了。

原来，前不久有人报警称自己被一个网名叫"白月光"的女人给骗了，为她花了很多钱。但是，这女人却找不到了。

警方调查发现这个网名叫"白月光"的妙龄美女，频繁在相亲网站上结交男人，以谈恋爱的名义骗取男方钱财。

警方在侦查过程中发现，赵斌也是被骗的男人之一。于是就联系了赵斌，向他了解情况。

更让人想不到的是，这个所谓的白小月竟然还是个男人！

经讯问得知，这个骗子真名叫王森，是个男性，今年26岁。因为赌博欠了不少外债，为了偿还赌债，继续赌博，他下载了变声软件，伪装成女生和不同的男人网恋，赵斌就是其中的一个受害者。

而王森发的美女照和视频其实都是在网上下载的。

知道真相的赵斌后悔不已，感觉十分恶心。他请求办案民警，一定要严惩这个可恶的骗子。

公诉机关以诈骗罪对王森提起公诉。但是王森却说，这些钱都是赵斌自愿给他的，自己还钱就是了，不承认是诈骗。

那么，通过变声，以恋爱为名让对方相信自己是女人。在谈恋爱时，不断向对方要钱，这种行为应如何定性呢？

本案的法律知识点：赠与行为与诈骗罪的区别。

自愿赠与，是指赠与人在意识清醒、人身自由的情况下，出于自己的个人意愿，将自己的财产无偿给予受赠人。

本案诈骗罪中，被害人也把财物给了行骗之人，但这是行骗之人以非法占有为目的，虚构或者隐瞒事实真相，骗取被害人的结果，而非被害人真正的意愿。

两者最大的区别，就在于对方是否受到欺骗。在婚恋或日常生活中，人们互送礼物的主观意识是自愿赠与，没有产生认识错误而自愿处分自己的财产。

而诈骗行为则是行为人虚构事实或者隐瞒真相，故意使被害人陷入错误认识，进而使被害人错误处分了自己的财产。

虽然恋爱关系给财物往来好像添加了一层保护罩，但恋爱其实是幌子，子虚乌有。在本案中，王森还利用变声软件假扮女人骗取赵斌的钱财，所以王森的行为构成诈骗罪。

王森诈骗被害人 4.5 万元。经人民法院审理后，判决被告人王森犯诈骗罪，判处有期徒刑 3 年，并处罚金人民币 3 万元。

网络交友要谨慎，不要被他人的花言巧语蒙蔽，被感情冲昏头脑。一旦涉及金钱交易，应当保持警惕，小心辨别，防止上当受骗。

【案例二】

中年男人胡峰怎么也想不到，和他打电话的男医生、男工作人员，竟然都是同一个人，而且还是同一个女人。这个女人可不是别人，而是自己的女朋友。

胡峰这是怎么了？难道连自己女朋友的声音都听不出来了吗？这男医生、男工作人员又是怎么回事呢？

事情还要从半年前说起。

这一年，胡峰 45 岁，他之前有过一段失败的婚姻。胡峰和前妻是在工作中相识的，后来结婚了。胡峰性格内向，不善言辞，而前妻却是个急性子。两人共同生活了 7 年，还有一个儿子。在这 7 年里，胡峰和前妻因为性格不合，经常发生争执，最后以离婚收场。离婚时儿子 5 岁，判给胡峰抚养。

离婚以后，胡峰既当爸又当妈，一心扑在儿子身上，专心照顾儿子。平时因忙于工作，就一直没有考虑再婚的问题。自从孩子上了大学后，亲朋好友都劝他："老胡啊，这么多年了，孩子也拉扯大了，你也得想想自己的事了。岁数大了，得有个伴儿啊！"

离婚后胡峰单身已有10多年，其实，这日子过得好不好也只有他自己知道。离婚后的单身生活，让胡峰难免寂寞空虚。好在儿子考上了大学，他也终于有精力去考虑个人问题了。

就这样，胡峰开始打算找个老伴。

去哪里找老伴呢？胡峰性格腼腆，要是让亲朋好友给他介绍女朋友，他还真不好意思。有一天，胡峰不经意看到一则婚恋网站的广告。他当即下载了软件，注册了个人信息。

果然，婚恋网站很适合胡峰这种圈子小、不善交际的人。他在软件上认识了好几个和他一样在网上找对象的人。其中一个名叫刘悦的女人，与他最聊得来。

刘悦告诉他，自己因为眼光高，兜兜转转也没有找到合适的对象。就这样一直到了39岁，才到婚恋网站上找对象。

说实话，像胡峰这个年纪的人，和他匹配的女性大多是大龄离异的，年纪小、单身的很少能看上他。

而刘悦的年龄只比胡峰小5岁，既没结过婚，也没有孩子。最主要的是，通过照片胡峰发现刘悦长得很漂亮，不仅皮肤白皙，身材匀称，还很热爱生活。她在婚恋网站的个人主页上，显示的都是她做菜和旅游的照片。这些信息都让胡峰为之心动。

就这样，一来二去，两人经常聊天，不久便确立了恋爱关系。两个人见面以后，胡峰更中意刘悦，觉得她比照片上更年轻、更漂亮。两个人的关系也迅速升温。

单身许久的胡峰非常珍惜刘悦。他为了获得刘悦的芳心，变着法地给她花钱，交往了1个多月的时间，就为刘悦花了近万元。

可是有一天，胡峰突然联系不上刘悦。几天以后，胡峰才接到刘悦打来的电话，电话里刘悦有气无力地说："亲爱的，我病了，你赶紧救救我！"

没等胡峰回过神来，这时候，电话里突然传出一个男人的声音："喂，你是刘悦的家属吗？我这里是医院，刘悦患急性阑尾炎住院了，需要紧急治疗，不然命都保不住。你赶紧把8万元手术费交了，我先推她进手术室了。"

这可是人命关天啊！情况紧急之下，胡峰想都没想，赶紧给刘悦的账户汇过去8万元。

胡峰非常关心刘悦，想去医院照顾刘悦。可是，刘悦却说："我刚做完手术，自己的样子太憔悴了。我只想把最好的一面展示给你，现在不想见面。"

就这样，直到刘悦做完手术，胡峰也不知道刘悦是在哪家医院。为了表达心意，胡峰还陆续给刘悦转了近万元，让她买点营养品，保养好身体。

胡峰终于等来了刘悦的电话，刘悦告诉胡峰到市中心医院的门口等她，说自己要出院了。一见面，刘悦果然是很虚弱的样子，这让胡峰心疼不已。

胡峰把刘悦接回家中精心照顾。一个星期以后，刘悦对胡峰说，为了以后我们能好好在一起生活，决定回趟老家把房子卖掉。然后和胡峰共同买一套新房，一心一意和胡峰安家过日子。胡峰听后非常感动。

刘悦回老家第二天，就给胡峰打来了电话，她着急地说："我现在正在卖房子，在房产局办过户手续，还差10万元税费，你赶紧给我转过来，卖了房咱就有钱了。来，我让房产局的人和你说。"

这时，旁边有个男人接过电话就说："喂，我是房产局办过户的工作人员，你爱人正在这儿办房产过户手续，税费10万元，你抓紧时间安排一下，今天她就能办过户了。"

眼看刘悦打算卖了老家的房子和自己买新房过日子了。胡峰心想，作为男人还有什么好犹豫的呢?

如果这时候还思前想后的,未免让人家女方瞧不起。所以,胡峰赶紧把10万元给刘悦转了过去。然后就盼着刘悦回来,两人好办婚事。

可是,自从打完钱后,胡峰左等右等,不见刘悦回来。每天给她发信息、打电话,她都爱搭不理,对胡峰十分冷淡。

胡峰觉得不对劲,就对刘悦说:"我毕竟给你拿了20万元,你不会是想骗我的钱吧?"

刘悦一听,没好气地说:"好啊,原来我们的感情还不值那几个臭钱!但是要钱我现在没有,我给你打个欠条,最迟半年,我一定还你。"

胡峰竟然又相信了,之后半年的时间,胡峰一直在等刘悦还钱,要知道这20万元可是他攒了半辈子的钱。一段感情说割舍就割舍,他实难做到。但是没办法,他只能选择再次相信刘悦。

转眼半年到了,刘悦根本没有还钱的意思,而且人还消失了。胡峰回想和刘悦交往的这段时间里,胡峰没见过她的家人,连她家住哪儿都不知道。胡峰越想越后怕,于是决定报警找人。

警方侦查后,在一个小旅馆找到了刘悦,原来刘悦从未离开过这个城市。她说住院做手术、回老家卖房子,都是她编造出来的。

刘悦找胡峰要钱的时候,突然出现的医生、房产局的工作人员,听声音都是男的,其实是刘悦一个人扮演的。她之前设计好情节,欺骗胡峰。然后一人分饰两角,利用变声软件把自己伪装成男医生、男工作人员,向胡峰要钱。

而刘悦的年龄也没有那么小,她有过婚姻,也是离异的,还有个孩子,只不过孩子判归男方。

刘悦平时没有什么正经工作,却过着奢侈的生活。没钱了就想通过相亲交友的方式,让男朋友给她花钱。她觉得一旦确立了男女朋友关系,那男方给她花多少钱都是天经地义的。

在法庭上,刘悦振振有词地辩解道:"我和胡峰是恋爱关系,这些钱都是胡峰自愿给我的,而且后来我也给他打了欠条。 就算现在他后悔了,那我还他钱就是了。"所以,她认为自己和胡峰是借款关系,而不构成犯罪。刘悦的辩解有道理吗?

根据《最高人民法院关于审理民间借贷案件适用法律若干问题的规定》,在民间借贷纠纷中,借款人往往是在生活或生产经营中遇到了困难,因为缺少资金而向他人借款,借款人没有将借款据为己有的意图,而有明确的还款目的和还款行为。即使不能及时履行还款义务,也有客观的原因。

民间借贷,是指自然人、法人和非法人组织之间进行资金融通的行为。

民间借贷纠纷,是指平等主体的公民之间、公民与法人之间、公民与其他组织之间的借贷纠纷。

诈骗罪,是指以非法占有为目的,采用虚构事实或者隐瞒真相的欺骗方法,骗取数额较大的公私财物的行为。

区别民间借贷纠纷和诈骗罪的一个关键因素在于:获取款项是否以非法占有为目的。

所谓以非法占有为目的,是指行为人意图使用非法手段对他人所有的财物行使事实上的占有、使用、收益或处分权,从而侵犯了他人对某一特定财物所有权的正常行使。

而在诈骗犯罪中,行为人的主观目的是非法占有他人财产,就是压根不想还钱,更没有还款行为。

行为人通过编造虚假的事实或者以高额利息为诱饵,骗取他人的信任,取得财物。行为人在取得财物后,并没有将财物用于他在借款的时候承诺的用途,有的时候是携款潜逃,或者将借来的财物挥霍一空,根本不想归还,使自己处于无力偿还借款的状态。

本案中,被告人刘悦捏造了自己的年龄,利用变声器虚构身份,使得被害人陷入错误认识而向她大额转账。所以刘悦构成诈骗罪,被判处有期徒刑3年零6个月,并处罚金人民币4000元;法院同时责令其退回赃款人民币20万元,返还被害人。

得知真相的胡峰后悔不已,他本来对爱情充满了期待,不承想网络交友却被欺骗!

这两个案例都是网络交友,一方通过变声,伪造身份欺骗另一方感情,诈骗对方财物而引发的刑事案件。

在案件一中,男人通过变声伪装成女人,诈骗被害人4万多元。案例二中,女人通过变声冒充男医生、男工作人员,诈骗被害人20万元。

随着科技的发展,换脸、变声技术层出不穷。但是科技是用来为人们服务的,不是让犯罪分子利用当成犯罪工具的。

我们每个人除了肖像权之外,声音权同样也是受法律保护的。特定的声音除了有身份识别作用、人格属性外,还具有经济价值。如果没有经过他人的允许,定制特定人物的声音,还可能侵犯他人的声音权、人格权。利用变声软件变声进行诈骗,更是触犯了法律的红线。

如今网络信息发达,婚恋交友平台的确给想要寻找伴侣的人提供了便利。但是在网络世界里,人们在寻找爱情的同时,也要对恋爱对象的身份信息加以甄别。另外,提醒那些企图利用网络实施不法行为的人,网络并非法外之地,网络犯罪依然要承担法律责任。

校花邂逅"富豪"

> 法律知识点：1. 引诱他人吸毒
> 2. 容留他人吸毒
> 3. 引诱他人吸毒罪与容留他人吸毒罪的区别

2016年4月2日下午，警方接到一个男人的报警，称女友突发心脏病生命垂危。此起彼伏的警笛声迅速打破了小区的宁静，警方赶到现场，发现房门开着，报警的男子却不见踪影。警方发现，一名花季少女在7号楼的高层出租屋内已经没有了呼吸。

此时，7号楼下围满了人，人们纷纷议论道："这是谁家的姑娘？可惜了。"门前拉起了长长的警戒线，这条线仿佛就是生与死的边界，现场没有人敢靠近警戒线半步。

报警的男子是谁？他为何报警后又不见踪影？花季少女为何会命丧出租屋？随着案件的侦破，层层迷雾消散，真相逐渐浮出水面。

4天前，警方曾接到一个语气急促的中年女子的报警电话。报警人叫李艳，她声称自己16岁的女儿失踪。

警方勘察完现场后发现，死者正是报警人李艳失踪4天的女儿。

李艳没有想到，千盼万盼，终于盼来了女儿的消息，可等来的却是一个晴天霹雳般的噩耗。李艳瘫坐在地上，她多希望自己只是做了一场噩梦，猛地惊醒，女儿还在她的身边。然而，这场"梦"终究还是真实得让李艳和家人们无法承受。

死者名叫王小娟，是一家中专技校的在读学生。16岁的小娟，不仅长相甜美，体态苗条，能歌善舞，还为人热情，是学校里公认的校花。在学校里，她是老师的得意门生，是同学中的焦点人物；在家里，小娟既乖巧又懂事。用小娟母亲的话说："她爸走得早，孩子挺懂事的，知道家里经济条件不好。2015年她考上了高中，却说高中需要花的学费多，即便考上了大学还得多读几年书，开销更大。妈，我只想读个中专，毕业后直接参加工作，家里的经济负担也能减轻点。"母亲李艳一边说，一边看着女儿小娟的遗像抹眼泪。

小娟的母亲说："孩子平时住校，每周末肯定回家住。周末偶尔学校有活动，小娟也会提前打来电话告知一声，从来没有夜不归宿的时候。"

自3月30日之后，王小娟却再没有回家。电话也一直打不通。

4月2日下午，王小娟的家属终于见到了失踪4天的孩子。法医表示，王小娟的死亡时间是当天上午的8点钟左右。沈阳市公安局大东分局出具了鉴定意见书，鉴定意见让人毛骨悚然。王小娟系因摄入甲基苯丙胺致血中浓度高达3.06 μg/mL，导致其中枢神经与交感神经过度兴奋，呼吸循环功能衰竭而死亡，也就是吸毒过量而引起的死亡。

小娟的家属无法接受这一事实，好好的孩子，平时没有不良嗜好，怎么突然沾染了毒品？怎么就吸毒过量死亡了呢？

生命最后几天，王小娟究竟与谁在一起？

经过侦查，警方从王小娟的同学口中得到了一条重要线索：在案发前3个月的一天傍晚，王小娟和寝室同学说，自己认识了一个"富豪"，"富豪"比自己大10岁，有自己的公司。这个"富豪"正对自己展开浪漫的追求，而且出手阔绰，还经常开着百万豪车接送小娟。"富豪"告诉小娟，将来会送小娟出国进修她喜欢的动漫设计专业，让她成为知名的动漫设计师。

美丽、单纯的小娟沉醉于"富豪"的猛烈追求之中，很快就和"富豪"成为男女朋友。

"富豪"男朋友名叫张勇。在和张勇交往后，小娟被眼前这个成熟稳重、清新俊逸、英俊潇洒的男子深深吸引，很快便和张勇频繁约会。

小娟同寝室的同学非常羡慕小娟找到了"钻石男友"，还嚷嚷着要小娟和"富豪"男朋友请客吃饭，一起热闹热闹。小娟知道男朋友在公司里很忙，就把和姐妹们一起吃饭的事搪塞过去了。但在她心里还是觉得能找到这样的男朋友很有面子。

而小娟的命运，也正是因为认识了张勇而发生了意想不到的改变。

就在案发的前几日，小娟的同寝室同学发现小娟经常提不起精神，哈欠连天，有时候脾气也变得莫名其妙地暴躁起来。3月30日下午，寝室的同学小丽发现小娟面色惨白，浑身发抖，试图将小娟送到校医院治疗，但被小娟拒绝了。同学以为小娟是和男朋友闹别扭了，休息休息就好了。却没想到傍晚时分，小娟离开寝室后，就再也没有回来。

警方确认死者就是王小娟后，迅速展开了侦查工作。通过向小娟的同学了解情况，将线索锁定在那辆"豪车"和"富豪"男朋友身上。侦查结果令人瞠目结舌，"富豪"男朋友的真实身份让人意想不到。

张勇，年纪35岁，离过一次婚，孩子归前妻抚养。他没有受过高等教育，没有什么文凭，他的真实身份只是一名司机。说来也巧，小娟有一个同系同学名叫李锋，家世显赫。李锋的父亲才是这辆豪车的所有人，而张勇只是被雇来的司机。张勇虽然没有显赫的家庭背景，但是长相英俊，谈吐稳重，穿着讲究，稍一打扮还真是一副青年才俊的模样。

既然是司机，张勇为什么还要伪装成"富豪"？小娟的死到底和这个假"富豪"有什么关系？

随着案件一步步侦破，一起伴随情感纠葛和引诱、容留花季少女吸毒的案件最终浮出了水面。这要从他们的相识说起。

张勇和小娟的相识缘自一次浪漫的"校园邂逅"。2016年元旦，张勇奉命去接老板的儿子李锋回家，在校区找不到李锋的寝室方向。于是，张勇准备摇下车窗问路。就在张勇摇下车窗的一刹那，恰巧和正经过的小娟四目相对。这好像是上天在张勇命运中安排的一次美妙邂逅，张勇眼前一亮，为这个青春靓丽、亭亭玉立的花季少女而怦然心动。张勇定了定神，问道："同学，文理学院1号楼怎么走？"小娟给张勇指引了寝室的方向，说道:"你朝着这条路往前左拐。"还没等小娟说完,张勇便开口道:"同学,你是不是也往那个方向走,不如我载你过去吧,你也帮我指指路。"小娟心想,反正自己也要回寝室,便上了车。王小娟从没坐过这么豪华的轿车,外观大气、内饰华丽,连地毯都软软的。小娟踏进轿车,就有一种满足的尊贵感。小娟问:"这车很贵吧?"张勇抿嘴一笑:"对,也就120万元。"二人缓速行驶在校园的小路上,有一搭没一搭地聊着。临下车时,张勇要了小娟的联系方式,说为了感谢小娟帮他带路,将来有机会想请小娟吃饭。小娟见张勇英俊多金,也心生好感,便把电话号码给了张勇。张勇先把小娟送到寝室楼下,还绅士般地帮小娟拉开了车门。二人打了招呼以后,就这样告别了。

尽管只有一面之缘,小娟还是对刚刚分别的张勇,能联系自己而充满了期待。她幻想着接下来自己会和张勇发生点什么浪漫的事情,暗生的情愫蔓延到这个花季少女的内心深处。殊不知一场孽缘即将摧毁她年轻的生命。

3天后,元旦小长假过完,老板让司机张勇把儿子送回学校,这正好是张勇所期待的。张勇把老板的儿子送到学校后,便立刻给小娟打电话。电话那头的小娟既激动又生气,她激动的是终于听到了张勇的声音,生气的是张勇为什么3天后才打电话联系自己。张勇在电话中倒是表现得沉着冷静:"我过来看看你,有时间吗?我就在你的楼下。"小娟客套了几句,快速打扮了一下,便马上雀跃下楼了。还是那辆豪车,还是帅气的张勇。在这短短的时间里,小娟从没有这么期待过,想要见到一个人。小娟刚在副驾驶座坐下来,张勇在发动车子的间隙,从包里拿出一条包装精美的丝巾,说:"送给你,我这几天精心为你挑选的,喜欢吗?"小娟接过礼物,娇羞地说了声"谢谢"。张勇把小娟带到学校附近的餐厅,吃过晚饭后,张勇就将小娟送回学校。这一次分别让二人更加恋恋不舍,仿佛分别许久的恋人,又不得不说别离。

就这样,张勇开始展开了对小娟的追求,二人经常约会。他们的感情迅速升温,确立了男女朋友关系。

小娟从小生活在单亲家庭，眼前的这个男人既有父亲的慈爱，又有兄长的包容，还有恋人的呵护。更重要的是，他总能变着法哄小娟开心，他仿佛总能揣摩到小娟的心里所想。张勇满足了小娟对于男人的所有幻想。一有机会，张勇就开着那辆"豪车"来接小娟。小娟的同寝室小姐妹也都知道了，小娟有这样一位钻石王老五男友，纷纷羡慕不已，她们说小娟是"指路指来了金龟婿"。

二人交往两个月后，张勇说寝室关门太早，为了方便见面、照顾小娟，他在学校附近小区高楼层租了套房子。小娟还把张勇租来的屋子温馨地装饰了一番，一有时间，张勇就给小娟做饭。小娟认为，她即将和张勇在这个温暖的"家"里开始甜蜜的生活。

只是有一件事情让小娟觉得奇怪，每次张勇开着"豪车"来找自己，总是行色匆匆。小娟以为张勇事业有成，偌大个公司有急事要处理也是正常的。加上张勇每次突然离开后，都对小娟积极解释，说明理由，小娟也就没有多想。小娟一直以为，张勇不仅对自己关心备至，对事业认真负责，还是个有责任有担当的好男人。

张勇第一次见到小娟的时候就开着豪车，一开始张勇的确是想借着"豪车"接近王小娟。随着相处的时间越来越长，有几次张勇都想告诉小娟，自己并不是这辆"豪车"的主人，自己只是个司机。可每次自己和这辆"豪车"一起出现在小娟面前时，看着小娟惊喜的眼神和幸福的表情，都让张勇欲罢不能。而且，这份"豪车"司机的工作他必须要好好干下去，因为他丢不起。如果丢了这份司机的工作，他编织的谎言将彻底瓦解，他害怕被打回原形，害怕面对小娟对他失望透顶的鄙夷眼神。所以，张勇不得不画地为牢。他像一个脱逃的囚犯，想回头是岸，却又必须不停地奔跑，他抱着侥幸的心理陷入谎言的旋涡无法自拔。

随着交往的深入，张勇感到内心负担沉重。不仅因为他对小娟隐瞒了真实身份，还有一个重要原因，他还是个"瘾君子"。张勇有两年的吸毒史。

有一次，张勇带着小娟和他的一帮朋友去酒吧玩，几杯烈酒下肚后，小娟昏昏欲睡。张勇和他的朋友玩得正高兴时，张勇拿出毒品和吸食工具，蛊惑小娟一起玩会儿。张勇告诉小娟，这种白色的粉末让人有既舒服又兴奋的感觉，它的神奇之处就是让人感到极度快乐。小娟懵懵懂懂，第一次吸食了毒品。伴随酒精和毒品的刺激，那的确是一个不知疲惫的激情之夜。有了第一次吸毒经历，小娟就这样一步步陷入张勇设计的圈套，无法自拔。

其实，张勇想让小娟染上毒瘾蓄谋已久。一方面，张勇感到吸食毒品后，在小娟面前，他感觉自己就像是一个凯旋的勇士，可以卸去身上重重的盔甲；另一方面，张勇认为有了毒品的牵制，就算有朝一日自己的谎言被揭穿，他也不害怕。既便王小娟发现自己一无所有，原来只是个司机，也无法轻易离开他。张勇的爱如此自私冷酷，可单纯的小娟一心扑在爱情上，认为自己找到了真爱。在这短短的时间里，二人经常在出租屋里吸食毒品，平日积极上进的小娟好像变了一个人，变得越来越萎靡不振。而她对于张勇的"依恋"果然越来越深。

然而，谎言总有被拆穿的一天。李锋是比小娟高两届的学长，很早就认识一年级的校花王小娟，并对她心生好感。一次聊天的时候，说起小娟的男朋友，小娟想着和张勇已经确认恋爱关系多时，让学长帮自己把把关也无妨。于是，小娟就给李锋看了张勇的照片。李锋看到照片后，大吃一惊："这不是我爸的司机吗？"小娟以为李锋在开玩笑："别逗了，这是我男朋友，自己开公司当老板的，怎么是你爸司机呢？"天真的小娟第一感觉就是李锋在挑拨她和张勇的关系。直到李锋把"豪车"的车牌号，张勇的真实身份，以及张勇奉父亲之命送自己上学、接自己回家等事情的来龙去脉和小娟从头到尾讲清楚。小娟似乎明白了，为什么张勇开着豪车的时候总是很着急，为什么张勇不愿意让她带着同学们一起吃饭。此时，她都已经找到了答案。

得知真相的小娟内心五味杂陈，原本自己认定了的"白马王子"，一瞬间变成了满嘴谎言的骗子。一气之下，小娟打电话质问张勇，起初张勇不肯承认，说："不要听别有用心的人乱讲，我们交往这么久了，我的为人你还不清楚吗？我什么时候骗过你？"当小娟说出这个"别有用心的人"正是他老板的儿子李锋时，张勇瞬间沉默了。他明白小娟知道了所有事情的真相，自己再也无法伪装下去了。张勇用焦急的语气、咆哮的声音不断重复："小娟，你相信我，我是爱你的，我这么做都是为了让你高兴啊！"小娟再没有给张勇继续解释的机会，挂断了电话。张勇又打了几次电话，也发来信息，但小娟此时根本没心思去想与张勇有关的任何事情，索性关掉了手机。

张勇见小娟的手机关机，内心焦急不已。不久，张勇接到了李锋的电话，李锋告诉张勇，他欺骗小娟的事自己已经都知道了。最让他不能容忍的是，父亲的司机欺骗了自己心爱的女孩。李锋将司机张勇开着父亲的豪车冒充富豪、欺骗女同学的事告诉父亲，父亲当然不能允许如此品行不端的人为自己开车，张勇被开除了。李锋还警告张勇，从今以后不许再接近小娟。此时的张勇哪里顾得上想什么，他对着手机怒吼道："王小娟是我女朋友，你少管闲事，我们俩怎么样你管不着！"挂断电话的张勇当即赶到了小娟的学校，可是却找不到小娟的踪影。既然学校找不到，那就去出租屋守着。张勇心想，也许小娟还是会回来的。

小娟想彻底忘了张勇，忘了与张勇有关的一切。于是她回到寝室。谁知回到寝室的第二天，小娟的毒瘾便发作了。与张勇在一起的这段时间，虽说小娟不是每天都吸毒，每次吸毒的量也都不大，但毒品已经慢慢地侵蚀了小娟的身体。一般而言，毒品离这些花季少女们的世界本来就很遥远，寝室的同学们无论如何也不会想到小娟是毒瘾发作。小娟艰难地忍过了第一次毒瘾发作，她疲惫不堪，沉沉睡去了。

小娟以为自己可以这样坚强地挺过去，可随着第二次、第三次的毒瘾发作，她再也无法承受那钻心一般的痛苦，看着镜子中憔悴消瘦的自己，小娟决定不再抵抗了。她拿起电话，拨给了张勇。

张勇接起小娟的电话，欣喜若狂，以为小娟回心转意了，可听见的第一句竟是"我要找你要点东西"。虽然张勇明白，小娟可能只是为了缓解毒瘾才找自己的，但这并不重要。只要小娟不离开自己，不管用什么方法、手段都行。张勇迅速问道："你在哪儿？我去接你。"20分钟后，张勇出现在小娟的寝室楼下，可小娟这一去便是与世永别。

回到出租屋后，张勇迫不及待地把吸毒用具准备好，待小娟吸食完毒品后，他轻声对小娟说："舒服多了吧，你看，我没有骗你，这东西能让人快乐，也能让我们幸福。"小娟不再挣扎，面对张勇的欺骗、毒瘾发作的折磨，她现在唯一能感觉到的是一种不真实的飘忽感，没有烦恼也没有痛苦。此后4天的时间里，小娟一直待在出租屋内。丢了工作的张勇除了偶尔外出买些吃的和日用品，几乎与小娟寸步不离。而为了满足不让小娟离开自己的贪念，他一次又一次加大给小娟的毒品量。第四天的清晨，由于毒品摄入过量，16岁花季少女王小娟突然死亡。当发现小娟出现抽搐等症状时，张勇试图抢救，可用尽自己所能想到的所有急救手段都不见效，只能看着小娟一点点失去生命迹象。无可奈何，张勇拨打了120、110求救电话。报警后，张勇因一时害怕，而逃离了现场。当救护车和警车赶到现场时，怎奈小娟已死去多时，回天乏术。

天网恢恢，疏而不漏。警方很快通过"豪车"线索，查明了事实真相。第二天便在一个网吧内将张勇抓获归案。

归案后的张勇对引诱王小娟吸毒，以及多次容留王小娟在出租屋内吸毒的犯罪事实供认不讳。

本案涉及的法律知识点有以下三个方面：

第一，引诱他人吸毒罪，是指通过向他人宣传吸毒后的体验、示范吸毒方法，或者对他人进行蛊惑，从而促使他人吸食、注射毒品的行为。被引诱、教唆者就是在这种诱惑、宣传、示范、教唆下，开始吸食、注射毒品的。

根据《中华人民共和国刑法》第353条第2款、第3款的规定，强迫他人吸食、注射毒品的，处三年以上十年以下有期徒刑，并处罚金。引诱、教唆、欺骗或者强迫未成年人吸食、注射毒品的，从重处罚。

第二，容留他人吸毒罪，是指为他人吸食、注射毒品提供场所的行为。这里的容留是指实施了容留的行为，而不管这种行为是处于主动还是被动，所以，即使是吸毒者前来要求而被动的容留行为也会构成犯罪。容留他人吸毒的场所，既可以是有偿提供，也可以是无偿提供；既可以是自己的住所，也可以是其亲戚朋友或租赁的场所。

第三，引诱他人吸毒罪与容留他人吸毒罪有什么区别。引诱他人吸毒罪是行为人通过引诱、教唆、欺骗的手段使原本没有吸食、注射毒品意愿的人产生吸毒念头并吸食毒品。容留他人吸毒罪是行为人为自愿吸食、注射毒品的人提供场所。

本案中，被告人张勇先是怂恿、引诱本没有吸毒意愿的小娟沾染了毒瘾，并为其提供方便，其行为已构成引诱他人吸毒罪。被告人张勇引诱未成年人吸毒，应从重处罚，判处有期徒刑2年，并处罚金1万元；被告人张勇多次为未成年人吸食毒品提供场所，其行为又构成容留他人吸食毒品罪，同时造成小娟死亡的严重后果，判处有期徒刑3年，并处罚金1万元。被告人张勇一人犯数罪，依法应当数罪并罚，决定执行有期徒刑4年，并处罚金2万元。

一个鲜活的生命本该在最美好的花季尽情绽放，却因一段孽缘殒命，这不仅源于心怀不轨之徒的欺骗蒙蔽，更因为未成年人自我保护意识淡薄、轻信他人误入迷途。正所谓天理昭昭，法网难逃！珍爱生命、远离毒品！

婚姻

带刺的婚姻

> 法律知识点：1. 受胁迫的婚姻可撤销
> 2. 一方婚前患有疾病没有告知另一方，婚姻可撤销

【案例一】

爱情是神圣的，婚姻是现实的。当两个人决定步入婚姻的殿堂，就要承担起对家庭的责任、履行夫妻的义务。如果两个人领了结婚证还能撤销婚姻关系吗？

2022年，新年前夕的一天早上，齐晓红和父母正在家里收拾屋子，突然传来一阵急促的敲门声。齐晓红的母亲打开门一看，一个陌生的中年男人站在门外。齐晓红的母亲奇怪地问道："你找谁啊？"男人理直气壮地说："我找齐晓红。"说着男人拽开门就进了屋，"齐晓红你出来，跟我回老家过年！"

齐晓红的父母纳闷了，眼前的这个男人他们完全不认识，怎么能让女儿跟他回家过年？这到底是怎么回事呢？齐晓红对这个男人的突然出现，显得惊慌失措。男人说："我们结婚了！"齐晓红的父母目瞪口呆，一句话也说不出来。结婚了？不可能啊！女儿还是单身呢，父母正着急给她介绍对象，撮合她的婚事。怎么突然冒出个陌生男人闯进门来，说女儿和他结婚了！这其中一定有什么不可告人的秘密！齐晓红的父母想赶走这个

男人，而男人却一把拽住齐晓红不放，非要齐晓红跟自己走。齐晓红被吓得脸色煞白，一句话也不敢说，只是拼命挣扎，想要摆脱这个纠缠不休的男人。

齐家父母见此状况赶紧报了警，民警赶到现场，把他们带回了派出所。到了派出所，这个男人从书包里拿出了一样东西，齐晓红的母亲顿时傻眼了——竟然是结婚证。齐晓红的母亲反复确认，结婚证确实是这个男人和齐晓红的，结婚日期显示是一个月前，他们登记结婚了。

婚姻大事，不说父母做主吧，但必定要和父母商量，而眼前的这个男人，不论长相、年纪、谈吐，与自己的女儿都有很大差距。齐晓红今年25岁，年轻漂亮，大学毕业，才华出众。而这个男人怎么也有40多岁了，穿着邋遢，一进门就大吵大闹，一点儿涵养都没有！平日乖巧懂事的晓红，为什么会背着父母与这个男人登记结婚呢？这就要从半年前说起。

齐晓红大学毕业后不久就谈了一个男朋友，两人感情很好。齐晓红平时没什么爱好，就喜欢打游戏，在游戏中她认识了一个男人，两个人一起组队打怪升级。时间久了，齐晓红觉得这个男人总是在自己腹背受敌的时候冲出来保护自己，让齐晓红有一种被保护的感觉。于是，两个人互相加了微信，每天聊得热火朝天，总有说不完的话。

每天的甜言蜜语、柔情蜜意，使齐晓红对他动了心，于是两个人便开启了一段异地网恋。可就是因为这段异地网恋，让齐晓红陷入了资金困境。这一天，男朋友突然发过来一张图片，是他炒股赚钱的收益记录，说自己赚了至少100万元。男朋友说：“自己有股票的内幕信息，稳赚不赔。”男朋友还把她拉进一个名叫"牛股交流群"的微信群。群里都是热爱炒股的股民，并亲切地称呼男朋友为"股神"。在这个群里，每天都有股民晒自己炒股的收益，并分享学习炒股的心得。齐晓红对炒股一窍不通，但她的男朋友告诉她，没关系的，你可以把钱交给我帮你打理，股票的收益都归你。

齐晓红心想，这样也行。她当时留了个心眼，只给男朋友很少一部分钱，结果男朋友帮她炒股，还真挣了不少钱。但在尝到甜头以后，齐晓红的胆子越来越大,越来越信任这个男朋友了。于是钱越投越多,竟把自己所有的积蓄全部给了男朋友去炒股。而男朋友时不时地说挣钱了就给齐晓红分成,但都是一些蝇头小利。可是最后一次,男朋友说自己看中一款牛股,稳赚不赔,他让齐晓红去筹钱,准备投资一笔大数目。齐晓红跟男朋友说,自己所有的积蓄都拿去炒股了。这时候,男朋友想出了一个主意——网贷。网贷成功后把钱交给他,继续投资炒股。于是,齐晓红办理了网贷,并把网贷的钱都给了男朋友,之后男朋友便突然"消失"了。显然,齐晓红被男朋友骗了。

齐晓红出身于书香门第,父母都是文化人,从小对她的家教就很严格,她不敢和父母说自己欠了这么多钱。可是借来的钱总是要还的,自己已经赔得精光,哪有钱还债呀!她联系了不少同学和朋友,都没有人愿意借钱给她,就在齐晓红为还钱发愁的时候,聊天窗口弹出一则信息:美女你好!很高兴在茫茫人海中遇见你,交个朋友吧。发信息的不是别人,正是在故事开头上门声称自己是齐晓红丈夫的男人,他名叫周峰。齐晓红和周峰是在交友软件上认识的。就在齐晓红被前男朋友欺骗之后,她正伤心失落,于是开始在交友软件上寻找慰藉,这时候她认识了35岁的周峰。周峰是一位单身的企业高管,因为眼光高一直没有遇到合适的恋爱对象,直到在交友软件上看到了齐晓红的自我介绍,他对齐晓红一见钟情,觉得她就是自己的梦中情人,理想型女友。

周峰对齐晓红说:"做我女朋友吧,为了你,我做什么都愿意。"就这样,刚刚失恋又欠了钱的齐晓红面对周峰的追求,仿佛抓住了一根救命稻草。她和周峰见了两次面,尽管觉得周峰并没有那么优秀,但好在他是一个成熟稳重的男人,还有就是出手好像很阔绰,对自己很上心,嘘寒问暖,还会买礼物送给她。

齐晓红为了偿还炒股所欠下的债务,不得不向周峰开口借钱,她希望周峰能借给她5万元以解燃眉之急,周峰二话没说就答应了。殊不知,周峰如此慷慨解囊,是有着不可告人的目的。周峰借给齐晓红5万元后,就频繁地约齐晓红见面,还要求她去酒店过夜。齐晓红只好找各种理由推脱，拒绝见面。

眼看两个人交往了一段时间，齐晓红对周峰的热情不再。周峰提出，要齐晓红还钱。但是很明显，齐晓红无钱可还。于是，周峰露出了真面目。他多次给齐晓红发去信息，一开始他好言好语地说："亲爱的，和我结婚吧，我能给你更好的一切。"齐晓红始终不答应，他又立刻换了一副嘴脸，开始逼齐晓红与自己登记结婚，否则就把欠钱的事告到齐晓红的单位，让她身败名裂。周峰还真的到单位找过齐晓红！

一天中午，齐晓红正在公司对面的餐厅和同事吃饭，这时候感觉窗外有人，齐晓红猛一抬头，发现周峰直勾勾地盯着自己。齐晓红不禁吓出一身冷汗，边上的同事问："你认识他？"齐晓红只能假装说不认识。

后来，周峰给齐晓红发来信息，说你要是不还钱，还不和我结婚的话，我就把这个事发布到网络上，告诉所有人你齐晓红就是一个骗钱、骗感情的人。如果齐晓红不和他结婚，这件事就没完。周峰给齐晓红下了最后通牒：给你3天时间考虑，你要是不跟我登记结婚，我还会到你单位闹，我肯定不能让你好过。在周峰的逼迫之下，齐晓红不仅担心丢了工作，也害怕周峰把借钱的事声张出去。无奈之下，她背着父母，偷偷拿出户口簿和周峰办理了结婚登记。

齐晓红本来想着，先登记结婚稳住周峰，等筹到钱还给周峰后，再和他离婚。可是，没想到周峰找上门来，让齐晓红和他回家过年，还要和她办婚礼，过正常的夫妻生活。这也就有了开头那一幕。

经警方了解，周峰其实已经40岁了，还离过婚。他不是企业高管，甚至没有什么正当职业。离婚后因为心里很空虚，经常在交友软件上伪装成成功人士，专门欺骗女性。这次他借给齐晓红5万元，见她还不上钱就想让齐晓红以身相许，和他结婚。

眼看就要过年了，周峰要回老家过年，他怕齐晓红跑掉，而且他觉得过年带着媳妇回家肯定倍有面子，所以他找到了齐晓红家，想捅破这层窗户纸。没想到齐家父母报警，女儿也说出了实情。齐晓红的父母知道了事情的原委后，恨女儿不争气，可是也不忍心看着她往火坑里跳。二老还给周峰5万元，并且咨询了律师，想要解除女儿和周峰的婚姻关系。律师告诉他们，这种情况不是离婚而是应该撤销婚姻。

于是在律师的帮助下，齐晓红向法院起诉，要求撤销她与周峰的婚姻。法庭上，周峰理直气壮地认为，二人的婚姻是经过民政部门认可的，而且已经办理了结婚证，怎么还能撤销呢？

《中华人民共和国民法典》第1052条规定："因胁迫结婚的，受胁迫的一方可以向人民法院请求撤销婚姻。请求撤销婚姻的，应当自胁迫行为终止之日起一年内提出。被非法限制人身自由的当事人请求撤销婚姻的，应当自恢复人身自由之日起一年内提出。"如果受胁迫的一方当事人在结婚登记或恢复人身自由一年后，仍未提出撤销该婚姻申请的，视为该婚姻合法化。当事人无法继续共同生活的，则须按照离婚程序来处理。

撤销婚姻和离婚的区别在于：结果不同。离婚后，当事人是有婚史的状态；可被撤销的婚姻自始无效，婚姻撤销以后，当事人没有婚史。

本案中，法院经审理查明，齐晓红是因为受胁迫才和周峰登记结婚，所以符合撤销婚姻的规定。最终法院判决撤销齐晓红和周峰的婚姻。

【案例二】

在法院门口，一个女人如释重负地走出来，后面紧跟着一个男人，他追上来抓住女人的胳膊说："对不起，我知道错了，我是真心爱你的，能不能再给我一次机会。"女人甩开男人的手，爱我就不应该骗我，头也不回地走了。

这个女人名叫黄芳芳，男人名叫赵大鹏，他们才刚刚结婚3个月。可是如今他们的婚姻在法院终结了。这到底是怎么回事呢？男人究竟做错了什么？这件事还得从他们短暂的婚姻说起。

黄芳芳大学毕业后回到老家东北工作，虽然她长得漂亮，但因为性格内向，一直没找男朋友。有一次高中同学聚会的时候，同学就问黄芳芳："为啥还没有男朋友？你到底想要个啥样的啊？"黄芳芳一脸无奈地说："可别说了，一直没找到合适的呀，我都快烦死了！前两年还好，自去年开始我爸一直催我找对象结婚，每天介绍相亲的人把我家门槛都快踩平了，也没找到合适的。有时候真想为了不被催婚，随便找个男人结婚，可是又不甘心。找个对象怎么就这么难？"

这时有个同学说："你这么漂亮不愁找不到对象，女人就得找个自己称心如意的。我倒是认识一个人，人不错，工作也好，我介绍你俩认识，你看看能处就处，不能处就算了。"就这样，在同学的撮合下，黄芳芳和赵大鹏见面了。一见面，两人发现竟然是初中同学，这就更巧了，两个人有很多共同好友和同学，共同语言自然就多了。

赵大鹏大学毕业后，他接管了父亲开创的公司，如今已是事业有成的企业家了。因一直忙于公司的事务，耽误了找对象。现在公司业务稳定，经济条件也很好，家里就差一个女人了。赵大鹏和黄芳芳两人很聊得来，黄芳芳觉得赵大鹏体贴周到，对她很好，而且两个人之前就是同学，知根知底，再加上父母催婚，于是两个人只谈了3个月的恋爱就结婚了。虽然双方相处的时间短，但是两个人的感情还是挺好的。

待在一起的时间长了，黄芳芳觉得赵大鹏婚前婚后有些不一样。他时常控制不住自己的脾气，有时因为一些小事突然就变得暴躁起来；有时还把自己关在房间里不出来，心理状态很消极，甚至会默默流眼泪。赵大鹏每次发完脾气后都很愧疚，就会哄黄芳芳，求她原谅自己。

一开始黄芳芳觉得，男人有点脾气也是正常的，谁都有焦虑的时候，也许时间久了就会好一些。直到她在家里发现了一样东西，就知道真的不对劲了……这天黄芳芳收拾屋子时，发现了一个药瓶，药瓶上的标签全都被撕掉了，但是赵大鹏每天都会吃这个药。吃完了还会再开一瓶，但是每个瓶子上都没有标签。于是，黄芳芳就问老公："大鹏，你吃的是啥药啊？身体有什么不舒服？"而赵大鹏解释道："哦，就是保健品，护肝的！"

黄芳芳隐约觉得不对劲，既然是保健品，为什么要撕掉药瓶上的标签呢？可她又说不上来哪里不对劲！她又发现了一样东西，真相终于浮出了水面。有一天，黄芳芳在赵大鹏书架上的杂物箱里找到了赵大鹏一直吃的药，这个药还没有开封，瓶子和他平时吃的药瓶子一样，药瓶上的标签还没有被撕掉。于是,她赶紧拍了照,发给她在医院工作的朋友,咨询这种药物是治什么病的?结果朋友告诉她,这是一种治疗精神疾病的药物。

黄芳芳很诧异,丈夫为什么要吃这种药?难道丈夫是在刻意隐瞒自己的病情吗?她还在书房里找到了赵大鹏的病历本和诊断结果,上面赫然写着,赵大鹏患有躁郁症和抑郁症为主的双向情感障碍疾病。这份病历本的诊断时间是结婚以前,这说明赵大鹏在和黄芳芳结婚之前就确诊了。两个人从相识到结婚,赵大鹏从来没有告诉过黄芳芳自己的病情,他还故意瞒着与黄芳芳结了婚。顿时,黄芳芳感觉自己被欺骗了。她曾以为自己遇到了可以托付一生的人,自己想和他好好过日子。就算赵大鹏有病史,他也应该在婚前告诉自己。于是,她问丈夫为什么欺骗自己?见妻子发现了一切,赵大鹏才说出了实话,原来他们家有遗传病史。对此赵大鹏一直很自卑,以前他也处过女朋友,对方得知他有这个病,人家都和他分手了。

这次,赵大鹏通过相亲认识了黄芳芳,觉得她温柔善良,各方面条件都很好,便想和她结婚,他担心如果告诉她自己有这个病,黄芳芳也会像之前的女朋友一样离开他。再加上黄芳芳家也着急催婚,所以就将错就错,隐瞒了自己的病情,和黄芳芳结了婚!这些年,赵大鹏也一直在治病,病情严重的时候甚至要住院,平时则靠药物缓解维持,而他所谓的"生意",其实都是父母在打理。

黄芳芳得知实情后,对赵大鹏很失望。如果他告诉自己,她也许依然会选择和他在一起。但是没有想到,赵大鹏一直在欺骗自己,这让黄芳芳感觉受到了伤害。况且,赵大鹏的病情已经很严重了,想要治愈是十分困难的,他现在已经表现出了暴力倾向。黄芳芳无法容忍这种欺骗,再三思量后,她向赵大鹏提出了离婚。虽然赵大鹏和他的家人一再挽留,但黄芳芳心意已决。黄芳芳咨询律师后,律师告诉她,《中华人民共和国民法典》增加了可以撤销婚姻的条款。她和赵大鹏的婚姻属于可以撤销的婚姻。

本案的法律知识点:一方婚前患有疾病没有告知另一方,婚姻可以撤销。《中华人民共和国民法典》第 1053 条规定:"一方患有重大疾病的,应当在结婚登记前如实告知另一方;不如实告知的,另一方可以向人民法院请求撤销婚姻。请求撤销婚姻的，应当自知道或者应当知道撤销事由之日起一年内提出。"

针对法律规定的可撤销的重大疾病，基于医疗进步的不确定性，民法典并未进行更详细的规定。参考《中华人民共和国母婴保健法》等相关法律规定，一般意义上的重大疾病，是指医治花费巨大且在较长一段时间内严重影响患者的正常工作和生活的疾病，还有遗传类疾病。

即使婚前患有疾病的人，其也具有结婚的权利和自由，但是应当向即将共同走进婚姻的配偶如实告知，如果故意隐瞒没有告知，侵犯了对方对于婚前就患有疾病的知情权。这对于另一方来说也是不公平的。

但是我们要说的是，与重大疾病患者结婚这个不是无效婚姻，也不是不可以结婚，只是不能隐瞒，一旦发现一方隐瞒，另一方可申请撤销。撤销婚姻的基础在于双方应该基于诚信原则，如实告知，否则隐瞒重大疾病结婚，从结果上看无疑是对对方的一种欺骗。

最终，黄芳芳听取了律师的建议，在人民法院起诉赵大鹏，请求撤销婚姻。人民法院审理后认为，赵大鹏婚前就患有重大疾病，在结婚登记前未如实告知另一方。结婚之前明知自己有严重疾病的，应该在结婚前如实告知对方，爱她就要尊重她的知情权。病魔不可怕，隐瞒才最不可取，丧失了夫妻之间最起码的尊重和信任。

法院判决：撤销黄芳芳与赵大鹏的婚姻关系。拿到法院的判决后，黄芳芳毅然决然地离开了赵大鹏。如果婚姻一开始就充满了威胁、恐吓和欺骗，可想而知这样的婚姻也不会长久。

婆媳大战

> 法律知识点：1. 婆媳矛盾是离婚的法定理由吗
> 2. 家庭矛盾引发的故意杀人如何处罚

【案例一】

这天上午，李晓猛还在睡觉，头天晚上他和朋友喝了不少酒。突然他听到有人敲门，李晓猛迷迷糊糊就去开门。快递员送给他一份邮件。李晓猛接过邮件往沙发上一扔，继续回屋睡觉。刚走到床前，他突然回过神来，"法院？刚刚那个邮件上写的是法院送来的邮件！"李晓猛赶紧回到客厅，拆开邮件，里面是一份起诉状和传票。原来，妻子王冰冰起诉自己要离婚！

李晓猛本以为妻子只是像往常一样生了气回娘家住几天，等气消了，自己就回来了，可是没想到王冰冰竟把自己给起诉了！王冰冰和李晓猛刚结婚一年多，孩子还很小，她为什么起诉自己要离婚呢？这要从两个人的相识说起。

李晓猛比王冰冰大5岁，他的父母在当地开饭店，经济条件还不错。父母只有李晓猛这么一个儿子，就想让他赶紧结婚。父母给李晓猛安排了不少相亲对象，但是没有一个姑娘让李晓猛感到满意。所以，在结婚这个问题上，父母为他犯起了难。父母干着急，却也无计可施。

俗话说："婚姻急不得，该来的时候它自然会来。"李晓猛的那个对的人终于来了……李晓猛在25岁时，他认识了妻子王冰冰，他们是在一次聚会上认识的。王冰冰长得漂亮，皮肤白皙，一双水汪汪的大眼睛，很迷人。在聚会上，李晓猛见到王冰冰后有种怦然心动的感觉。临走时，两个人留了联系方式。从那以后，李晓猛就经常和王冰冰聊天、吃饭，每天嘘寒问暖，恨不得时时刻刻都陪在王冰冰的身边。

王冰冰曾经有过一段婚史，她和前夫刚办完离婚手续不久。王冰冰和前夫结婚以后经常发生争吵，前夫还时不时地家暴她，忍无可忍，王冰冰和前夫提出了离婚。这段短暂的婚姻，对王冰冰伤害很大，她甚至对婚姻不再抱有幻想。因为有了第一次失败的婚姻经历，王冰冰不像小姑娘那么单纯地相信爱情了。直到有一天在聚会上，她认识了李晓猛，王冰冰没有对李晓猛隐瞒自己离过婚的事实，她甚至告诉了李晓猛，自己刚刚离婚，还没有做好再恋爱的准备。而李晓猛丝毫不介意王冰冰有过婚史，照样每天送花送礼物，做足了追求的模样。

时间过了3个月，没想到李晓猛一直坚持追求王冰冰，还不介意她离过婚，就算是块石头，也被李晓猛焐热了。就在两人相识的第100天，王冰冰答应了李晓猛的追求，二人正式确立了恋爱关系。原本王冰冰并不急着结婚，想再多了解一下李晓猛，但在热恋两个月后，一件事的发生打破了王冰冰的计划——她怀孕了。

刚开始王冰冰没想要这个孩子，她思来想去，自己年纪慢慢大了，也担心打掉孩子以后再怀孕就困难了。李晓猛虽然没有做好结婚的准备，但是他和王冰冰正在热恋期，让王冰冰打掉孩子，这样的话他说不出口。李晓猛心想，索性结婚算了！两人要结婚需先过父母关，尤其是李晓猛的母亲刘海燕这关。于是，这天李晓猛就带王冰冰去见自己的父母。王冰冰买了水果、点心等礼物，到了李家，热情地称呼叔叔阿姨。刘海燕端详着儿子的女朋友，问她家里有什么人，父母都是做什么工作的，王冰冰一一回答。

当天晚饭后，李晓猛送走了王冰冰，母亲刘海燕就表态了，这个儿媳妇可不行！为啥呢？因为门不当户不对，她父母都是工薪阶层，家庭条件不好，这要是结了婚，她娘家是指望不上的。刘海燕怪罪儿子："我给你介绍那么多家庭条件好的你不选，偏偏喜欢这样的！"可是，李晓猛偏偏喜欢王冰冰，他还和妈妈说，媳妇得自己看着顺眼，日子才能过得开心，更何况王冰冰已经怀孕了。

这下刘海燕傻了眼，她和老公都是有头有脸的人，儿媳妇还没结婚就怀孕了，这说出去也不好听。再说等王冰冰的肚子一天天大起来，再办婚礼就不好看了，结婚迫在眉睫。从第一次见面，到知道王冰冰已经怀孕了，婆婆刘海燕打心眼里觉得这个儿媳妇是有图谋的，是看上他们家条件好，借着孩子来逼婚。而且王冰冰还是未婚先孕，这成何体统！？而此时的王冰冰并不知道婆婆对她有成见。在婚礼上，王冰冰觉得自己是这个世界上最幸福的新娘。

这婚事热热闹闹地办完了，王冰冰也过了门儿，就跟李晓猛的父母一起生活。生活中偶有摩擦，但婆媳关系还算和谐。婆婆刘海燕此时就盼着一件事——抱孙子。李晓猛家可是三代单传，婆婆刘海燕向来重男轻女，所以就盼着王冰冰生个男孩。王冰冰十月怀胎，终于迎来了分娩的幸福时刻，可是生的却是个女孩。刘海燕根本不帮着照看孩子，连坐月子，王冰冰都是回娘家坐的。

没过多久，婆婆刘海燕竟然挑唆儿子和王冰冰离婚。这又是为什么呢？这天，王冰冰带着孩子回了娘家，刘海燕到儿子的房间找他的证件要买一份保险，可是在文件袋里，她发现了王冰冰曾经的离婚证。这下天都得翻了！

刘海燕让儿子赶紧回家，她号啕大哭："我们老李家是造了什么孽了，要遭到这样的报应！她竟然还离过婚，你让我的颜面往哪儿搁！"任凭李晓猛怎样安抚，母亲都难以接受这个事实。她觉得儿子就是受到王冰冰的蛊惑，和她合起伙来欺骗自己，就连王冰冰生的孩子，她都怀疑那不是儿子亲生的。当王冰冰再次回到家时，看到婆婆把家里搞得一片狼藉，自己的离婚证也掉在地上，她瞬间明白发生了什么事。她想解释，可是已经无济于事了。婆婆觉得她骗婚，根本不配做李家的儿媳妇。就这样，王冰冰一气之下带着女儿回了娘家。

自从和李晓猛相识、相恋到怀孕生女，婚后这一年多的时间里，王冰冰似乎经历了人生的大起大落。其实，李晓猛一开始是想缓和媳妇与母亲的关系的，他劝完媳妇又劝母亲，最后是身心俱疲。婚后日常琐碎冲淡了恋爱时候的甜蜜美好，他和王冰冰之间的矛盾也越来越深了。这次，王冰冰又回了娘家，李晓猛烦躁之下索性经常和朋友喝酒消愁。直到接到法院的传票，就有了开头那一幕。忍无可忍之下，王冰冰一纸诉状将李晓猛告上了法庭，理由是因为婆媳矛盾导致婚姻感情破裂，要求离婚。

那么，王冰冰的诉讼请求能得到支持吗？

我们来看本案的法律知识点：婆媳矛盾是离婚的法定理由吗？根据《中华人民共和国民法典》第1079条第2款、第3款的规定，人民法院审理离婚案件，应当进行调解；如果感情确已破裂，调解无效的，应当准予离婚。有下列情形之一，调解无效的，应当准予离婚：（一）重婚或者与他人同居；（二）实施家庭暴力或者虐待、遗弃家庭成员；（三）有赌博、吸毒等恶习屡教不改；（四）因感情不和分居满二年；（五）其他导致夫妻感情破裂的情形。

可见，在离婚诉讼中，法院判决离婚的依据是夫妻感情确已破裂。从严格意义上讲，婆媳矛盾并不是上述法律规定中列举的离婚法定理由。但是夫妻之间生活在一起，婆媳矛盾可能是导致夫妻感情破裂的主要原因。因此，民法典规定了"其他导致夫妻感情破裂的情形"作为兜底条款，对实践中处理离婚案件具有重要意义。

在本案的庭审中，李晓猛答辩称，王冰冰和母亲之间的婆媳矛盾令他身心俱疲，所以同意离婚。

最后法院审理后认为，李晓猛和王冰冰夫妻不堪婆媳矛盾的困扰，时常因婆媳矛盾及家务琐事发生争执，而原被告双方都同意离婚，说明夫妻感情已完全破裂。所以，人民法院判决双方解除婚姻关系。婚姻关系是解除了，可留在李晓猛和王冰冰心中的伤痛能抚平吗？虽然王冰冰有过婚史，可她和李晓猛的感情是真挚的。但是对于王冰冰有过婚史的事实，李晓猛不应该瞒着李家父母。如果婚姻一开始就有隐瞒，那就相当于埋下了一颗矛盾的种子，早晚会结出恶果。

【案例二】

　　2019年腊月，东北的天气是天寒地冻，大桥边上，站着一个瘦弱的女人，她怀里还抱着一个孩子，女人在风中朝着周围的人大声哭喊："别过来，别过来，让我带着孩子去死！"襁褓中的婴儿受到了惊吓，啼哭不止。大桥附近站满了围观人群，好心人在现场劝说女人："千万别想不开，想想你的孩子，他还那么小，姑娘有啥事，咱们都能解决！"大家好言相劝，可谁也不敢靠近，生怕女人一激动就跳进河里。所以只能不断和女人说话，分散她的注意力，好为警方的营救争取时间。而另一边，警方偷偷绕到了女人的身后，找准时机一把将女人和孩子扑倒在桥上，大人和孩子都被救了下来。这个女人到底经历了什么？她为什么要抱着孩子寻短见呢？

　　女人名叫林晓雅，被解救后，她向警方坦白交代，自己杀了人，她杀的不是别人，而是自己的婆婆赵翠花。她和婆婆之间有什么深仇大恨？这个看似柔弱的女人到底为什么要杀自己的婆婆呢？这还得从她失败的婚姻说起。

　　林晓雅是土生土长的南方姑娘。3年前，林晓雅通过网上交友软件认识了她现在的老公王强，王强是地地道道的东北人，性子很直，热情幽默，用林晓雅的话说天生带有喜感，和他在一起就开心。林晓雅和王强两个人在网络上聊得火热，他们收到对方的消息从来都是第一时间回复，哪怕两个人工作再忙，也不忘对对方嘘寒问暖。

　　一个在南方，一个在东北。虽然距离遥远，但所谓网络姻缘一线牵。很快，两个人通过网络恋爱了。网恋3个月后，王强主动提出要与林晓雅见面，林晓雅欣然接受。恰逢五一小长假，王强坐了一天一夜的火车，千里迢迢来到林晓雅所在的城市。

　　王强早就做好与林晓雅见面的准备，生怕南方姑娘一见面不喜欢他这个粗犷的东北汉子。火车快到站的时候，王强特地跑到洗手间刮了刮胡子,换上新衣裳,精心打扮一番。两个人第一次见面,既拘谨又兴奋。林晓雅温婉俏皮、可爱纯洁,而王强不仅高大帅气,而且比林晓雅想象的要细心体贴很多,一起过马路的时候,王强护着林晓雅,吃饭买东西都是抢着买单。这次见面双方都对彼此产生了好感,两个人度过了一个愉快的假期,在分别的时候两个人依依不舍。

林晓雅问王强:"我们下次什么时候再见面啊?"王强回答,那就得看你的表现了,说不定哪天就会突然出现在你面前,给你一个惊喜。在往后的日子里,王强一有时间就来看望林晓雅。相处了半年多,火车票已经攒下了厚厚一沓,王强说这都是他们爱情的见证。

两人相处了大半年之后,这天,林晓雅的闺密找她一起去看电影。两个人到了电影院,电影即将开演,林晓雅刚坐下,影院里突然响起了浪漫的音乐,屏幕上还有林晓雅和王强的照片。这时候,王强抱着一大束鲜花,单膝跪在了林晓雅的面前:"亲爱的,嫁给我吧!"林晓雅这个时候才发现,影厅的观众竟然都是自己的朋友。原来,王强悄悄地联系上了林晓雅的同学、闺密,精心策划了这场求婚仪式。

林晓雅感动极了,流下了幸福的泪水,她娇羞地答应了王强的求婚。之后,林晓雅和王强见了双方的父母,开始商议结婚事宜。但是事情并没有王强想象的那么顺利,林晓雅父母反对这门婚事,因为王强家是东北的,林家二老就这么一个宝贝女儿,嫁去东北,人生地不熟,他们不放心。可是林晓雅一心想嫁给王强,不顾父母的反对,竟然偷偷地从家里拿走户口簿,跟王强登记结婚了。

林家二老见木已成舟,也就只好接受了女儿的这段婚姻。王强是家中的独生子,父亲去世得早,母亲一个人又当妈又当爹地把他拉扯长大,吃了不少苦头,所以王强决定婚后要带着母亲一起生活。起初,王强担心林晓雅不同意,就一直在做她的思想工作,说以后我们有了孩子,自己的母亲还能帮忙照看孩子,我们在一起生活还能相互有个照应。林晓雅同意了。

林晓雅辞掉了南方的工作,跟着王强来到东北生活。婚后,林晓雅发现她和婆婆还有老公的生活方式完全不同，她喜欢煲汤，婆婆喜欢煮粥；她喜欢熬夜，婆婆喜欢早睡；她喜欢买衣服，婆婆喜欢节俭。虽然生活在同一个屋檐下，但她和婆婆总是摩擦不断，连吃饭都是各吃各的。

一开始，林晓雅动不动就喊老公出来评理，可是，王强总说咱妈年纪大了，你多迁就一下。久而久之，婚姻的激情消退，只留下林晓雅与婆婆日益积聚的矛盾。结婚半年之后，林晓雅怀孕了。一家人得到这个消息后，都开心得不得了，婆媳关系确实也有所缓和。可是，婆婆一心想让林晓雅生个男孩，之前还给林晓雅试过很多偏方，就连给孩子准备的衣服、玩具也都是男孩的。

但是，经过十月怀胎林晓雅生了个女孩。孩子出生之后，婆婆并没有表现出开心，婆媳之间的矛盾又开始加剧。孩子快1岁的时候，林晓雅想重新回到职场，于是她就出去找了一份工作，让婆婆帮忙照看孩子，夫妻俩每月按时付生活费。一天晚上，林晓雅给女儿洗澡的时候发现女儿的身上有瘀青，林晓雅就问婆婆是怎么回事。婆婆说是玩的时候磕碰的，不用大惊小怪的。

林晓雅却不相信婆婆的话，这瘀青明显是被人掐的，她认为是婆婆嫌弃孩子是女孩，在家虐待孩子。婆婆满脸嫌弃地说："你不放心我照顾孩子，你就自己带。"因为这件事，林晓雅和婆婆大吵了起来，婆婆越想越生气，也没有善罢甘休。第二天便找到家里的亲戚，诉说着儿媳妇的种种不是，讲了许多挑拨离间的话。

就这样，婆婆带着一群亲戚到了儿媳妇的单位，当众殴打辱骂林晓雅，说她是狐狸精勾引自己的儿子，还说她不孝，虐待婆婆。这么一闹，林晓雅当天就辞了工作。她无助地走在街上，终于明白当初妈妈不同意她远嫁的原因。此时此刻，她才后悔当初没有充分了解丈夫的家庭情况，被一时的激情冲昏了头脑，如今真是悔不当初。

婆婆为什么欺负我？老公为什么不管我？他们一家人为什么这么对我？林晓雅越想越生气。回到家后，她发现婆婆正在午睡，此时的林晓雅已失去了理智，拿起一个枕头使出了浑身的力气，狠狠地捂住了婆婆的头,婆婆的腿蹬踹了几下就不动了。这时候,林晓雅才松开了枕头。

她呆坐在婆婆的床边。这时女儿突然啼哭起来,她猛然一惊,想到自己捂死了婆婆,必然要杀人偿命,孩子今后没有妈妈的照顾,一个人在世上也是受苦。林晓雅想一了百了,带着孩子准备跳河自杀。于是,就有了开头的那一幕,所幸她们被警方成功解救。

王强闻讯赶来,整个人都崩溃了。一瞬间自己的亲妈被妻子杀害,妻子也将面临刑事处罚,这真是天上飞来横祸,家破人亡。公诉机关认为,林晓雅涉嫌故意杀人罪,把林晓雅起诉到了法院。在案件审理过程中,辩护律师提出本案是因家庭矛盾引发的刑事案件,请求法院从轻处罚。最后林晓雅会被如何定罪处罚呢?

本案的法律知识点:家庭矛盾引发的故意杀人如何处罚?家庭矛盾激化引发的犯罪,是发生在家庭成员之间,往往因为长时间的家庭内部矛盾积累而爆发。这类案件相比面向社会不特定群体而实施的刑事犯罪往往主观恶性相对较小,而且掺杂了很多家庭因素。因此,本案会从轻处罚。

《最高人民法院关于贯彻宽严相济刑事政策的若干意见》第22条规定:"对于因恋爱、婚姻、家庭、邻里纠纷等民间矛盾激化引发的犯罪,因劳动纠纷、管理失当等原因引发、犯罪动机不属恶劣的犯罪,因被害方过错或者基于义愤引发的或者具有防卫因素的突发性犯罪,应酌情从宽处罚。"

最终人民法院认定,本案系因家庭纠纷激化引发,可酌情对林晓雅从轻处罚。判决林晓雅犯故意杀人罪,判处无期徒刑,剥夺政治权利终身。

以上两个案例都是因婆媳矛盾而引发:一个案例导致婚姻破裂,另一个案例导致儿媳妇杀害婆婆。最终结局令人唏嘘不已。

每一个家庭都是社会的一个小单元,家和万事兴。往往因为南北方生活方式、生活习惯、风土人情的种种差异,婆媳之间是会有一些矛盾摩擦,但家庭成员之间应该和睦包容。即使出现矛盾,也要积极沟通解决,冲动发泄只能酿成更大的悲剧。

夫妻财产争夺战

法律知识点：1. 夫妻家事代理权
　　　　　　2. 善意取得

【案例一】

　　王晶晶是一名26岁的女孩，年轻漂亮，善良有爱心，特别喜欢养小动物。王晶晶的男朋友叫李峰，高大英俊、帅气逼人。一有时间两个人就在小区的楼下遛小狗，俨然是一对幸福的小情侣。

　　一天，王晶晶正在小区遛小狗，接到快递员打来的一通电话，让王晶晶在单元门前签收快递。王晶晶疑惑地牵着小狗来到单元门前，快递员递给她一封法院寄来的邮件。打开一看，是法院寄来的传票，王晶晶被起诉了，一起被起诉的还有她的男朋友李峰。王晶晶拿着文件拽着小狗就赶紧上了楼。王晶晶和男朋友为什么会一起被起诉了呢？起诉他们的又是谁呢？这要从王晶晶和李峰的相识说起……

　　一年前，王晶晶刚刚大学毕业。周末的一天，她闲来无事打开了一个交友软件。无意间她注意到一个男人的头像，头像中这个男人戴着酷酷的墨镜，穿着帅气的制服，看着像一名飞行员。王晶晶和这个男人聊天时得知，这个男人叫李峰，他是一名职业飞行员。

　　王晶晶从小就有一个空姐梦，大学毕业时还去应聘了某航空公司的空姐岗位，可是很遗憾，没有被选上。所以一遇到飞行员李峰，王晶晶觉得李峰就是自己的偶像。从那以后，两个人经常聊天，李峰给王晶晶讲述自己开飞机时的感受和在飞行中经历的故事，王晶晶也跟李峰聊起自己对飞行员的崇拜和对蓝天的憧憬。一来二去，两个人便熟悉起来。

这天，李峰刚刚完成飞行工作，便给王晶晶发了一条信息："干吗呢，我刚落地，请你吃饭啊！"王晶晶没想到幸福来得这么突然，她几乎从椅子上跳了起来，开心地答应了李峰的邀请。

第一次见面，两个人约在了海边的餐厅，环境温馨又浪漫。王晶晶穿着一身粉色的长裙，美丽又大方；李峰则是穿着一套帅气的西装，只见他皮肤黝黑，身材健硕，男子汉气概十足，一看就是王晶晶的理想型。两个人第一次约会有说有笑，氛围融洽，从黄昏到华灯初上，一直聊到晚上9点多钟，李峰才恋恋不舍地送王晶晶回了家。

就这样，两个人通过网络认识，又在现实中见了面。李峰比王晶晶大8岁，他不仅英俊潇洒，而且体贴周到。王晶晶很喜欢李峰，可以说对他是一见钟情。于是，两个人第一次见面后，不到1个月就确立了恋爱关系。李峰告诉王晶晶，他是北方人，3年前就已经离了婚。因为工作关系固定飞这趟航线，所以会经常来往王晶晶所在的城市。王晶晶觉得李峰成熟稳重，不在意他离过婚，如果能跟他在一起生活那肯定会幸福的。就这样，只要李峰的航班飞到王晶晶所在的城市，他就会到王晶晶住处居住，两个人在一起过起了小日子。

平时王晶晶不上班，养了一条小狗来陪伴自己。王晶晶想着李峰的航线，开始盼望着他早些落地，她每天都在畅想着和李峰未来的美好生活。可是这个美梦从王晶晶发现一样东西时被打碎了……

这天，李峰又住到王晶晶家，当李峰在洗澡时，突然传出了手机铃声，王晶晶顺着声音找寻，在李峰的包里她发现了一部陌生的手机，她从不知道李峰还有另一部手机。只见手机屏幕显示来电者的姓名，竟然是"老婆"。李峰不是离婚了吗？离婚了怎么还能叫老婆呢？

王晶晶没有接听电话，当她打开手机时，里面竟然有李峰和一个女人，还有一个孩子的照片。李峰和这个女人举止亲密，还经常带着孩子一起出去游玩。王晶晶翻阅手机里的聊天记录，竟然发现这个女人是李峰的老婆，她的名字叫纪云。王晶晶瞬间感觉天旋地转，她的世界坍塌了。李峰洗完澡出来，见王晶晶手里拿着他的另一部手机，此时她情绪激动，泪流不止。王晶晶问李峰："这怎么解释？"

李峰好像知道这一天早晚都会来到，他用毛巾擦了擦头发，之后坐到了沙发上，长长地舒了一口气说："是，我们还没离婚，那是因为孩子还小，而且夫妻财产分割比较复杂，一时没有办完。但我对你怎么样，你是清楚的呀！"

原来，李峰真的没有离婚，因为他的工作是飞行员，目前固定跑一个航线。妻子和孩子住在航线的那一头，王晶晶住在航线的这一头。由此可见，李峰在航线的两端都安了家，两个女人都被他欺骗了。王晶晶无法接受李峰对自己的欺骗，哭闹了好几天也无济于事，因为她根本没有办法离开李峰。只要李峰飞来王晶晶的城市，就会回他们的"家"，还会不断哄王晶晶开心。他告诉王晶晶："亲爱的，你再给我些时间，我一定会处理好我们的关系，我是非常爱你的。"虽然知道李峰有家室，但王晶晶已经陷入和李峰的"爱情"里无法自拔。她让李峰早点离婚，快些来到自己的身边。李峰一口答应了下来，还给王晶晶转账10万元，说是对她的感情补偿。

就这样，王晶晶接受了李峰已婚的事实，将错就错。期盼着李峰能尽快离婚，早日娶自己。

李峰和妻子是大学同学，上大学期间他们就恋爱了，一毕业就结了婚。结婚后没多久，他们就有了第一个孩子。李峰经过一系列的培训、考核，实现了他当飞行员的梦想，因为工作需要长时间飞行，无法照顾家里，纪云就干脆辞职在家里照顾孩子，当起了全职家庭主妇。

很多人羡慕纪云的生活，觉得她老公长得帅、挣钱多、工作又好，纪云又不需要出去工作。结婚后的第七年，纪云又怀了二胎。

李峰的飞行航线逐渐稳定下来，因为工作需要经常出差。工作闲下来时，他就感到空虚寂寞，无所事事，便经常在网上找人聊天。之后他就认识了王晶晶,见王晶晶单纯善良,便和她以恋爱为名相处,满足自己对于爱情的需要。相处一段时间以来,李峰经常发类似有寓意的红包,预示着我爱你一生一世,李峰仿佛又找到了恋爱的感觉。

他自以为能够一直这样下去,家里红旗不倒,外面彩旗飘飘。可纸终究包不住火,先是王晶晶发现了李峰的已婚身份,他好不容易安稳住了王晶晶。可没多久,李峰和王晶晶的事,又被妻子纪云发现了。她是怎么发现的呢?因为纪云收到一条短信,这条短信就是王晶晶发的。

原来王晶晶自从知道李峰有家室以后,她一直都想让李峰离婚,而李峰态度十分犹豫,一开始说离婚,可是后来就不了了之,一直没有行动。

王晶晶觉得自己很没有安全感,索性她就跟李峰的妻子纪云摊牌了。既然提出来,就不用顾忌她现在的心情,一次性说个清楚。

当初,王晶晶发现李峰的另一部手机时,就偷偷记下了纪云的手机号码。如今她给纪云发信息说道:"我和李峰已经生活1年多了,他爱的是我,你赶紧离婚吧!"

当时纪云正怀孕8个多月,得知老公出轨,情绪波动剧烈,孩子竟然早产了。而那段时间,李峰除了忙着安抚妻子,还要照顾早产的孩子,又要迁就另一个城市的王晶晶。所以,他现在已是焦头烂额。

等纪云坐完月子,情况稍微稳定一些,她就向人民法院起诉王晶晶,请求返还财产。

纪云查看了老公李峰的账单,一年多的时间里,他陆续给王晶晶转账20多万元,还有购买首饰礼物的消费记录。纪云认为,这些钱财都是夫妻共同财产,但是老公拿着夫妻共同财产给了第三者。于是,她起诉王晶晶要求返还财产。在庭审中,王晶晶称这些钱都是李峰自愿给她的,赠与行为也已经完成,即使是夫妻共同财产,李峰当然有处分的权利。他愿意赠与我并且已经给完了,那就不能再要回去。所以她不同意返还财产。

那么,王晶晶要不要返还有妇之夫送给她的钱物呢?在这里涉及一个法律知识点:夫妻家事代理权。所谓家事代理权,是指夫妻因日常家庭事务与第三人为一定法律行为时有相互代理的权利,即夫妻于日常家事处理方面互为代理人，互有代理权。因此，只要属家事上的开支，夫妻任何一方都有家事方面单独的处理权。也就是说，夫妻一方在行使日常家事代理权时，无论对方对该代理行为知晓与否、追认与否，夫妻双方均应对该行为的法律后果承担责任。

《中华人民共和国民法典》第1060条第1款规定："夫妻一方因家庭日常生活需要而实施的民事法律行为，对夫妻双方发生效力，但是夫妻一方与相对人另有约定的除外。"

在婚姻关系存续期间，夫妻双方基于婚姻关系对共同财产不分份额地共同享有所有权，夫或妻任何一方基于日常生活需要处分夫妻共同财产的行为均有效。但是，非因日常生活需要而处分夫妻共同财产的，则需要夫妻双方协商一致，夫或妻未经对方同意而擅自处分夫妻共同财产的，属于无权处分。

本案中，李峰与纪云婚姻关系存续期间，向婚外情人王晶晶支付较大数额金钱，该行为不仅严重侵害了妻子纪云的合法权益，也违背了夫妻之间的忠诚义务，破坏了夫妻关系的和谐稳定，属于不被社会认可、违背公序良俗的行为，不受法律保护。

这一年，被告李峰向王晶晶进行大量转账，其中还有特殊含义数额的转账。通过双方转账数额、次数和其他证据来看，二人的关系已经超出了普通朋友关系。被告李峰对王晶晶的赠与行为是无效的。

法院最终判决，王晶晶返还李峰赠与她的全部财物。纪云的权利受到了法律的保护，虽然钱要了回来，但纪云无法原谅李峰，她还是选择和李峰协议离婚。

这件事情之后，王晶晶其实也受到了情感上的伤害。当得知李峰有家庭之后，她应该及时和已婚男人划清界限。可她没有，反而沉沦到和李峰的婚外情里无法自拔。最终只能是竹篮打水一场空，还要背上一个"破坏他人家庭"的骂名。

本案中，丈夫出轨，私自将财产赠与婚外情人，最后被妻子起诉，要回了钱物。

【案例二】

春天是万物复苏、共贺新生的季节，也是百花盛开、鹊鸟送喜的日子。东北的天气开始暖和起来。这一天是周伟和女朋友的大日子。就在今天，他们买的新房子可以入住了。虽然是一套二手房，但也是周伟辛苦打拼，攒钱买的第一套属于自己的新房子。此时，周伟心里美滋滋的，甭提多高兴了。

今天他们就入住新房，周伟都合计好了。大家集合到新房子里，他就单膝跪地，向女朋友求婚，给她个大惊喜。就这样，周伟一边收拾搬进新房的东西，一边憧憬着和女友以后的幸福生活。而就在这时，他的电话响了。"你是周伟吗？我这里是法院，于珊珊起诉你了，要求解除房屋买卖合同，并要求你退还房屋！"电话那头说。

周伟听完是一头雾水，于珊珊是谁？我不认识于珊珊啊！退房？那说明和这个刚刚买的房子有关啊，可房子是我从房主刘成业的手里买的啊！

于珊珊跟这套房子有什么关系？她为什么要起诉周伟让他退房呢？这就要从周伟来这座城市打拼说起……

周伟和女朋友都是外地人，来这座城市打拼已有5年了。周伟具有吃苦耐劳、顽强拼搏的精神，5年时间做了很多份工作，送过外卖，当过快递员，还去工地打过工，最后开了一个小饭店。

虽然这5年他吃了不少苦，睡过地铺、租过地下室，但是收获不小，所有的付出还是值得的。他的梦想就是在这个城市站稳脚跟，有个属于自己的房子，5年后这个梦想终于实现了。周伟靠打工的积蓄和经营饭店攒了一笔钱，虽然买套新房钱不够，但是买套二手房还是可以安家的。

前不久，周伟把女朋友从老家接了过来，两个人要在这座城市一起打拼。周伟和女朋友商量着买一套婚房，于是在二手房信息网上开始找房子，房子看了很多，不是太破旧就是自己兜里的钱不够，或者是位置不好。

突然有一天，周伟抬头看到，他们开的饭店斜对面的二楼，贴着一个电话号码，上面写着"出售房屋"。周伟开心极了，真可谓"踏破铁鞋无觅处，得来全不费功夫"。

周伟赶紧叫女朋友出来，指着二楼说，你看，那有套房子在出售，而且离我们饭店这么近，这个小区环境也不错，咱们赶紧问问吧。于是，两个人就拨通了上面的电话。

接电话的男人说他就是房主。而且也在附近住，马上就能带周伟去看房。10分钟后，男人带着房产证来到楼下，介绍自己是房主，名叫刘成业。

看完房子后，周伟觉得十分满意。这房子虽然不算大，但是不管从户型还是小区环境来看，都算得上中等，价格也在他们的预算之内。最主要的是房子没有被出租过，装修还很考究，稍微收拾一下就能入住了。

周伟核验了房主的身份证，还有房产证，房主确实是刘成业一个人。所以，周伟当即决定买下这套房子。一个星期内，小两口跑完各种手续，以46万元的价格买下了这套房，顺利地完成了更名过户，房屋产权过到了周伟的名下。周伟又用了个把月的时间，把房屋好好收拾了一下。

可没承想，准备入住的第一天就被起诉了，可起诉周伟的，并不是原房主刘成业，而是一个叫于珊珊的陌生女人。于珊珊到底是谁呢？

周伟带着疑问来到法院，这才知道，于珊珊竟是原房主刘成业的妻子。于珊珊和刘成业结婚10年了，陆续买了几套房。这么多年，刘成业一直在做生意，其实于珊珊对丈夫的创业一直不支持。因为丈夫的生意都在赔钱，家里的房子都赔出去两处了，存款也被赔光了。她觉得这么多失败的教训摆在眼前，老公就不是做生意的料，所以她非常不支持老公再折腾了。

于珊珊和老公住在别处，而刘成业卖给周伟的这套房子是他们并不常住，一直空着的。这套房子虽然登记在刘成业的名下，可却是他们婚后购买的。

最近，刘成业又要和别人合伙投资，于珊珊不同意，也没有再拿出积蓄给刘成业投资。就这样，刘成业背着妻子偷偷出售房产，把房子卖给了毫不知情的周伟。

周伟买了房子后的1个月，这天于珊珊回房子取东西，可是发现房锁打不开了。于是，刘成业索性摊牌，房子我已经卖了！

于珊珊听后非常生气，认为卖房子这样的大事，老公应该和自己商量。虽然房子登记在刘成业名下，可是房子是婚后买的，自己也有份。刘成业卖了房子非但没有通知自己，卖房款自己也没有看到。于珊珊就让老公把卖房子的钱拿回来，但是老公说这钱拿出去投资了。至于投资什么生意，你就别管了。

无奈之下，于珊珊起诉周伟和刘成业，要求确认他们之间签订的房屋买卖合同无效。让周伟把房子退回来。

于珊珊的诉讼请求能得到法院的支持吗？周伟需要把房子退回去吗？

本案中的法律知识点：善意取得。善意取得，是指无权处分他人财产的占有人，将其占有的财产转让给第三人，受让人在取得该财产时系出于善意——依法取得该财产的所有权，原财产所有人不得要求善意受让人返还财产。

《中华人民共和国民法典》第311条规定："无处分权人将不动产或者动产转让给受让人的，所有权人有权追回；除法律另有规定外，符合下列情形的，受让人取得该不动产或者动产的所有权：（一）受让人受让该不动产或者动产时是善意；（二）以合理的价格转让；（三）转让的不动产或者动产依照法律规定应当登记的已经登记，不需要登记的已经交付给受让人。受让人依据前款规定取得不动产或者动产的所有权的，原所有权人有权向无处分权人请求损害赔偿。当事人善意取得其他物权的，参照适用前两款规定。"

《最高人民法院关于适用〈中华人民共和国民法典〉婚姻家庭编的解释（一）》第28条第1款："一方未经另一方同意出售夫妻共同所有的房屋，第三人善意购买、支付合理对价并已办理不动产登记，另一方主张追回该房屋的，人民法院不予支持。"

本案中，周伟购买房产时，查看了刘成业的房产证，上面登记的所有权人为刘成业，周伟也是以正常的市场价格购买的房产。况且现在已经更名过户，周伟属于善意取得房产。于是，法院判决驳回了原告于珊珊的诉讼请求。

如果房产没有经过妻子的同意出售，妻子在夫妻共同财产中的合法权益如何保障呢？如果该房产属于夫妻共同财产，即使第三人善意取得了房产，房屋出售所得的价款，仍有妻子的份额。所以，妻子可以向丈夫主张权利，索要卖房款。

就这样，周伟辛苦攒钱买的房子保住了。而经过法庭审判后，刘成业也意识到自己擅自出售房产，对妻子不公平，撤回了投资，把卖房钱交给了于珊珊，还表态以后凡事要和妻子多商量。

家庭是社会的一个单元。在很大程度上，夫妻是一个整体。对于在夫妻关系存续期间所取得的财产，原则上都是夫妻共同财产。无论是财产处分还是家务事，夫妻之间都应该平等协商，互相尊重，好好商量。只有这样，婚姻才能幸福长久。

失踪的妻子

法律知识点：故意杀人、故意伤害致人死亡的区别

2018年春天的一天，家住东北农村的几个中年女人像往常一样，每人端着一个洗衣盆，到河边去洗衣裳。只见其中一个人一抬头，看到远处河面上好像漂着一个人，后背朝上趴在水面上。为了看得更清楚些，她又站起来伸长脖子，仔细瞅了又瞅，还叫上旁边的人，你们看那是不是漂着一个人。几个洗衣服的女人越看越害怕，赶紧报警。

民警到达现场，果然捞上来了一具尸体，确定死者是一名女性。经过辨认，死者名叫王美凤，是河上游李家村李大强的妻子。于是，警方联系了死者的丈夫李大强。

李大强赶到了河边，跪倒在地，痛哭不已。大声喊道："美凤啊，你走了一了百了，可让我和孩子怎么活下去啊！"

没错，河里的女尸就是李大强失踪的妻子。就在几天前，李大强到派出所报案，说媳妇王美凤离家出走了。谁能想到，离家出走的妻子竟然遭遇了不测，就这样死在河里了。

王美凤为什么离家出走？到底是自杀还是意外坠河？警方很快给出了答案。王美凤是被人杀害的。警方发现，王美凤的脖颈处有一道深深的勒痕。经法医鉴定，是因为机械性窒息导致死亡的。显然，王美凤并非意外落水溺亡，河中也不是第一现场，王美凤是被人杀害后又抛尸河中的。

既然第一案发现场不是河里，那么到底是哪里呢？这就要从3天前说起。

这一天，李大强突然打电话报警，说妻子王美凤失踪了。警方询问了李大强，你媳妇最近有没有反常行为，有没有和什么人发生纠纷？

李大强说，她没和别人发生过争吵。但是，李大强又面露难色，很难为情地说道："警察同志，不瞒你说，我妻子在外面有人了，这事在村里早就传开了，那个人也是俺们同村的，名叫王鹏，他俩成天眉来眼去，村里人都知道。自从我知道此事后，就告诉妻子，咱们好好过日子，你离王鹏远点。一天，妻子和我大吵了一架，吵完之后，她就离家出走了。"

李大强还说："我怀疑她是和情人私奔了。她可是我娶回来的媳妇，是我们老李家的人，她和别的男人跑了，叫我的脸往哪儿搁？警察同志你可一定要帮我把媳妇找回来呀！"

根据李大强描述，警方开始排查和王美凤来往密切的人，在所有聊天、通话记录里面，王鹏和王美凤的确有过来往。难道王鹏真的是杀害王美凤的凶手吗？

警方迅速对王鹏展开了侦查，但是随即王鹏就被排除了犯罪嫌疑。案发的那几天，王鹏都在外地，有不在场的证据。他虽然和王美凤有联系，但那都是很久以前的事了，他和王美凤曾经是一对恋人，但王美凤与李大强结婚之后，二人就逐渐断了联系。如今，他已经结了婚，而且熟悉他们的人都能证明，他们之间没有暧昧的异常举动。

就这样，王鹏被排除怀疑。那么凶手到底是谁呢？案件一度陷入僵局。

为了尽快侦破案件，警方扩大侦查范围。各路侦查员对周边几个村子进行了走访排查，特别是对近期突然离开本地的人展开调查。令人意想不到的是，这个时候，真正的凶手竟然主动来自首了。而凶手不是别人，他就是王美凤的丈夫——李大强。

李大强先是报警说自己妻子失踪了，让警察赶紧帮忙寻人。当在河边看见王美凤的尸体时，他也是哭得情真意切，声泪俱下。可现在他又自首说，王美凤是他杀死的。

夫妻一场，他为什么要杀害妻子又抛尸河中呢？这要从两个人失败的婚姻说起……

李大强性格内向，他是家里唯一的儿子。长大后，姐姐们相继嫁人了，只有李大强和父母同住。到了适婚的年龄，家里开始托人给李大强说媒，这相亲对象看了一大把。但是李大强的眼光还挺高，始终没有他看得上的姑娘。

直到亲戚给他介绍了王美凤，李大强的脸上才乐开了花。王美凤比李大强大3岁，但是人长得漂亮，还有一双柔情似水的眼睛好像会说话。

两个人相处了3个月，感觉还挺好。家里都急着催婚，于是他们就赶紧领了结婚证，结为夫妻。不久，王美凤就搬到李大强家和公婆生活在一起。

王美凤性格开朗、能干，乡里乡亲都羡慕李家娶了个漂亮能干的儿媳妇。可是，结婚没多久，李大强和王美凤之间就发生了一些不愉快的事，这是为什么呢？缘由是李大强发现了王美凤和前男友王鹏的聊天记录。

聊天记录中王美凤说，家里不同意他们结婚，她也没有办法。她是为了家里满意，才嫁给李大强的。女人的话里话外，不乏有不情愿的语气，让李大强觉得王美凤和王鹏分开，她很舍不得。

李大强发现以后，和王美凤大吵了一架："你把我当什么人了，我可没有强迫你嫁给我，你是迫不得已才和我结婚吗？"李大强甚至还想"退婚"，想要回给王美凤娘家的彩礼。

王美凤诚恳地解释，自己其实和前男友就是发个信息联系了一下而已，双方没见过面，更没发生过关系。王美凤让李大强原谅她，并且一再承诺，说以后不会再和王鹏联系了。李大强见王美凤态度诚恳，和前男友也没有过分的事情发生，所以就不了了之了。但是，新婚妻子还和前男友联系，这在李大强的心里埋下了一条导火索。

就在结婚后第二年，王美凤生了个大胖儿子。在外人看来，这一对夫妻可以说是幸福美满。殊不知，对于王美凤来说，这场婚姻的劫难才刚刚开始……李大强平日里在镇上打工，家里的活都是王美凤一个人操持，王美凤既要工作、打理家务，还要照顾儿子，公婆虽然闲着没事，但是也不肯帮王美凤带孩子。王美凤和婆家的关系相处得不太融洽，他们虽然生活在同一个屋檐下，但是却如同两家人。

王美凤毕竟是女人，体力不如男人。有时候李大强不在，家里有体力活儿，她就喊邻居冯壮帮忙。冯壮和王美凤两家住得不远，平日里冯壮没少帮王美凤的忙，王美凤不好意思总麻烦人家，所以每次都会给他拿点家里种的蔬菜和水果。

最先看不过去的是李大强的父母。他们觉得这冯壮没安好心，儿子时常不在家，儿媳妇总和别的男人来往，这可怎么行呢？于是，他们再三提醒儿子，媳妇已经娶回了家，可得看好了。

李大强的母亲平时总是话里有话，数落媳妇要守妇道。而王美凤觉得婆婆是在没事找事，我就在你们老李家的眼皮子底下，我能做什么见不得人的事呢？她认为，婆婆一家就是无中生有，搬弄是非，所以她和婆婆之间的矛盾也升级了。

李大强虽然已经30多岁了，但是凡事都听父母的，没有自己的主见。王美凤虽然和他生活在一起，但是觉得自己是这个家的外人。所以，夫妻矛盾加上婆媳矛盾，这日子过得甭提多窝火了。

可就算王美凤一再忍让也没能改善夫妻之间的感情，而且村里开始传起流言蜚语。有人说："老李家也不想想，那王美凤比李强岁数还大，当年为啥她不结婚啊？估计让人甩了！"听说，她是怀了别人的孩子，那个男人跑了不要她了，她才和李大强结婚的。李大强还听村里人说，王美凤水性杨花，让他多加小心。

李大强听到这些后，渐渐变得敏感多疑。只要见到王美凤和别的男人说话，回家李大强就会摔摔打打，拿东西来撒气。可王美凤是一个正常人，正常人就会有社交。世界上除了女人就是男人，她不可能不和任何男人有接触和来往。

那王美凤真的出轨了吗？

其实，王美凤在结婚之前的确处过一个对象，他就是王鹏，但是父母嫌王鹏家里穷，就是不同意两人相处，这事儿被搅和黄了。王美凤跟王鹏分手没多久，家里着急让她结婚，成天催着她相亲。可是这对象不是想找就能找到的，王美凤的相亲对象是看了不少，可没有找到合适的，直到遇见李大强。

王美凤见李大强憨厚老实，虽然不会说什么甜言蜜语，但好在年龄相仿。李家的家庭条件也好，于是就同意和李大强交往。就这样，他们只交往了3个月，便在家人的不断催促下结了婚。

李大强的思想一直很保守，新婚之夜他发现一个问题，就是妻子王美凤不是处女。这让李大强的心里"咯噔"一下，他觉得王美凤不纯洁，为此还和王美凤闹了别扭。

王美凤也没有瞒着李大强，反而和他坦白了。说自己之前的确和王鹏处过对象，都到谈婚论嫁的程度了，但是对方家庭条件不好，拿不出彩礼。父母说，这样的家庭嫁过去也不会幸福，所以这婚就没有结成。

但是，王美凤说，既然老天让咱俩相遇了，现在也结婚了，我一定会一心一意和你过日子。就这样，李大强先是发现新婚的妻子不是处女。不久以后，他又发现妻子和前男友发信息联系。他觉得妻子没有兑现她的承诺，对王美凤更加不信任了。

这个时候，村里又开始传出了闲言碎语，说孩子和李大强一点也不像。李大强想到当初，王美凤经人介绍没多久，就嫁给他了。那时候她刚和前男友分手，而且孩子的确和李大强长得不像。李大强明明是单眼皮、高鼻梁，可孩子偏偏是双眼皮、塌鼻梁，他怀疑儿子不是自己亲生的。但是他没有什么证据，只是怀疑王美凤外面有人。

李大强后悔当初和王美凤结婚太早，两个人都没有更深入地了解。他开始认为，王美凤当初不是看上了自己这个人，而是为了掩盖一些见不得人的秘密。村里人都说，当初两个人相亲的时候，王美凤刚刚跟男朋友分手不久，李大强越想越觉得王美凤是怀了前男友的孩子，他们俩分手后又赶紧找了他这个"接盘侠"。这种想法在李大强的心里开始疯狂滋长，他认为儿子就不是自己亲生的。

当初孩子出生的时候，全家人是乐开了花，李家三代单传，新婚媳妇又生了男孩，可以说是喜上加喜。可跟孩子刚出生时的喜悦相比，李大强现在对这个孩子却是越来越反感。他对儿子不管不问，孩子平时都是王美凤一个人在照顾，有时候孩子哭闹，李大强还打骂孩子。李大强甚至有些恨这个孩子，他觉得这个孩子仿佛无时无刻不在提醒着妻子的背叛。

在这样的家庭里，王美凤说什么都是错。就这样夫妻俩经常吵架，日子过得很不开心。不久之后，王美凤和李大强的矛盾爆发了。

这一天，李大强又数落王美凤不是什么好东西。王美凤一气之下索性就说，你不是怀疑我外面有人吗？今天我告诉你，是个男人就比你强！咱俩能过就过，不能过赶紧离婚，跟着你天天守活寡，还不如离婚。

李大强听王美凤这样说，情绪一下激动起来，你终于说出了实话。说完，他拽着王美凤的衣领把她从凳子上拎起来，追问王美凤："你外面到底有没有人？孩子到底是谁的？"

面对李大强的猜疑，王美凤已经不愿意再解释了。因为李大强一遍遍跟自己确认，不管王美凤怎么说，都不是李大强满意的答案。王美凤哭着说，我受够了！一气之下便抱着孩子回了娘家。

可是，事后李大强又非常后悔，他买了各种营养品去看望丈母娘。在王美凤的娘家，他还当着丈母娘的面扇了自己两个耳光，说自己就是太爱王美凤了，怕失去她，求王美凤跟他回家。

娘家人见李大强真诚悔过，这两口子过日子，哪有舌头不碰牙的。所以就劝王美凤回去和李大强好好过日子。

这次争吵后，王美凤本想给李大强的猜疑画个句号。回家后，李大强也确实和王美凤过了一段平稳日子。可是好景不长，双方的矛盾又爆发了。

这一天，婆婆外出探亲，晚上李大强忙了一天回来，见王美凤还没做饭，就唠叨了两句，一天天连饭都不做，也不知道和哪个野男人约会去了！

王美凤听到这话就气不打一处来，你天天疑神疑鬼的，怀疑我不是和这个人有事，就是和那个人有事，你有证据吗？你别天天往我身上泼脏水。李大强嚷嚷着说，你别让我抓到你的小辫子，否则有你好看的。

恰巧这个时候，李大强发现窗台上有个打火机。他突然想起来，家里没人抽烟，这打火机哪来的呢？

李大强越想越不对劲，家里肯定是来过别的男人。他猜想，肯定是王美凤的情夫趁家里没人，来和王美凤偷偷私会，所以李大强更加生气，抬起手打了王美凤。王美凤觉得，李大强现在对自己是越来越不当回事了，一次次动手打自己。哪料气头上的王美凤，顺手抓起手机朝李大强砸了过去，刚好砸在李大强的头上。此举激怒了李大强，他将王美凤按倒在地，双手紧紧地掐着王美凤的脖子，王美凤挣扎着，双手胡乱抓扯着李大强，李大强随手扯过地上的一根裤腰带，死死地勒住了王美凤的脖子。嘴里还不断地念叨着："我让你背叛我，我让你背叛我。"不一会儿，王美凤就停止了呼吸，一动不动了。

李大强冷静下来后，意识到自己杀了人，因为害怕事情败露，他把妻子的尸体藏在后院的仓库里。等到天黑，家家户户都关灯睡觉了，趁着夜色，他骑上三轮车，拉上王美凤的尸体去河边抛尸。

第二天一大早，他又假装到公安机关报案，说妻子失踪不见了，其实是想掩盖罪行，混淆警方的视线。

杀了人后的李大强，陷入了深深的恐惧中。他仿佛掉入了一个阴暗潮湿的深井，尽管井口就是自由的世界，但他却永远没有办法走出来。他想过逃跑，可是这个时候王美凤的尸体已漂浮到了水面，李大强跑也不敢跑，暗中观察案件的进展。他说，王美凤其实是和情人王鹏私奔了，来制造妻子失踪的假象。

每到夜深人静时分，妻子被他勒死时，瞪大的双眼就会出现在他的眼前。他是爱她的，罪恶感和歉疚感无时无刻不在折磨着他。

当父母问起王美凤去哪儿了，李大强说王美凤回娘家了。可是李大强的父母觉得不对劲。这几天儿子李大强总是坐立难安，好像有心事。他们还在家中发现了王美凤经常佩戴的金耳环和项链。此外，王美凤离不开孩子，从来回娘家都带着孩子，可这次却把孩子留在了家里。

李大强这些天经常魂不守舍，说了很多没头没脑的话，说自己哪天要是不在了，让姐姐多照顾父母，这些话让父母为之惊奇。就这样，在父母的追问下，李大强的心理防线崩塌了，他和父母说了实话，在家人的规劝下，他到公安机关自首。

公诉机关以故意杀人罪对李大强提起了公诉。可是庭审中，李大强辩称自己只是和王美凤争吵打架，在厮打的过程中因一时冲动，而失手勒死了她。因此，他认为自己是故意伤害罪，只是结果造成了被害人王美凤的死亡。

本案中，李大强的行为应该如何定性呢？

根据《中华人民共和国刑法》第232条的规定，故意杀人的，处死刑、无期徒刑或者十年以上有期徒刑；情节较轻的，处三年以上十年以下有期徒刑。根据《中华人民共和国刑法》第234条的规定，故意伤害他人身体的，处三年以下有期徒刑、拘役或者管制。犯前款罪，致人重伤的，处三年以上十年以下有期徒刑；致人死亡或者以特别残忍手段致人重伤造成严重残疾的，处十年以上有期徒刑、无期徒刑或者死刑。本法另有规定的，依照规定。

故意伤害罪和故意杀人罪的主要区别在于，行为人是否以非法剥夺他人生命为故意。如果行为人没有非法剥夺他人生命的故意，而只有伤害他人健康的故意，那即使客观上导致了他人的死亡，也只能认定为故意伤害罪。如果行为人有非法剥夺他人生命的故意，即使他的行为没有造成被害人死亡的结果，也构成故意杀人罪，只是犯罪的形态属于犯罪未遂。

在司法实践中，要认定行为人是故意杀人还是故意伤害，应该遵循主客观相一致的原则，查明案件的全部事实，从行为人与被害人的关系，案件的起因、过程、结果、作案的手段、使用的工具、行为人作案前后的表现等方面入手，进行综合分析、判断。

在本案中，被告人李大强用腰带紧紧勒住被害人王美凤的脖子，直至其生命终结。当天晚上，他又将王美凤尸体抛入河里。在主观上具有杀死王美凤的故意，客观上实施了将王美凤勒死的行为，其行为构成故意杀人罪。

最后，人民法院综合考量被告人李大强有自首情节。本案系因家庭矛盾而起，判决被告人李大强犯故意杀人罪，判处无期徒刑，剥夺政治权利终身。

经鉴定，孩子确实也是李大强的。从此，两岁多的儿子没有了父母的陪伴。而那个留在窗台上的打火机，其实是因为家里的液化气灶具经常打不着火，王美凤买来供打火用的。本案的恶果可以说是一步步酿成的，李大强为自己的猜忌与冲动付出了代价。

王美凤和李大强因是闪婚，所以婚前相处时间较短。王美凤的父母嫌弃他之前的男朋友无钱无房，过多介入还包办了女儿和李大强的婚姻。最终导致王美凤与李大强缺乏感情基础，婚姻并不幸福。

夫妻之间应该相互信任，遇到问题要开诚布公，解决问题。李大强因别人的流言蜚语而对妻子无端猜忌，最终做出了冲动的杀妻行为。不但毁了家庭，也断送了自己的一生。

有人说，婚姻始于爱情而终于责任。但婚姻的维系更需要夫妻双方的彼此理解和信任。双方要通过良好的沟通来化解误会。

大家都知道毁掉一棵树很容易，可是真正让一棵树健康成长就不那么容易了，是需要时间、阳光和养料的。对于家庭来说，信任一旦崩塌，要想再建立起来可就是难上加难了。

正所谓流言蜚语害死人，这是千古遗训。我们每个人要做好自己，不信谣不传谣，不做悲剧的推手。

契约夫妻

法律知识点：婚前协议

春节是一年之岁首，是中国传统意义上最重要的节日。2018年春节期间，东北的城镇举行着各种庆贺新春的活动，人们放鞭炮、赶大集、走亲戚、拜大年，处处洋溢着热闹喜庆的气氛。

这是周晓丽在东北婆婆家过的第一个春节。周晓丽是南方人，和丈夫何世文刚刚领了结婚证不到半年。大年初一早上，家家户户还沉浸在过年的欢乐气氛中，可周晓丽家却传来了碗碟打碎的声音和激烈的争吵声。周晓丽的婆婆生气地呵斥周晓丽道："你早不熬粥，晚不熬粥，偏偏大年初一熬粥，你是想我们家和你家一样穷吧？"说完就把周晓丽早上特意煮的一锅粥给倒掉了，还生气地打翻了碗筷。

大过年的，婆婆闹这么一出是为了什么？半年前，周晓丽和何世文未婚先孕，之后嫁入何家，与婆婆一起生活。现在周晓丽已怀孕6个月，初一早上起来没有什么胃口，就想吃点咸菜喝点粥，舒舒服服地暖胃。于是，初一清晨特意煮了稀粥，还为婆婆做了一份。没想到婆婆早上来到厨房，还没等周晓丽给婆婆行礼拜年，婆婆就怒火冲天，连吵带嚷地把粥倒掉了。

原来在婆婆的老家，有一个风俗，就是过年期间，尤其大年初一，稀饭和咸菜一定不能吃。意思是只有穷人家才吃稀饭，大年初一就吃稀饭，这一整年都没有好兆头。尤其何家还是做生意的，何世文的母亲很在意这个。

大过年的，周晓丽被婆婆训斥得一头雾水，自己怀着6个月的身孕，大着肚子，起早给家人准备早餐，落不着好不说还挨一顿骂，自己也是爹娘捧在手心里长大的，怎么到了何家就一无是处呢？周晓丽也很委屈，就和婆婆发生了争执。丈夫何世文赶忙进行调解。

因为这次激烈的争吵，周晓丽不准备在婆婆家过年了，还没出正月，周晓丽就与何世文搬到了何家的另一套房子里。

周晓丽心想，我惹不起还躲不起呀。周晓丽本以为与丈夫何世文搬离了婆婆家，从此生活就风平浪静了。没想到，孩子刚满1岁，她与丈夫何世文却对簿公堂。

2019年7月，周晓丽来到法院，她看起来有些憔悴。许久未见的婆婆看到周晓丽上前理论道："要是没有我儿子你能住上大房子？你还好意思要钱？那婚前协议就是你的卖身契！"

面对婆婆的质问，周晓丽貌似习以为常，她表情平淡，没有反驳。这时法庭的门打开了，原告、被告和家属走进了法庭。

周晓丽和何世文原来感情很好，周晓丽一直认为自己很幸福，如今为何会起诉到法院？难道就因为婆媳不和，矛盾升级了吗？

这故事还要从周晓丽与何世文二人的相识说起。

两年前，周晓丽从电影学院毕业，由于长相出众，又有深厚的舞蹈功底，身材气质都出类拔萃，大学一毕业就签约了一家知名的影视公司。此后周晓丽各种广告、邀约不断，公司也把她当作重点培养的新人，可以说"星途"一片光明。

在一次商业展览会上，周晓丽应公司安排作为模特参加了这次活动，就在当天的晚宴上，她认识了何世文。

当周晓丽拖着长长的礼服，踩着高跟鞋小心翼翼地走上楼梯时，身旁的何世文很有绅士风度地搭过手。周晓丽点头表示感谢，挽着何世文的胳膊摇曳地走上楼梯。

身着笔挺西服的何世文也是一表人才，看上去成熟稳重。周晓丽纤细的胳膊挽着何世文，竟让她心里莫名地紧张起来，俊男靓女，两人的搭配在旁人看来十分般配。就是这次邂逅让两个人擦出了爱的火花。

那晚，何世文的目光一直停留在周晓丽身上，未曾离开过。何世文在家族企业里做管理工作，自父辈开始就一直做家具木材生意，线下门店上百家，代理商遍布全国，经济收益十分可观。何世文是个不折不扣的富家子弟，自从那晚与周晓丽相识，两人就互留了联系方式，平常两个人经常聊天。

不久后一件事情的发生，让周晓丽和何世文的关系有了更进一步的发展。

何世文有个朋友于磊，是专门做影视投资的。在一次聚会上，于磊说最近又要投资一部新电影，找的都是一线的大明星，这部电影拍出来肯定大卖。

于磊就和何世文等几个资金实力不错的朋友说："你们要不要一起投资，机会难得啊！"听于磊这么一说，何世文第一个想到的是周晓丽，他想给周晓丽争取一个试镜的机会。

于磊打趣地说，看来老何有情况啊，这么上心地推荐演员，关系肯定不一般吧！何世文一笑了之。

就这样，何世文为周晓丽争取了一次试镜的机会。当何世文把这个消息告诉周晓丽的时候，周晓丽高兴极了，毕竟这是她人生第一次电影试镜，周晓丽既兴奋又紧张。

周晓丽从小热爱表演，功夫不负有心人，经过几轮面试，她成功地拿下了一个角色。周晓丽对何世文的感谢溢于言表，尤其当她得知何世文还参与投资了自己参演的这部电影时，周晓丽在何世文那里有了一种归属感。随着二人经常一起吃饭、约会、逛街，何世文对周晓丽展开了热烈追求，二人确立了男女朋友关系。

何世文比周晓丽大10岁，有过两段失败的婚姻。两个前妻各给何世文生了一个女儿，现在都由女方抚养。周晓丽刚开始还是挺在意何世文结过两次婚的，毕竟她一个刚刚毕业的女孩，万一将来结婚，一结婚就当两个孩子的后妈，心里还是挺难以接受的。况且周晓丽的闺密也和她探讨过这个问题：你看何世文离过两次婚，你想清楚，会不会因为他花心而伤心呢？

虽然有很多现实状况摆在眼前，但是何世文的优点也很突出。相比之下，他的年纪是比周晓丽大了点，但是他对周晓丽很好，跟同龄的男人比起来，他更会心疼女人。况且何世文不仅能在物质上给周晓丽很多满足，还能助推她的事业。即使何世文离过两次婚，但是周晓丽觉得，恰恰是因为何世文以前有过婚史，才会让他更加珍惜自己。周晓丽自信地认为，何世文一定能和她一直幸福地生活下去。

半年后的一天，周晓丽拍戏时呕吐不止，她本以为可能是剧组条件艰苦，自己有点水土不服，就去医院检查，发现自己竟然怀孕了。毫无疑问，这孩子是何世文的。

对于周晓丽这样事业正处于上升期的女演员，怀孕无异于断送了她的演艺生涯，周晓丽认为，无论如何现在不是要孩子的时候，她的第一反应就是打掉孩子。可没想到，做完检查后，医生语重心长地告诉周晓丽："姑娘，你可想好了，你的子宫内壁很薄，如果这次做流产，那以后怀孕可就难了。你还这么年轻，要慎重啊！"

听医生这样说，周晓丽很犹豫。她的事业刚刚步入正轨，她很热爱演员这个职业，虽然何世文对自己很不错，她也是认认真真地对待这段感情。可毕竟两人还没到谈婚论嫁的地步，对于这次意外怀孕，周晓丽并没有做好准备。但如果打掉孩子，以后自己就很可能失去做妈妈的资格。周晓丽左右为难。

何世文会对自己负责吗？会同意自己生下这个孩子吗？如果何世文坚决不要这个孩子，自己该怎么办呢？这些问题一直在周晓丽的脑海中萦绕，让她寝食难安。不过，她还是怀着忐忑的心情把怀孕的事情告诉了何世文。

可没想到，何世文听说周晓丽怀孕之后，十分欣喜。他对周晓丽说："你不用怀疑我对你的感情，自从见你第一眼我就喜欢你，我也是很认真地和你交往，想和你组建家庭的，至于孩子，反正早晚都会要的，现在有了不是更好吗？我一定会对你负责的。"

听何世文这样说，周晓丽如释重负，她十分感动。她相信自己的眼光没错，眼前这个男人就是她值得托付一生的人。

但是，周晓丽依旧有自己的顾虑，那就是她刚刚开始从事演艺事业，还没站稳脚跟，未来"星途"一片大好。无论怎么说，结婚生子势必对她的演艺事业造成影响，可是何世文信誓旦旦地说："这算什么事儿啊，结婚以后你根本不用上班再拍戏，我完全有能力养活你们娘俩，你就安安心心地在家给我当何太太。等你生完孩子调养好身体后，愿意重新出来当演员，我就给你投资，为你量身定做电影，这不更好吗？"

就这样，纵有对演艺事业的万般不舍，面对自己深爱的男人，还有自己宝贵的生育机会，周晓丽认为这也许就是上天的安排，她还是义无反顾地投身到与何世文的"爱情王国"里，决定暂时息影。

宴会上邂逅，一见钟情，意外怀孕，周晓丽没有考虑多久，就答应要和何世文结婚。可是，周晓丽想要嫁进高门大户的何家，最大的阻碍就是何世文的母亲。何母出身于书香门第，十分看中门当户对，她固有的思想一直认为，女人就应该本本分分，相夫教子，为丈夫家延续香火。当何世文把要和周晓丽结婚的事告诉母亲时，何母态度十分坚决，就是不同意周晓丽进门。主要原因是她觉得演员太虚，不实在，成天不着家，儿子肯定被周晓丽的美色给迷住了，周晓丽也一定是贪图何家钱财。

为了让母亲答应自己能娶周晓丽，何世文也是万般劝说。他当着周晓丽的面，对母亲说："妈，你看小丽如今都怀孕了，我作为一个男人得负责任呀！"就这样母亲勉强同意了。

目前，何母同意他们结婚，就是不能接受儿媳妇当演员。如果儿媳妇在电视上成天与别人搂搂抱抱，那成何体统，把何家的颜面放在哪里？所以周晓丽必须承诺，婚后退出演艺事业，不再演戏，并立下字据为证。

周晓丽非常热爱演员这个职业，与何世文奉子成婚，她就要放弃演员这个职业，放弃现在光鲜亮丽的明星生活。何母异常坚定地说，如果想进何家门,必须放弃明星梦。

为了能让周晓丽安心结婚生子,何世文想了一个办法,他与周晓丽签订了一份婚前协议,算是给周晓丽一份保障。从两个人登记结婚后,周晓丽放弃演艺事业,专心在家养胎,何世文每月支付周晓丽2万元生活费,保证周晓丽和孩子的日常支出。

为了孩子能有一个完整幸福的家庭,只要何世文一心一意对她和孩子好,放弃演艺事业也值了。周晓丽同意了何世文的办法,把对未来所有的期待都放在了何世文的身上。

两人签订婚前协议后,就领证结婚了,何世文和周晓丽还举办了一场盛大的婚礼。

婚后初期,小两口的感情很好。何世文对周晓丽和肚子里的孩子都很上心,专门请了一个阿姨照顾周晓丽的起居生活,平时营养补品都不断,经常抽空回来陪着老婆,生活费也按时支付,日子过得甜蜜幸福。唯一的问题就是婚后周晓丽和婆婆住在一起,生活习惯各方面都很不适应,产生了各种矛盾摩擦,再加上婚前婆婆对周晓丽和何世文结婚有过阻碍,因此,婆媳之间的关系一直不温不火。婆媳二人的矛盾爆发,起因是周晓丽大过年煮粥喝。于是,就有了开篇那一幕,周晓丽搬离婆家到另一处房子居住。

周晓丽辛苦怀胎十月,终于顺利生下了一个女孩。可是,对于这个孩子的到来,何世文一家并没有表现出添丁进口的喜悦,一开始周晓丽沉浸在初为人母的幸福中,并没有在意。可是,何世文以公司经营不善,需要缩减用度为由辞掉了家中的保姆,周晓丽只能让母亲从老家过来帮她一起带孩子。

周晓丽每天照顾孩子、做饭、打扫卫生,人也渐渐憔悴。和当初那个满身光环的女明星,完全判若两人。可渐渐地,周晓丽发现何世文回家的次数越来越少,不是公司应酬太多,就是外地出差,总之夫妻俩难得见上一面。何世文婚前承诺的每月2万元生活费也已好久没有打给周晓丽了,周晓丽一打电话催要,何世文就不耐烦地说:"你就知道要钱,最近生意不好做，缓缓再付！"周晓丽只能用婚前自己攒下的存款来维持自己和女儿的生活，她经常与何世文因为生活费的事情发生争吵。到最后，何世文只要一回家，两人说不上两句就会因琐事争吵起来，然后何世文怒气冲冲地离开，留下周晓丽一个人独自落泪。

就在两个人僵持之下，婚姻岌岌可危的时候，另一个女人的出现彻底击垮了周晓丽。

一天中午，周晓丽像往常一样刚哄女儿午睡，就在这时有人按响了门铃。周晓丽打开门，映入眼帘的是一个挺着大肚子、眉目十分清秀的女人。没想到对方来者不善，直接开口说道："你就是周晓丽吧？我要找你谈谈，我肚子里的孩子是何世文的。"

周晓丽一时没缓过神来，猛吸了一口冷气。虽然何世文之前有过两段失败的婚姻，但是周晓丽觉得自己年轻漂亮配得上何世文，两个人还有女儿，再加上之前何世文的深情承诺，一定会对周晓丽百般疼爱。周晓丽一直坚信，自己会是何世文最后一个女人。

但眼前这个大肚子女人的出现，彻底推翻了她所有的期望。这个大着肚子的女人，咄咄逼人地说："我已经检查过了，我怀的是个男孩。何世文就想让我给她生个儿子，所以你赶紧离婚吧。"周晓丽终于明白了，为什么自从女儿出生后，何世文总不回家，对她也不像以前那般热情了。

周晓丽没有再接着听下去，她"咣"的一声关上了门，看着空荡荡的房间和不满一岁的女儿，她泪流满面。于是，她拿起电话找何世文理论。

"刚才那个大着肚子的女人来找我了，你怎么解释？"周晓丽一本正经地问何世文。没想到，何世文不但没有感到愧疚，而且在电话里直接摊牌，她怀的是男孩。我们家一直就想要个儿子，你也知道我之所以娶你，就是希望你能生个儿子为何家传宗接代，不想你生的偏偏还是一个女儿。没办法，咱俩离婚吧。

何世文冷冰冰地回答，没有一丝内疚和亏欠。经历丈夫背叛之后的周晓丽心灰意冷，于是一纸诉状告到法庭，请求人民法院判决她和何世文解除婚姻关系，何世文按照婚前协议约定每个月支付2万元的生活费，截至庭审终结前，生活费一共是30万元。同时，依法分割夫妻共同财产，孩子由周晓丽抚养，何世文每月支付抚养费。

人民法院会支持周晓丽的诉讼请求吗？她和何世文之间的婚前协议有效吗？这就涉及一个法律知识点——婚前协议。婚前协议，是指将要结婚的男女双方为结婚而签订的、于婚后生效的、具有法定约束力的书面协议。制定婚前协议的主要目的是对双方各自的财产和债务范围，以及权利归属等问题作出约定，以免将来离婚或一方死亡时产生争议。

婚前协议的组成结构相对简单，主要包括时间、地点、缔约双方、约定财产范围、财产归属或分割方式。但其中最重要的是财产归属约定，按照法律规定，双方可以约定结婚以前及婚姻关系存续期间所得的财产归属，可以归各自所有、共同所有、部分各自所有、部分共同所有。

婚前协议对夫妻双方而言具有合同约束力，履行的要求完全适用法律规定。婚前协议内容必须在不违反公共秩序、善良风俗的前提下，才具有法律效力。

本案中，何世文、周晓丽签订婚前协议。根据该协议约定，自双方领取结婚证之日起，何世文应每月支付周晓丽2万元，并在指定的时间打入周晓丽的账号内。从婚前协议的内容来看，系何世文与周晓丽对双方婚后共同生活期间，男方给予女方一定数额的生活费作出的约定，约定是双方在婚姻关系存续期间，对家庭生活费用的负担所作出的约定，应当属于夫妻财产约定的范畴。

法院最终判决，周晓丽与何世文夫妻感情已经破裂，双方解除婚姻关系。婚前协议是双方通过书面形式在平等、自愿、真实意思的情况下所作出的意思表示，对双方具有约束力。何世文于本判决生效后30日内支付周晓丽30万元。婚生女判归周晓丽抚养，何世文支付抚养费。

没多久，周晓丽拿到了离婚判决。现在每当她看到婚前拍摄的广告视频，看到镜头里自信美丽的自己，她深深地后悔当初的决定，自己不该草率地与何世文结婚。一场失败的婚姻，周晓丽为此放弃了事业，错过了满腔的期待和真心，这代价未免有些沉重。好在她重新振作起来，尽快投入到工作之中。

何世文与周晓丽离婚后,并没有与找上门来的大肚子女人走进婚姻殿堂。他陷入的只是一个处心积虑的骗局,那个女人虽然生了一个男孩,可是通过比对血型,发现他不是何世文的孩子。原来,何世文和交往的这个女人是在酒吧认识的,随后发生了性关系。可是这个女人同时也和另外两个男人交往。何世文前后在这个女人身上花费了上百万元,可以说是人财两空。

本案中,何世文本来想用婚前协议给周晓丽一剂强心剂,让她退出娱乐圈。可没想到,因何世文出轨,这纸婚前协议在二人离婚诉讼中却保护了周晓丽。何世文重男轻女,一心想要男孩,周晓丽真诚付出却遭到背叛,何世文痛失真爱,也付出了应有的代价。

婚姻是人生中一次重要的选择,对于夫妻双方来说,都是关乎人生的大事。我们不应该用诸如孩子的性别、家庭地位、经济能力等说辞给婚姻施以枷锁桎梏。爱情是婚姻的长久保鲜秘诀,是维系婚姻最后的底线。

荒唐夫妻

法律知识点：诈骗罪

2019年1月的一天，晚上9点钟左右，在农村基本上家家户户插上房门，准备睡觉了。偶尔从远处传来几声狗叫声，让寂静的村庄多了几分烟火气。

劳累了一天的张大妈像往常一样，和老伴一人打了一盆热水，准备烫烫脚就上炕睡觉了。两个人正披着衣服坐在炕沿上烫脚的工夫，就听见邻居家传出了激烈的争吵声，随后就是噼里啪啦砸锅摔碗的声音。

张大妈和老伴说："这是隔壁刘强两口子打架了？按理说不能呀，这小两口的感情一直挺好啊。"张大妈家隔壁住的是刘强、李美红两口子，夫妻感情和睦，有共同话题。刘强既能挣钱，又聪明能干，对媳妇百依百顺。尤其是现在这个节骨眼上，李美红怀孕都快6个月了，刘强更是对她百般呵护。

可话又说回来，两口子过日子哪有舌头不碰牙的，张大妈和老伴嘀咕了几句，收了洗脚盆，准备睡觉了。刘强家的争吵声是越来越强烈，还听见女人连哭带号的叫喊声："别打了，别打了，再打就出人命了。"

张大妈两口子一听，情况不好，怎么还动起手了呢？老两口赶紧穿上衣服，一路小跑就去刘强家拉架。他们推开大门一看，只见刘强正和一个男人扭打在一起，这男人面生，不认识。只见和刘强撕扯在一起的男人嘴里喊着："不给我钱，我就不和你媳妇办离婚！"旁边挺着大肚子的李美红急得直喊："快住手，别打了。"

李美红是想拉开他俩，却又插不进手。张大妈一见这情况，真怕打出人命来，更何况李美红还怀着孕。于是，张大妈赶紧打电话报了警。

这个男人是谁？他为什么深夜在刘强的家中和他发生争执，两个人怎么还动起手来了呢？

警笛声由远而近，数辆警车风驰电掣般地打破了村庄的宁静。民警到了现场，打架的两个人被拉开。警方随后把刘强、李美红，还有另一个打架的男子一同带回了公安机关分别进行询问。

经过询问，警方得知刘强和李美红是一对夫妻，结婚六七年了，两人一直生活在一起。而在刘强家和他发生争执的男子名叫刘长顺，是刘强的表弟，就住在隔壁村里。

当警方分别询问刘强、李美红，还有刘长顺，你们为什么打架？三个人都支支吾吾的，好像不知道如何回答这个问题。刘强说："哦，我和表弟长顺喝多了，一言不合就打起来了！"刘长顺却说："刘强欠我钱，我今天来要钱，他不给，所以我们就打起来了。"而李美红的回答就更奇怪了，她说不知道刘强和刘长顺为什么打起架来。

这就奇怪了，本来是一起简单的治安案件。但是三个人到公安机关都躲躲闪闪的，对于为什么打架一事好像刻意回避着什么，这引起了警方的注意。

当警方继续核查他们的人口信息时，却有意想不到的发现。原来，刘强与李美红早就在一年前办理了离婚登记手续，而半年之后，李美红又和刘长顺登记结婚了。

也就是说，刘长顺和李美红在法律上已经形成合法的夫妻关系。这可真让人想不明白，自李美红和原配丈夫刘强离婚后，又和小叔子办理了登记结婚。而李美红却一直和前夫刘强以夫妻名义公开生活在一起。李美红为什么要和小叔子登记结婚？难道是真爱吗？刘长顺为什么深夜和刘强发生了争执，是因为和李美红的感情问题吗？这三个人又为什么在公安机关刻意隐瞒打架的真正原因呢？

随着案件的侦破，警方的发现却让人深思。一起诈骗案浮出了水面……

刘强和李美红是一个村庄的，两个人打小就认识，从小学到初中都是同学，算得上是青梅竹马。高中毕业后，两个人就谈起了恋爱。村子本来就不大，两家人也认识，知根知底，到了结婚的年龄，刘强和李美红领了结婚证，在村里办了一场热热闹闹的婚礼，他们从此结为夫妻。

刘强和李美红家里都不富裕，靠种地为主要生活来源。两个人的婚房还是找亲戚借了8万元，在自家的宅基地上另盖了一间小房。

两人办理了结婚登记后，李美红就把户口落到刘强家。刚刚结婚的时候，两个人日子过得十分拮据，但好在两人感情基础好。刘强虽然文化水平不高，但是头脑聪明，他的眼睛里透着一股机灵劲儿。李美红温柔贤惠，是个会过日子的女人。虽然日子苦了点，但是两口子还是很恩爱，刘强对媳妇也特别好。

刘强的父母一直想早点抱孙子，催着两个人赶紧要孩子。李美红一直很喜欢孩子，可是两个人刚结婚，因为筹办喜事，再加上盖婚房还欠下8万元的外债。如果结婚后马上要孩子，那么就是一笔比较大的开销。于是，李美红就和刘强商量，想把欠的外债还上以后再要孩子，刘强也觉得有道理，就答应了妻子，暂时不急着要孩子。就这样，两个人结婚后就把要孩子的事放在了一边。在将近两年的时间里，刘强勤奋打工，李美红操持家务和地里的农活，终于把结婚时欠下的外债还完了。

但是，在农村如果结婚两年还不要孩子，那可是要让人说闲话的。李美红也听到一些村里人的闲言碎语，说什么结婚两年多了，一直不生孩子，一定是身体有毛病了，要是真不能生，这老刘家可就无后了。

听到这些难听的话，李美红心里挺不是滋味的。再说，外债都还完了，现在日子也轻松了许多，得赶紧和刘强生个孩子。可是，生孩子真的不是一件容易的事，李美红和刘强小两口准备了一年多，可李美红的肚子一直都没有动静。这让小两口有点心灰意冷，感到云暗天低。

为了要孩子，他们两口子还特地去镇上的医院看病，检查项目做了一大堆，什么问题都没有。大夫告诉李美红和刘强，心态要平和，心情放轻松，身体养好了，孩子早晚会怀上的，再是平时要多进行户外运动。

小两口听完医生的话，心里可算踏实了。于是，两个人通过各种药补、食补来调养身体。他们也在说服自己，让一切顺其自然吧！好在小两口的感情没有因为要孩子而受到影响。既然小两口感情一直很好，暂时要不上孩子也不是身体的问题。那么，李美红为什么要和刘强离婚，又要和小叔子刘长顺登记结婚呢？

这就要从村里大半年前发生的一件事说起。

为了规划建设新农村，政府准备在当地进行拆迁。前两年，附近的几个村子已经陆续开始拆迁，刘强意识到他和李美红居住的房子早晚会被列入拆迁范围。

二人住的房子一旦被拆迁，回迁安置新房屋，一定会比现在住的房子条件好得多，而且还会发放拆迁补偿款和安置费。可就是这处将被拆迁的房子，让刘强动起了歪脑筋。刘强注意到附近的村子都已经拆迁，而且村与村离得很近，估计拆迁的补偿政策肯定是一样的。

于是，刘强决定先打听一下，已经拆迁的村是按照什么标准发放的拆迁补偿款和安置费，他好提前做准备。刘强的一个初中同学就住在隔壁村，他们村是最近刚拆迁的。于是，刘强就问同学拆迁补偿款和安置费是怎么发放的？

当刘强得知，附近几个村的拆迁补偿款都是按户数和人口数为单位进行补偿的。也就是说，谁家的人口多，分得的拆迁补偿款就多。

为了防止在房屋拆迁过程中出现纠纷，地方政府制定了政策性方案。比如，通过办理离婚的方式另立门户以分得更多的补偿款，政策要求即便夫妻离婚，也必须要达到6个月以上才允许分户。

通过了解情况，刘强明白了，要想多分拆迁补偿款，必须提早下手准备才行。他和李美红必须早点离婚，真等到拆迁时再离婚就来不及了。刘强似乎已经嗅到了拆迁在即，补偿款那诱人的味道。于是，他准备和李美红商量离婚分户的事。如果两人离婚后再各自登记结婚，一个户变两个户,两个户变四个人,就能多分四倍的拆迁补偿款了。

刘强兴奋地把这个想法告诉了李美红:"媳妇,媳妇,咱家再也不用受穷啦!如果离婚分户这件事办妥了,就可以分好多钱。"

一开始,李美红听了刘强的计划后,是坚决反对的,日子过得好好的,两人要假离婚。不仅离婚,自己还要和别的男人去办理结婚登记,刘强还要娶别的女人为妻,再登记结婚,这让李美红很没有安全感。

况且两个人正在张罗着要孩子,这边结婚那边离婚,李美红觉得十分不靠谱。刘强也想到了李美红的顾虑,于是他告诉李美红,咱俩离婚,是假离婚,不是真离婚。咱俩只是办理了离婚手续,还在一起生活。你不说我不说,谁知道咱俩离婚了。等拆迁政策一下来,就能多分一户补偿款,这不是很好吗?一旦拿到补偿款,咱俩就复婚。

李美红迟疑地说:"你想得挺好,那万一不拆迁呢?"刘强又打消了李美红的顾虑,即便不拆迁咱俩也没有损失,你看咱俩就算办理了离婚手续,不还是在一起生活吗?再说附近的村都拆迁了,咱村拆迁也是早晚的事。你等拆迁政策下来了,咱俩再办离婚手续,那就来不及了。

就这样,刘强认为他的计划简直就是天衣无缝。在刘强的极力劝说下,李美红也有点心动了。毕竟能多得两户拆迁补偿款,而刘强也是为了家里能多分点钱,并不是真要和她离婚。

但是,一想到刘强和自己离婚后还要和别的女人结婚,李美红依然不放心。万一将来有钱了,刘强要是变心了,不和自己复婚,那可怎么办?于是,李美红提出一个条件,咱俩离婚可以,我和别人再婚也可以。但是你不可以和别人结婚,毕竟多出的一户拆迁补偿款就足够维持生活了。

刘强心想,李美红说得也对。如果两人离婚后,同时和别人登记再婚,还可能会引起怀疑,事情容易败露。于是就同意了李美红的提议,他们离婚后,只有李美红一个人去和别人登记结婚。

李美红虽然同意了刘强的计划,但是上哪儿去找一个同意和李美红假结婚的人呢?万一假戏真做了怎么办? 刘强说,你放心,我比你还担心这一点呢。咱俩是假离婚,你和别人也是假结婚,我媳妇可不能成为别人的真媳妇!

其实，刘强在产生这个念头时，就已经意识到和李美红登记结婚的这个人，必须是自己能牢牢掌控的人。等拆迁补偿款一到手，他和李美红必须得马上离婚。

刘强思来想去，他能掌控的合适人选就是他的表弟刘长顺。刘长顺比刘强小两岁，住在隔壁村，离婚已经10多年了，一直单身。刘强和刘长顺关系还比较亲近。刘强心想，不能让刘长顺白白和李美红登记结婚，得让他见到点好处才行，这样刘长顺才更愿意配合他们做这件事情。

刘强和李美红商量完以后，就把刘长顺请到家里。把妻子先与自己假离婚，再与他假结婚的计划说了出来。为了感谢刘长顺的帮忙，刘强决定赠予刘长顺3万元。但为了能掌控刘长顺，他决定在刘长顺和李美红登记结婚时，先支付1万元。等拆迁补偿款到手，刘长顺和李美红办理完离婚手续再支付2万元。

知道刘强和李美红的计划后，刘长顺心想，反正是结婚、离婚，配合李美红去趟民政局也不费事，办个手续就能得到3万元。于是，他满心欢喜地答应了刘强的提议。就这样，三人一拍即合，等着动迁后大捞一笔。

为此，三人还特意签订了一份协议，把约定好的条件全都写在纸面上。协议中还约定，李美红和刘长顺的拆迁补偿款和安置费由李美红去领取。知情者必须都得保密。

按照他们的计划，刘强和李美红很快就办理了离婚登记手续，然后等着村里的拆迁消息。虽然刘强和李美红办理了离婚登记手续，但也只是为了多分拆迁补偿款。而实际上，他们两个人还像以前一样生活在一起，村里谁也不知道他俩已经离婚了。

果然不出刘强所料，7个月后，他们所在的村子被列入了拆迁范围，预计在年底开始逐步拆迁，村里正在逐步推进拆迁补偿的工作，而且与其他村政策基本一致，按户和人头数进行补偿款发放。

刘强意识到时机成熟了，赶快找来刘长顺，让他和李美红办理了结婚登记手续，按照约定刘强支付刘长顺1万元。事情一步步按照刘强的预想发展着，在三人的互相配合下，李美红通过与刘强离婚，自立一户，又与刘长顺结婚，增加了一个人头，成功多分得40万元的补偿款。

而就在这个时候，比多分得40万元补偿款更让刘强和李美红高兴的是，李美红终于怀孕了！到今天，已经快3个月了。

刘强家拆迁款已经领到手，媳妇还怀孕了，这也算是双喜临门。刘强觉得老天太眷顾他了，之前的日子过得辛苦，以后总算是苦尽甘来了。为了办理准生证，将来给孩子上户口，刘强赶紧找表弟刘长顺，让他和李美红尽快办理离婚手续。可就在这个时候，刘长顺竟然反悔了。

原来，刘长顺家的经济状况不好，前一阵因为赌博，所以欠下了10万多元债务。更重要的是，刘长顺打听到，李美红因为和他办理了结婚登记手续，多分得了40万元的拆迁补偿款，而刘强和李美红只愿意分给自己3万元。这未免也太瞧不起人了。

刘长顺认为，要不是他的配合，刘强根本得不到这么多钱。如果能分给自己一半补偿款，那么就能还了赌债。正好自己手里还有些富余，那日子就再好不过了！于是，刘长顺向刘强提出了自己要分20万元补偿款的想法。

刘强听完，当场就翻脸了。协议上白纸黑字写得清楚明白分你3万元，当初是你同意的，现在你要分得20万元，这不是讹人吗？

刘长顺耍起了无赖，说："那我不管，反正你不给我20万元，我就不和你媳妇离婚。再说我和她现在是合法夫妻，拆迁款本来也是我俩的财产，就算现在我俩去法院打离婚官司，这拆迁款也理应有我一半。"

就这样，双方争执不下，无法达成一致意见。3个月过去了，刘长顺一直坚持索要20万元，刘强坚决不同意。眼见李美红的肚子一天比一天大了，再不办复婚手续，恐怕这事就要露馅了。

刘强看硬的不行来软的，开始套近乎，并作出适当妥协。于是这天晚上，刘强特地备了酒菜约刘长顺到家中来，准备招待刘长顺，决定把给刘长顺的钱涨到5万元，让他和李美红早些办理离婚手续。

刘长顺进屋一看，李美红大着肚子一下就明白了。于是，刘强越着急办离婚手续，他就越不同意，咬住20万元不松口。刘强觉得，刘长顺简直就是趁火打劫。他明知道自己特别想要孩子，借着李美红怀了孩子来要挟自己，刘强气得直咬牙，说他根本就不是男人。说完，拿起啤酒瓶子就砸向刘长顺。

随后双方发生打斗，掀翻了桌子，碗筷碎了一地，就有了开篇那一幕。

警方在侦查过程中，发现这不是一起简单的打架斗殴事件，而是涉及诈骗国家动迁补偿款。于是对三人采取了强制措施，李美红因怀孕，所以对她采取了取保候审。公诉机关以诈骗罪对刘强、李美红、刘长顺提起公诉。在庭审中，面对公诉机关的指控，刘强和李美红却辩称自己没有骗取补偿款，认为二人的离婚证是民政局发的，李美红和刘长顺结婚也是真领了结婚证的，他们的婚姻关系都是合法有效的。因此，他们认为获得拆迁款是完全符合政策规定的，不能被认定为诈骗。

本案中，刘强、李美红先离婚，又通过与刘长顺结婚的方式，多分得了拆迁补偿款40万元，三人的行为应如何定性呢？本案涉及的法律知识点：骗取拆迁补偿款是否构成诈骗罪？

诈骗罪，是指以非法占有为目的，用虚构事实或者隐瞒真相的方法，骗取数额较大的公私财物的行为。诈骗罪侵犯的对象是国家、集体或个人的财物。客观上表现为使用欺诈方法骗取数额较大的公私财物。行为人的欺诈行为使对方产生错误认识，从而做出了错误的财产处分。

本案中，刘强、李美红、刘长顺虽然都是到民政部门办理的婚姻登记手续。但是这三人之所以这样做，目的是为了骗取拆迁补偿款。刘强和李美红并不是真的想要离婚，当然，李美红和刘长顺也不是真的要结婚。离婚后又结婚，只是他们三人为骗取拆迁补偿款而虚构的事实，用以骗取拆迁补偿款的手段而已。

刘强、李美红、刘长顺以密谋离婚再结婚的方式，导致拆迁补偿部门误以为李美红与刘长顺具备发放拆迁补偿款的条件，造成了40万元的损失。三人的行为构成诈骗罪，且构成共同犯罪，刘强和李美红系主犯，刘长顺系从犯。

  庭审后，经过法庭教育，三个被告人返还赃款 40 万元。人民法院判决被告人刘强、李美红均判处有期徒刑 3 年，缓刑 3 年，并处罚金 1 万元。被告人刘长顺有期徒刑 1 年，缓刑 1 年。判决生效后，三个被告人受到了深刻的教训，刘长顺与李美红解除了婚姻关系。为了给刚出生的孩子办理户口等各项手续，李美红也与刘强办理了复婚。

  现在一切又都回到了原点，就好像什么都没发生过，但是刘强和李美红的人生已经留下了刑事犯罪的污点。最终是聪明反被聪明误，搬起石头砸自己的脚。

  本案给我们的警示是，婚姻并非儿戏，切记谨慎对待。现如今有些人，为了享受一些优惠政策，办理所谓的"假离婚"或"假结婚"。但在法律上没有"假离婚"或"假结婚"这个说法。婚姻登记应严肃对待并具有法律效力，所谓的"假离婚"或"假结婚"从法律形式上看，那都是真结婚和真离婚。

  通过本案可以了解到，那些抱着侥幸心理通过办理离婚、结婚，骗取国家拆迁补偿款的人，必将受到法律的制裁。

婚姻陷阱

法律知识点：一方患有重大疾病，应当在结婚登记前如实告知

美好的姻缘，自古以来就是人生中的一件大喜事。尤其是结婚要选个好日子，图个好彩头，寓意将来的婚姻生活和和美美、幸福团圆。

在新春佳节来临之际，家住东北的张锋终于把新媳妇王蓉娶回家了。按照东北的结婚习俗，娶媳妇婆家是主场。趁着过年的时候，亲戚朋友都回来了，过年办婚礼，可谓双喜临门，喜上加喜。大年初六这一天，张锋家风风光光地办了喜事，正式迎娶新娘子过了门。

洞房花烛夜，可谓人生一大喜事。新郎张锋是新娘王蓉的初恋，虽然二人相处不到半年就结了婚，但王蓉认定张锋就是她这辈子的白马王子。可新婚之夜，正当年轻的新娘对新郎充满了娇羞与幻想时，新郎却向新娘提出了一个奇怪的想法，那就是分床睡。

虽说王蓉是南方人，张锋是东北人，但就算南北方的习俗再有差异，新婚之夜小两口不应该相亲相爱吗？张锋为什么要在新婚之夜提出分床睡呢？王蓉以为丈夫是因婚礼忙活累了。张锋一早就到宾馆接亲，一天的仪式、酒席下来，晚上又要和家人亲戚吃团圆饭，直到晚上8点钟，这婚礼才算办完。

在老家办婚礼，张锋除了招待亲友，迎来送往，还要敬酒，一天下来确实挺累的。张锋想睡个好觉，也是可以理解的。于是，纵使张锋在新婚之夜有些让人扫兴，王蓉还是给丈夫倒了一杯温水，放在他的床头，两个人分床睡下了。没承想，张锋在新婚之夜的异常举动，仅仅是一连串奇怪现象的开始。往后的日子就越来越不对劲了，张锋每天不是因为加班很晚才回来，就是和朋友喝酒喝得烂醉半夜才回家。

两人结婚3个月了，张锋从来没有和王蓉同床共枕过，更别说夫妻生活了。王蓉既伤心又失落，不禁开始怀疑自己是不是嫁错了人。王蓉长相甜美可爱，身材娇小。父母在南方老家开工厂做生意，家庭条件好，家底殷实，家庭资源也很丰富。父母从小就把她当成小公主一样疼爱，给她优渥的物质条件的同时，对她的管教也很严格。父母给她的教育理念是女孩要有修养，矜持自爱。

王蓉大学就读于东北的一所师范学校，学校女生多，男生少。大四之前，王蓉从来没有谈过恋爱。快毕业的时候，她在市里举办的大学生实践活动大赛中认识了体育学院的张锋。张锋家就在东北，长得高大帅气，有着东北人的豪爽直率。张锋打篮球的时候，总能引起女生们的注意。就这样，张锋被王蓉身上南方人特有的柔美所吸引，在他的热烈追求下，两人谈起了恋爱。

王蓉兴奋地告诉母亲她和张锋恋爱的事，但王蓉的父母了解了张锋的身世后，非常不看好他俩的感情。第一，王蓉父母觉得张锋家的条件不好，父母都是工薪阶层，和自家的条件没法比。第二，王蓉的父母就她这么一个宝贝女儿，就想让她留在身边，在本地找个门当户对的对象结婚，将来还能接管家里的生意。如果王蓉嫁到外地，还是张锋这样的一般家庭，将来免不了会受委屈，所以他们很不放心，不同意王蓉和张锋谈恋爱。

可是，就算父母再不同意，王蓉也还是一门心思认准了帅气的张锋。两人谈恋爱期间，张锋浪漫体贴，变着法儿地哄王蓉开心。张锋很尊重王蓉，两人相处期间没有什么出格的举动，这让王蓉觉得他很绅士，对将来能和张锋走进婚姻的殿堂充满期待。

虽然王蓉和张锋谈恋爱的时间不长，但从未谈过恋爱的王蓉一心一意要嫁给张锋。她和张锋共同决定，一毕业就结婚。王蓉要留在东北和张锋一起生活。

可是，王蓉的父母反对他们谈恋爱。这时，王蓉想到一个办法，她和母亲说，自己已经怀孕了，让生米煮成熟饭为自己争取主动权。看来，这婚是非结不可了。自从和张锋在一起后，王蓉的主意也正了，胆子也大了，做出未婚先孕的事，还用奉子成婚相要挟。王蓉的母亲眼看着自己精心养育的宝贝女儿就要跟一个门不当户不对的人结婚，气得血压噌噌地往上蹿，当时就住进了医院。

王蓉的父亲几次让王蓉回家，让她和张锋分手，王蓉都伤心难过，寻死觅活。而在当地，女孩一般结婚都很早，像王蓉这个年纪的，一般大学毕业就结婚了。于是，父亲安慰母亲说，算了，姑娘也大了，咱们能捧在手心里一辈子吗？她愿意嫁，就随她的心意吧，嫁过去吃苦受罪，是她自讨苦吃，和旁人没半点关系。爸爸还告诉王蓉，你记着，爸妈这里永远都是你的家，那小子今后要是敢欺负你，我打断他的腿。

就这样，王蓉和张锋谈了3个月的恋爱，便登记结婚了。之后在老家举办了婚礼。新婚后，张锋一直不和王蓉同房，王蓉怀疑张锋是不是有男性性功能障碍。但她知道，这个问题涉及一个男人的自尊，她害怕一旦问了张锋，会让他觉得没有面子。在外人眼里，王蓉和张锋很般配，可日子过得好不好只有王蓉知道，她是有苦难言。

王蓉在东北既没亲戚也没朋友。当初父母就不同意她和张锋的婚事，现在丈夫不和她同床的事，既敏感又难以启齿，日子一度过得很压抑。她不断地怀疑自己，是我哪里做得不够好吗？是我不漂亮让张锋厌倦了吗？昔日父母眼中的小公主变得自卑又无助。

王蓉还悄悄上网查了很多可能引起男性性功能障碍的原因。一天晚上，张锋又喝了酒回到家里，然后直接走回了自己的房间，王蓉端了一杯水送到张锋的房间，她轻轻地依靠在张锋的背上，双手环抱着张锋的腰。以前，张锋每次在校园里等她，她总是喜欢这样从后面抱住张锋，来个突然袭击。

王蓉轻声细语地问："老公，你到底怎么了，为什么每天回家都在自己的房间睡呢？是我哪里做得不好，让你生气了吗？"王蓉总是先检讨自己，想方设法讨他欢喜。张锋攥住了王蓉的手，面对妻子的提问，他迟疑了一下，然后吞吞吐吐地说："最近几个月工作太忙了，每天都要开会应酬，工作压力太大，睡不好。"

"老公，我们结婚都3个月了，我想和你同床共枕，我们已经是夫妻了。"这时张锋松开了王蓉的手，拿起桌上的水杯喝了口水，尴尬地和王蓉说，你再给我一点时间。之后，他转身把水杯送回了厨房，就去洗澡了。

显然，王蓉的第一次暗示失败了，她悻悻地回到自己的房间，关上了门，一宿没有睡好。从这以后，王蓉就觉得老公工作压力大，每天早出晚归，上班很辛苦。王蓉四处寻医问药找良方，还给张锋开了很多调养身体、缓解压力的中药，每天在家熬药等张锋回来喝。即便这样也没有改变张锋不和王蓉同床的现状，张锋的脾气变得越来越暴躁了。

一天晚上，张锋回到家，王蓉又把刚熬的中药端到张锋面前，让张锋趁热喝下。没想到，张锋一挥手把中药打翻在地，险些烫到王蓉。他嚷嚷道："天天让我喝这些苦涩的中药，饭又吃不下，真受够了。"

王蓉委屈极了。自结婚以来，丈夫让她独守空房，她本就委屈又不知向何人诉说。每天熬药给张锋，就是希望他能有所好转，尽快过上正常夫妻的生活。可没想到，张锋变本加厉，非但不领情，还打翻了中药。于是，王蓉和张锋发生了争吵，几个月以来的委屈在那一刻终于爆发了，王蓉对张锋哭喊着："我不想一直守活寡，这日子没法过了！"可没想到，张锋一记大耳光重重地打在了王蓉的脸上。王蓉后退了几步，愣愣地站在那里，脸上的掌印清晰可见。"守活寡"这三个字就像点燃了一颗炸弹，瞬间把张锋的自尊心击垮。没等王蓉缓过神来，张锋红着双眼，当着王蓉的面又打了自己两个巴掌，说："都是我无能，是我对不起你行了吧，能过就过，不能过就离婚。"

王蓉万万没有想到，3个月前的白马王子，如今变成蛮横暴戾之徒，张锋竟然会动手打自己。那一晚，她摔门而走，走到楼下后，她才发现自己连个可以去的地方都没有。她不敢告诉父母，怕父母为自己担心。她也不敢告诉朋友同学，怕她们嘲笑自己。可如今遭到丈夫的殴打，陷入流落街头连个栖身之地都没有的地步，实在是太狼狈了。

王蓉后悔极了，如果当初能听妈妈的话，好好考虑一下再结婚，就不会是现在这个局面。

那一晚，王蓉在家附近的小旅馆住了一宿。遗憾的是，第二天早上张锋才给她打电话，劝她回家。这次风波之后，两人的夫妻关系又陷入了一个怪圈，张锋酗酒变得越来越严重，经常醉醺醺地回到家对王蓉进行家暴。昔日篮球场的白马王子，变成了一个自卑、暴躁的狂魔。而每次张锋对王蓉家暴之后，清醒过来，看到王蓉身体上的瘀青红肿时，他又会痛哭流涕，甚至跪着向王蓉道歉，求她原谅，让她再给自己一次机会。

每次王蓉都以为丈夫是因为自卑而心情不好，想着等他治好了也就没事了。所以，她每天依然叮嘱丈夫按时吃药，张锋上班前，她都会把药丸装进小盒子给张锋带着。她想，张锋这么年轻，只要积极配合治疗，就一定能治好。直到一些事情的发生，王蓉才恍然大悟。

有一天早上，王蓉在给张锋装药的时候，在张锋的包里发现了一个她从未见过的神秘药瓶，药瓶上没有标签。王蓉问张锋："老公，这是什么药？我没给你开过这个药吧。"张锋回答说："你开的药根本不起作用，我托人买的特效药，很快就能治好我的病了。"王蓉觉得有些不对劲，又说不上哪里不对劲，或许是自己太多疑了吧。她一边把药瓶放回原处，一边给张锋重新装上自己开的药。张锋吃完早饭，拿起包就上班去了。

直到有一天，王蓉发现了一样东西，让她彻底绝望，决定和张锋离婚。一个周末的早上，王蓉准备把张锋穿过的羽绒服送到干洗店。她习惯性地掏了掏兜，发现有两张纸：一张是医院的化验单，上面清清楚楚地显示，张锋患有梅毒；另一张是医院开药的单子。

王蓉终于知道张锋偷偷摸摸吃的神秘药丸到底是什么了，竟然是治疗梅毒的药物。王蓉瞬间觉得天旋地转，她崩溃了。丈夫患有梅毒，这不就是俗称的性病吗？丈夫连新婚之夜都没有和她同房，却患有梅毒。显然，丈夫是和别的女人乱搞才染上的病。王蓉断定是丈夫出轨了。

即使丈夫欺骗她，甚至不和她同房，王蓉都觉得还有一丝丝希望，她愿意继续等丈夫治好病。哪怕丈夫喝完酒时常对她打骂，王蓉也觉得慢慢都会好起来。但当她看到这两张单子，她彻底崩溃了。张锋不仅欺骗她，还羞辱她。她把这两张单子举到张锋面前，质问他："你为什么这样对我？"

其实，王蓉和张锋结婚之前，王蓉的父母就不同意他们的婚事，还有一个原因就是王蓉的父母见过张锋之后，觉得张锋不仅家庭条件不好，而且没正经工作，认为张锋是冲着他们家的钱来的。王蓉在学校时也听过一些关于张锋花心的传闻，听说他交过很多女朋友。但从未谈过恋爱的王蓉觉得，她会是张锋的最后一个女朋友，执意要嫁给张锋。如今看来，张锋可能真的背叛了自己。见妻子发现了他的就诊单，张锋知道瞒不住了，不得不承认自己确实是得了梅毒，但却否认自己出轨。

张锋是怎样得病的呢？这还得从结婚前的半个月说起。

结婚前半个月，张锋高中时要好的朋友知道他要结婚了，就带着几个当时要好的朋友约张锋一起喝酒。几个人在酒桌上推杯换盏，张锋不胜酒力，很快就喝醉了。然后，他就和酒吧里的女孩发生了性关系。让张锋没有想到的是，就是因为那一晚的放纵，他被传染上了这个病。

因为身体不舒服，张锋就去医院检查身体。当检验报告显示他染上了梅毒时，他惊慌失措，不知道怎么面对王蓉。其实，他很爱王蓉，但酒后的"一夜情"发生了不应该发生的事，造成了难以挽回的后果。可是，结婚的日子将近，大过年的，饭店酒席也订好了，亲戚朋友也都通知了，这婚礼万万不能取消，更不能让王蓉知道，自己得了这见不得人的病。于是，两人结婚登记的时候，他特意没有婚检，而是决定先把病情隐瞒下来，偷偷地治疗。但他担心这病传染给王蓉，所以一直找借口不同房。

可这一切对张锋来说，何尝不是一种煎熬。自从结婚以来，每天和心爱的王蓉生活在一起，作为一个正常男人，却不敢和妻子同床共枕，担心把梅毒传染给她。张锋每天都生活在痛苦绝望中，他不敢去正规医院治疗，怕被人发现，只能去隐蔽的小诊所，可小诊所的药却迟迟治不好他的病。事情发生后，张锋既后悔又自责，却又毫无办法。他只能不断地欺骗王蓉，性格也变得扭曲，实在让人感到痛心。一边是新婚的妻子，一边是顽固的梅毒，他每天还要大把大把吃药，张锋感觉身体里住着一只野兽，时刻可能吞噬自己和这个新婚小家庭。他的脾气变得越来越暴躁，甚至对妻子大打出手。

得知真相的王蓉无法接受丈夫的欺骗与背叛。于是，一纸诉状将张锋告上了法庭，要求确认婚姻无效。

在庭审中，张锋拿出最新的检查结果，证明自己已经治好了梅毒。根据当时的《中华人民共和国婚姻法》第10条规定，"患有医学上认为不应当结婚的疾病，婚后尚未治愈的"，婚姻无效。

虽然张锋婚前患有梅毒，但是婚后治愈了，另一方想要解除婚姻关系，只能通过离婚来解决。自《中华人民共和国民法典》正式实施以来，民法典新增了配偶双方对于婚前重大疾病的知情权。

《中华人民共和国民法典》第1053条规定："一方患有重大疾病的，应当在结婚登记前如实告知另一方；不如实告知的，另一方可以向人民法院请求撤销婚姻。请求撤销婚姻的，应当自知道或者应当知道撤销事由之日起一年内提出。"

所以，一方隐瞒婚前患有重大疾病的事实，没有向配偶如实告知，如果是发生在民法典正式实施之后，配偶可以向人民法院请求撤销婚姻。离婚和撤销婚姻的法律结果不同，离婚仅仅意味着双方婚姻关系的解除，对先前夫妻关系的存在并不否认。但可撤销的婚姻被撤销后，这段婚姻是自始无效的，双方根本不曾存在夫妻关系。

法院查明事实以后，认为张锋明知自己婚前患有梅毒，却未向王蓉告知，依然和王蓉登记结婚，侵犯了配偶对于婚前重大疾病的知情权。最终，法院判决撤销王蓉和张锋的婚姻关系。

这场因病所致的畸形婚姻被撤销了。张锋因为"一夜情"患病付出惨痛的代价，也失去了妻子。而王蓉也需要漫长的时间才能从这段痛苦的婚姻中走出来，她最终还是回到了父母身边。

民法典的婚姻家庭编，规定了夫妻间应该相互忠诚。本案中，张锋一时的贪欲酿成了悲剧，因"一夜情"而染病，好在妻子王蓉没有被传染上。但他的行为已经从情感上深深地伤害了单纯善良的王蓉，导致两人最终离婚。

本案给我们以警示，无论是即将走进婚姻的准夫妻，还是已经在婚姻中的夫妻，双方都应坦诚，对彼此负责。尤其是即将步入婚姻的两个人，更应该加深了解，开诚布公地携手面对未来的生活。如果婚姻一开始就充满了隐瞒、猜忌，可想而知，这样的婚姻不会长久，对自己和配偶都是极不负责的行为。

目前，我们国家已经取消了强制婚检。但不强制要求婚检，不等于不婚检。婚前检查对于男女双方都有着重大意义。婚前体检对防止传染病和遗传性疾病的蔓延，保障婚姻家庭的幸福美满，保障子女后代的健康都有重要意义。衷心地祝愿每一个家庭都能幸福美满！

对家暴说"不"

> 法律知识点：1. 离婚的法定理由及损害赔偿
> 2. 家庭暴力能构成犯罪吗

【案例一】

2021年秋天，褪去了夏季的炎热，清晨的风有了丝丝寒意。

路边的小食摊围满了买早餐的居民。一位身材高挑、长相清秀的女子，边吃包子边警觉地盯着马路对面的法院。突然，一个男人的出现让她神色大变，她害怕地躲到了摊位后面。当确认男人走进法院后，她才敢冒出头来，犹犹豫豫地走进了法院。

女人名叫顾盼盼，今天是她起诉离婚的案子正式开庭的日子，她早早就赶到了法院，盼望能够快点结束这段痛苦的婚姻。而那个把她吓得躲起来的人，就是她的丈夫王峰。

开庭前，顾盼盼站在法庭门口，法官还没来，王峰坐在被告席上四处张望。顾盼盼心里害怕，不敢走进法庭。可眼尖的王峰发现了顾盼盼，径直走到她面前，低声威胁道："想离开我！快别做梦了！"王峰恶狠狠的眼神，让顾盼盼不寒而栗。

当法官走进法庭时，王峰却换了一副面孔，变得态度温和、彬彬有礼。面对坚持要求离婚的顾盼盼，王峰好像有一肚子苦水，他坚持说和顾盼盼之间是一场误会。结婚后，他对顾盼盼是疼爱有加，两口子生活在一起，哪有舌头不碰牙的，所以王峰坚决不同意离婚，还说顾盼盼小题大做。

然而，接下来顾盼盼向法官道出了自己结婚以来的遭遇，也揭开了王峰的丑陋面目。高中毕业以后，顾盼盼一直在外地打工，缺少朋友的她喜欢在交友软件上打发时间，就在那个时候，她在网上认识了王峰。

王峰是主动和顾盼盼搭讪的，他说自己在这座城市经营了一家饭店。有次闲下来刷手机的时候，他看到顾盼盼的个人页面，发现她居然和自己是老乡，觉得这也是一种缘分，希望能够认她当妹妹。

打那时起，王峰每天都对顾盼盼嘘寒问暖，这让孤身在大城市打拼的顾盼盼找到了有人可以依靠的感觉。经过一段时间的聊天往来，两个人的感情迅速升温，不久就确立了男女朋友关系。可就在两个人如胶似漆地相处了半年以后，一件事情的发生让顾盼盼觉得，王峰欺骗了她。

一天，顾盼盼在王峰家中，无意间在衣柜的角落里发现了一张王峰和一个女人抱着孩子拍的全家福！顾盼盼脑中嗡的一声，心想，王峰是个有妇之夫吗？

在顾盼盼的追问下，王峰说，他的确有过一段失败的婚姻。因为婚后妻子出轨，所以他离婚了。照片里的孩子是他和前妻的女儿，现在在老家和王峰的父母一起生活。王峰说："盼盼，我是真心喜欢你的，我之所以瞒着你，是因为怕告诉你实情，你会离开我啊！"

顾盼盼一时难以原谅王峰的欺骗，她回了家。一连很多天，她都在痛苦中挣扎。王峰有过婚姻还有孩子的事如同晴天霹雳一样，击碎了她的心。她思前想后，还是决定和王峰分手。可这时一件事情的发生，让她措手不及。

这天，王峰来到顾盼盼家中，想找顾盼盼道歉，请求她给自己一次机会。顾盼盼态度坚决，不愿原谅王峰。就在此时，伤心的顾盼盼竟突然晕倒了，王峰赶紧将她送到医院。医生告诉王峰，顾盼盼怀孕了，而且孩子已经快3个月了。

顾盼盼一直喜欢孩子，而且年纪也不小了，她舍不得打掉这个孩子。

看着眼前焦急的王峰，想想肚子里3个月的孩子，顾盼盼动摇了，也许这一切都是命中注定。

就这样，未婚先孕的顾盼盼决定将错就错，和王峰结婚。既然当初顾盼盼已经选择嫁给王峰，为何她又起诉王峰闹到离婚这一步呢？这就要从他们的婚后生活说起。

眼看顾盼盼肚子一天天大起来，两个人婚礼也没办，匆忙领了结婚证，顾盼盼就搬到王峰家一起生活。为了安心养胎，顾盼盼辞掉了工作。

一开始，王峰对顾盼盼还算体贴，可渐渐地，王峰的恶习暴露了出来。王峰最大的爱好就是喝酒，几乎每天晚上都在外面喝得酩酊大醉，回家后动不动就对顾盼盼拳打脚踢。这天，王峰又喝得酩酊大醉回家，一开门他就把鞋子甩在地上，之后躺在沙发上使唤顾盼盼："去！给我倒杯水。"

这不知道是婚后第多少次，王峰喝得烂醉如泥回到家里。顾盼盼挺着大肚子，没人照顾她不说，她还要给王峰收拾烂摊子。这一次，顾盼盼压抑已久的情绪爆发了："我受够了！"她并没有理会王峰的命令，而是径直向卧室走去。

可是没想到，遭到拒绝的王峰仿佛发疯的野兽一样，歇斯底里地站起身来，拽着顾盼盼就一巴掌打过去，嘴里说道："我供你吃，供你喝，你伺候我不应该吗？"说完对顾盼盼又是一顿拳打脚踢。王峰发泄了一通以后，才回卧室睡觉，留下满地狼藉。

顾盼盼无法想象，婚前那个海誓山盟的男人在短短几个月的时间就像是换了一个人。她摸了摸肚子，还有几个月他们的孩子就要出生了。她默默流着眼泪，安慰自己，为了孩子的健康，也要先忍耐，也许等孩子出生以后，一切都会好起来吧！

可顾盼盼的期望最终还是落空了。孩子出生以后，王峰对她的暴力反而变本加厉，动不动就抬手打她，稍有不顺心就把她拖到卧室里拳打脚踢。顾盼盼忍受不了，便提出离婚，还要带走孩子，可招来的却是更狠毒的打骂。王峰甚至还威胁她，要是敢带走孩子就杀了她全家。王峰穷凶极恶的眼神，让顾盼盼再也不敢轻易提离婚。

而接下来发生的一件事，却让顾盼盼再次鼓起勇气，起诉离婚。事情的导火线是顾盼盼接到了一张法院的传票，一名叫李红的女子起诉王峰，让他支付孩子的抚养费。顾盼盼这才发现原来王峰不止有过一段婚姻，他分明离过两次婚，和另一任妻子李红也生了一个女儿，离婚时孩子归女方抚养，王峰一直没有按时支付孩子的抚养费，所以前妻李红才将他起诉了。顾盼盼绝望地发现，原来从一开始，王峰就没有说过实话。顾盼盼根据起诉状上留下的联系方式，联系了李红。对方告诉她，之所以和王峰离婚，是因为王峰一直对她和孩子实施家暴，忍无可忍之下，才和他离婚，带着孩子远离了王峰。

晚上，王峰回到家里，顾盼盼质问他传票到底是怎么回事。没想到王峰大发雷霆，直接掐住顾盼盼的脖子说："你凭什么偷看我的东西？你知不知道这是侵犯我的隐私。"

顾盼盼挣扎着反抗："你一直就在骗我，我当初怎么会瞎了眼嫁给你这样的人？"王峰直接把她摔在了地上，完全不顾孩子的哭喊，当着孩子的面对顾盼盼拳打脚踢。顾盼盼的喊叫声和孩子的哭声在整个楼栋里回响，邻居怕出人命赶快报了警，很快警察就赶到救下了顾盼盼。

顾盼盼的伤势已构成轻微伤。她也不敢再与王峰生活在一起，带着孩子跑回了娘家，咨询律师之后，她向法院申请了人身保护令。

两个月后，顾盼盼起诉离婚并且要求王峰支付损害赔偿。面对顾盼盼提交的照片及验伤结果等证据，王峰也只能承认自己确实动过手，但他坚持这并不能证明二人的感情已破裂，他还是爱顾盼盼的。

那么，本案当中，顾盼盼究竟能否以家庭暴力为由主张离婚呢？她是否可以主张离婚损害赔偿？

这就引出了本案第一个法律知识点：离婚的法定理由及损害赔偿。

《中华人民共和国民法典》第1079条规定："夫妻一方要求离婚的，可以由有关组织进行调解或者直接向人民法院提起离婚诉讼。人民法院审理离婚案件，应当进行调解；如果感情确已破裂，调解无效的，应当准予离婚。有下列情形之一，调解无效的，应当准予离婚：（一）重婚或者与他人同居；（二）实施家庭暴力或者虐待、遗弃家庭成员；（三）有赌博、吸毒等恶习屡教不改；（四）因感情不和分居满二年；（五）其他导致夫妻感情破裂的情形。一方被宣告失踪，另一方提起离婚诉讼的，应当准予离婚。经人民法院判决不准离婚后，双方又分居满一年，一方再次提起离婚诉讼的，应当准予离婚。"

《中华人民共和国民法典》第1091条规定："有下列情形之一，导致离婚的，无过错方有权请求损害赔偿：（一）重婚；（二）与他人同居；（三）实施家庭暴力；（四）虐待、遗弃家庭成员；（五）有其他重大过错。"

可见，实施家庭暴力是法院判决离婚的法定理由；有证据证明一方实施了家庭暴力导致离婚的，无过错方还有权主张损害赔偿。

本案中，原告在庭审中提交的受伤照片、治疗病历及报警记录等证据，证明原告确实在与被告处理家庭矛盾过程中身体多次受到伤害，原告对被告处理双方矛盾的行为及方式产生恐惧，并依此向人民法院提出人身保护令申请。

被告对原告的行为构成家暴，原告拒绝调解，两人无和好可能。因此，人民法院依法判决双方离婚，孩子由顾盼盼抚养，王峰按月支付抚养费。因被告王峰的家暴行为给顾盼盼身心皆造成了伤害，是两人离婚的主要原因，被告王峰应当向原告支付损害赔偿1万元。

这场婚姻虽然结束了，但顾盼盼奉子成婚，遇人不淑草率结婚，最后频繁遭遇家暴，这代价未免太过惨重。而家暴实施者王峰，他本就因家暴恶习失去了两段婚姻，却依然不思悔改，对妻子家暴不断，不仅使自己第三次失去了婚姻，还承担了民事赔偿责任，教训可谓深刻。

【案例二】

入冬时下了一场大雪，大地白茫茫一片，笼罩在大雪中的乡村一片寂静，只能听到窗外呼呼的风声。

突然，乡间的路上传来呼救的声音，一位女子身上穿着单薄的睡衣，手扶着大腿跌跌撞撞地向前奔走，血不断滴落在雪地上。她一边回头张望，一边敲着一户人家的大门，嘴里大喊着"救命"。听到动静的刘大妈披上衣服开了门，被眼前这个血迹斑斑的女人吓了一跳，这不是隔壁老张家的儿媳妇李梅吗？她赶紧把人扶进屋里，李梅惊恐地让刘大妈赶快锁上大门。可还没来得及关门，李梅的老公张强就闯了进来，拖着李梅就要往外走，李梅拼命抵抗，哭着说："刘大妈，我不能跟他回去，他会打死我的！"见此情景，刘大妈喊来自己的老伴和儿子，一起拦下了张强并且报了警。

急救人员和民警很快赶到了现场，李梅被送到了医院，张强则被警察带到了派出所。这夫妻俩到底发生了什么，竟能让张强对自己的老婆下此狠手呢？这还得从两人结婚说起。

张强是家里的独子，从小家里条件就不太好，他早早就辍学外出打工，30多岁了也没有娶上媳妇。眼瞅着儿子年纪不小还没个着落，张强的父母十分着急，托亲戚朋友四处说媒，最后就说到了李梅。李梅比张强小3岁，人长得周正，谈吐也大方得体。在外地打工的时候，她谈过一段恋爱，但无疾而终，就一直单身到了现在。在农村，年近30岁的未婚女性会被人叫作"老姑娘"，让人笑话，所以李梅的父母也很着急，想给她找个人家。

在媒人的撮合下，两个年轻人互生好感，谈起了恋爱。张强为了追求李梅，也没少使力气，总是来李梅家闷头干活，脏活累活从来都不嫌弃。李梅的父母虽然嫌弃张强家境不好，本想让李梅嫁个家庭条件更好的人家，但见张强踏实能干，也就同意了李梅与张强的恋情。相处了一段时间之后，张强父母带着东拼西凑借来的彩礼正式上门提亲，两家挑选了一个好日子，操办了婚礼。

刚开始，小两口的日子过得十分甜蜜，李梅把家里收拾得井井有条，张强干活回来就有热腾腾的饭吃，挣的钱也都给李梅管理。可过日子除了谈情说爱，更多的是柴米油盐。自从结婚后，李梅就没再出去打工，张强也守着老婆和一亩三分地在家务农，两人的日子渐渐过得捉襟见肘。贫贱夫妻百事哀，为了柴米油盐的琐事，两个人渐渐产生了摩擦。

一天中午，准备好午饭的李梅抱怨很久没吃肉了，敏感的张强觉得这是在指责自己没能耐，气得一下把手里的碗摔到地上，怒骂道："后悔了是吧！当初就该听你爸妈的，找个有钱人嫁了。"李梅的火气也上来了，她放下手里的碗筷，赌气说道："你没本事挣钱，还冲我发火？嫁给你我不知道多后悔。"李梅话音刚落，只听啪的一声，张强的巴掌重重打到李梅脸上，李梅捂着脸，满眼震惊，哭着跑回了娘家。

当天晚上，张强跑到李梅家里道歉，说当时自己气昏了头，保证以后再也不对李梅动手了。李家的父母虽然心疼女儿，但还是觉得小夫妻都是床头吵架床尾和，忍忍也就过去了。被父母劝了一下午的李梅本就有些动摇，再看到张强诚恳的态度，也就心软了，当天就跟着张强回了家。

回家之后，张强表现得十分殷勤，主动做起了家务活，这让李梅一度觉得，丈夫那天打人确实是无心之举。可是这样的状态并没有维持多久，张强经常埋怨当初结婚的时候，李梅家要的彩礼太多，导致现在欠了一屁股外债。说到激动处，张强对李梅抬手就打，但每次动手之后又会声泪俱下地忏悔道歉，甚至下跪请求原谅。李梅一次又一次心软，可并没有换来张强的收手，反而让暴力逐渐升级。

自打结婚以后，张强父母就盼望着李梅能早点怀孕，给他们张家传宗接代。但李梅不愿意，她认为家里现在连生活都是勉强维持，外面还欠了那么多外债，拿什么养孩子？可张强不这么认为，他觉得李梅就是不想安分和自己过日子，总想找个理由离婚，夫妻俩因为这事没少发生争执。

案发那天，张强和几个朋友喝完酒，醉醺醺地回到家向李梅要钱，说是打算和好友合伙做点小生意，做成了能挣不少钱。可李梅觉得张强压根就不是做生意的料，钱给他只会打水漂，所以没好气说了一句"没钱"。张强一听这话直接就急眼了，他喊道："我挣了多少钱我心里有数，你赶快给我拿出来。"李梅脾气也上来了，喊道："家里天天吃喝花的不是钱吗？赚那点钱还指望存下来！"张强见李梅不肯给钱，直接去卧室找存折，把屋里翻得乱七八糟也没找到。他想起不久前李梅拎着大包小裹地回过娘家，认为家里的存款肯定被她偷偷带回娘家了。

想到这儿，张强气不打一处来，他拽着李梅质问钱的去处，李梅拒绝回答，张强直接把她按在了墙上，激动地质问她是不是把钱都拿回娘家了。李梅拼命挣扎，可实在推不开张强的束缚，只能一遍又一遍地解释，自己根本没有拿钱回娘家。可无论她怎么解释，张强都不相信，反而越说越激动，他喊道："我就知道你不是诚心跟我过日子，我辛辛苦苦挣的钱你全都拿去贴补娘家，你对得起我吗？"李梅好不容易挣脱开想要跑出去，张强顺手拿起旁边的水果刀划破了李梅的大腿，顿时鲜血直流。张强也吓得慌了神，他赶忙松开手，手中的刀也掉在了地上。李梅趁机跑到了邻居家求救。

经过治疗，李梅的伤势渐渐好转。经鉴定，她的伤情已构成轻伤一级，张强涉嫌犯罪，检察机关以故意伤害罪对张强提起公诉。庭审中，张强坚称，他和李梅就是普通的夫妻打架而已，两口子过日子吵吵闹闹很正常，怎么就能说他是犯罪呢？那么本案中，张强的说法能站住脚吗？

这是本案的一个法律知识点：家庭暴力能构成犯罪吗？

《中华人民共和国反家庭暴力法》第2条规定："本法所称家庭暴力，是指家庭成员之间以殴打、捆绑、残害、限制人身自由以及经常性谩骂、恐吓等方式实施的身体、精神等侵害行为。"

家暴是一种违法行为，任何家庭暴力行为都要受到法律制裁。根据《中华人民共和国反家庭暴力法》第16条的规定，家庭暴力情节较轻，依法不给予治安管理处罚的，由公安机关对加害人给予批评教育或者出具告诫书。

而当危害程度较高、情节严重时，则构成刑事犯罪，主要涉及故意伤害罪、虐待罪等。

认定家庭暴力是否构成故意伤害罪，还要看家庭暴力行为是否符合故意伤害罪的构成要件。故意伤害罪，是指故意非法伤害他人身体并达到一定严重程度应受刑法处罚的犯罪行为。

《中华人民共和国刑法》第 234 条第 1 款规定："故意伤害他人身体的，处三年以下有期徒刑、拘役或者管制。"本案中，张强使用水果刀刺伤李梅的行为，导致李梅的伤情达到轻伤一级，显然已经构成故意伤害罪，张强依法需要承担刑事责任。法院最终判决张强犯故意伤害罪，判处有期徒刑 8 个月。

出院之后，李梅决定与张强离婚。以前她总以为自己的原谅可以换来丈夫真心悔改，可等来的只有变本加厉的伤害，她十分后悔没有在张强第一次动手的时候就跟他离婚，是自己没有底线的忍耐才让张强一次次肆无忌惮地伤害她。而在牢狱里面的张强也才意识到，自己以为的夫妻间打架竟然是犯罪，他亲手毁掉了好不容易得来的婚姻和家庭，只能在监狱里为自己的行为忏悔。

本篇两个案例都是因家暴行为引发的，最终的结果都是婚姻破碎。案例一中的王峰承担了民事赔偿责任；案例二中的张强则是锒铛入狱，可谓教训惨痛。无论婚姻中出现了什么问题，都不是家暴的理由。对于施暴者来说，当你扬起手臂的时候，无疑是在将自己的家庭推向破裂；对于被害者来说，如果面对家庭暴力选择轻易原谅，无疑给了施暴者再次伤害你的机会。随着反家庭暴力的制度措施不断完善、《中华人民共和国反家庭暴力法》的有效施行，受害者可以通过多种手段来保护自己。面对家庭暴力，不仅可以主张解除婚姻关系，还可以要求损害赔偿，申请人身安全保护令。希望正在遭受家庭暴力的人们不要沉默、隐忍，应该在遭受家暴后第一时间报警，尽可能多地收集证据，勇敢拒绝家暴。

全职妈妈的保障

法律知识点：1. 全职妈妈家务补偿权
2. 谩骂妻子属于家庭暴力吗

【案例一】

6月的一天，阳光明媚，清风徐徐，这天是刘佳的生日，她特地把家里装饰了一番。老公徐坤虽然出差不在家，但是有女儿和母亲陪在身边给她过生日，刘佳开心得就像个小女孩。

正在刘佳准备吹蜡烛的时候，门铃响了。刘佳还以为是老公送来的惊喜，她赶忙去开门，可就在打开门的那一刻，她的人生彻底改变了。

只见一个容貌姣好的年轻女人，怀里抱着一个孩子站在门外。

"请问你找谁啊？"没等刘佳把话问完，女人抱着孩子就走了进来。刘佳瞬间觉得来者不善。女人看着怀里的孩子，慢悠悠地说："这是徐坤的儿子！徐坤一直说是你不愿意离婚，可我等不了了！"

看到此情此景，刘佳的母亲赶紧把刘佳的女儿领进屋去，然后拎着笤帚挥向找上门来的女人，双方厮打在一起，现场一片混乱。

好好的一个生日，被突然找上门来的年轻女人给搅和黄了。这个女人说的话是不是真的呢？这就要从刘佳大学毕业的那一年说起。

10年前，刘佳大学毕业了，她的老家在外地农村，为了能在城市里站稳脚跟，她投递了很多份简历，找到了一份公司职员的工作。凭着勤奋和努力，刘佳慢慢在一众新人中脱颖而出。

就这样，刘佳兢兢业业地从职员做起，成为公司出了名的"职场女强人"，只要是她经手的工作都完成得非常出色。3年的时间，刘佳从职员升为部门组长，因为业绩突出又升为公司经理。事业有了起色，这个时候爱情也悄然来到了她的身边，同是公司经理的徐坤走进了刘佳的生活。

自从刘佳晋升为公司经理后，因为工作原因经常和徐坤在一起开会、联络，渐渐地两个人就熟悉了起来。徐坤比刘佳大3岁，老家也是外地的。两个人接触多了以后，互生好感，徐坤开始追求刘佳。不久，两人正式确立了男女朋友关系。交往半年后，刘佳意外怀孕。

孩子的到来，让刘佳和徐坤自然而然地领了结婚证。本以为孩子有了，婚也结了，这婚后的幸福生活就开始了。但刘佳和徐坤两个人都忽略了一个问题。孩子突然到来，两个人匆忙结婚，刘佳怀孕以后又孕吐严重，根本没法上班，再加上双方父母又都不在身边。所以刘佳怀孕以后，为了保胎，就不得不辞去工作在家安心养胎。

就这样，从奉子成婚到辞去工作、在家待产，刘佳从一个要强的事业女性变成全职家庭主妇。没有工作的日子，刘佳经常觉得心慌。她一直幻想着孩子出生以后，自己能早点回到职场，回到和同事们并肩作战的日子。然而一切都未能如愿。

十月怀胎，刘佳终于生产了，随着产房里一声婴儿啼哭，产房外刘佳母亲的心也落地了。产房里，护士高兴地给家属报喜："女孩！7斤8两的大胖姑娘！母女平安。"正当刘佳的母亲喜极而泣的时候，人群中，刘佳婆婆的脸却突然耷了下来。

原来，徐坤家里三代单传，他父母就想刘佳生个男孩，生产前婆婆看着刘佳的肚子，认定一定是男孩，还托人给起了好几个男孩的名字。一看是女孩，徐坤的爸妈非常失望，没等刘佳出月子就回老家了。之后，他们就再没回来帮忙带孩子。

而刘佳的父母身体都不好，没办法帮忙照顾外孙女，所以大部分时间只能是刘佳自己照顾孩子。尽管辛苦，但是小生命的诞生激发了刘佳的母爱，女儿太小，需要她。所以她也就不再考虑回去工作的事，只专心在家照看孩子。这样一来，徐坤就是家里的顶梁柱了。

为了不影响徐坤的工作，支持他的事业，刘佳几乎没日没夜地打理家里。孩子睡了，她要收拾房间，洗衣做饭；孩子醒了，她要照看孩子；晚上徐坤回来，她还要提前给老公做好饭菜，有时候她自己都顾不上吃饭。

有一天，刘佳去卫生间，猛一抬头看见镜子里的自己，震惊了。镜子里的刘佳，蓬头垢面，脸色蜡黄，胸前的奶渍已经浸湿了衣服，松松垮垮的睡衣也掩盖不住肥胖的身躯。刘佳愣住了，这和以前那个英姿飒爽、雷厉风行、事业有成的女强人简直判若两人啊！她刚要伸手去触碰镜中的自己，孩子的哭声瞬间把她拉回到现实中来。刘佳顾不得感伤，赶忙去卧室哄孩子。

就这样日复一日，刘佳告别了职场，全身心投入她和徐坤的小家，照顾孩子，支持老公的事业发展。好在徐坤在职场风生水起。两年的时间里，他升职加薪，进入了公司的核心管理层，可谓事业有成。

而与此同时，他回家的时间也越来越晚，出差的次数越来越多，夫妻两人的话题也越来越少。按理说，女儿出生之后，徐坤应该更加呵护刘佳，理解她的不容易才对。但是，徐坤没有这样做。他在刘佳生完孩子之后不久，就认识了另一个女人。

那天，徐坤要去见客户，在 KTV 里，他认识了客户带来的一个女孩张晓倩。张晓倩刚大学毕业不久，在客户的公司做文员，经常和客户出来应酬。真有点似曾相识！张晓倩身上的那股子闯劲还真和妻子刘佳当年有几分相似。那天，张晓倩喝了不少酒，徐坤还给她挡了几杯。

应酬结束后，大家都散去了，唯独张晓倩无人照顾，徐坤把烂醉如泥的她送回了家。然后，在酒精的刺激下，两个人发生了"一夜情"。自此之后，两个人将错就错，发展成情人关系。那边，妻子刘佳独自照顾孩子；这边，徐坤经常借口说工作忙，其实是和张晓倩约会。

刘佳以为，自己放弃事业，在家洗衣、做饭、带孩子，一心一意支持徐坤的事业，徐坤也一定会珍惜自己、爱护自己。殊不知徐坤已经家外有家。而且，在交往3个月以后，张晓倩怀孕了！

张晓倩一直知道徐坤是有妇之夫，但是她深陷和徐坤的婚外情中无法自拔，反复让徐坤离婚，好光明正大地和她在一起。徐坤背着妻子出轨，深知自己心里有鬼，所以每次回家看到妻子，他都焦躁不安，就没事找碴儿。但是，他始终难以开口提离婚的事。

可是，张晓倩的肚子一天天大起来，为了逼徐坤离婚，她决定生下孩子。生产之后，她看徐坤还不离婚，就抱着孩子找上门来。

刘佳不敢相信，往常在电视剧中才能看到的一幕居然发生在自己身上。张晓倩还亮出手机里的照片，照片里徐坤和这个女人抱着孩子的亲密合影，任谁看来，都是幸福的一家三口。刘佳心里的最后一道防线坍塌了，她赶走了张晓倩，打电话给徐坤，让他回来解释清楚。

面对铁证，徐坤也承认了自己出轨，但他一再哀求刘佳，说自己和张晓倩就是逢场作戏，没有真感情，让刘佳给他机会，回归家庭。

可是，刘佳回想自己在家当全职妈妈这几年，再看徐坤的所作所为，她的心彻底伤了！她不想再和这个负心的男人一起生活下去。咨询过律师后，她把徐坤告上了法庭，主张离婚，并要求徐坤支付精神损害赔偿金和离婚经济补偿金。刘佳的诉讼请求能得到支持吗？

本案的法律知识点：家务补偿权。

2021年1月1日正式实施的《中华人民共和国民法典》对家务补偿作出了规定。《中华人民共和国民法典》第1088条规定："夫妻一方因抚育子女、照料老年人、协助另一方工作等负担较多义务的，离婚时有权向另一方请求补偿，另一方应当给予补偿。具体办法由双方协议；协议不成的，由人民法院判决。"

现实生活中，不少女性为了照顾老人、抚育子女，选择自我牺牲，放弃自己的事业，成为家庭主妇、全职太太，每天重复做各种烦杂的家庭事务，花费大量时间和精力在家务劳动上，而这些付出往往很难被作为"有形"的价值衡量。一旦离婚，全职妈妈往往陷入经济困境。全职妈妈结婚后，虽然没有参加社会劳动，可在家里照顾家庭也同样是在为家庭付出。

根据《中华人民共和国民法典》第1088条的规定，放宽了离婚经济补偿的适用条件，是对家务劳动无形价值的肯定，有利于家庭主妇和全职妈妈在遭遇离婚时维护自己的合法权益。当然，家务补偿制度不仅保护全职妈妈，也保护为家庭付出较多的"全职丈夫"们，夫妻中为家庭付出劳动多的一方都能得到应有的救济。

而现实中，每个家庭情况不一样，所以，家务补偿金额无法形成统一的标准。夫妻双方如果没有事前约定或协商不成，实践中一般会考虑双方共同生活的时间、一方在家务劳动中的具体付出情况、另一方的个人经济收入和当地一般的生活水平等因素来确定补偿金额。

本案中，人民法院审理后认为，徐坤在已婚的情况下与其他异性存在不正当男女关系，并生育子女，严重违背了婚姻的忠诚义务。夫妻双方感情确已破裂，应当准予离婚。在婚姻关系存续期间，妻子刘佳全职在家抚养照顾女儿，在抚育女儿、照顾家庭方面负担了较多的义务。徐坤对夫妻感情的破裂存在重大过错，给妻子刘佳造成了严重精神损害。因此，对刘佳提出的精神损害赔偿诉求，法院予以支持。从保护无过错方和妇女权益的角度出发，综合双方的结婚时间、生活状况、经济条件等具体情况，法院判决徐坤支付刘佳离婚经济补偿5万元、精神损害赔偿金10万元。

刘佳结束了这段痛苦的婚姻，女儿归刘佳抚养，徐坤作为孩子的父亲要每个月按时支付孩子的抚养费。在女儿上了幼儿园之后，刘佳终于回归职场，开启了新的生活。

而徐坤和婚外情人张晓倩因为频繁发生争吵最终没有走到一起，但他对张晓倩所生的孩子却也有抚养义务。徐坤很后悔没有珍惜妻子和婚姻，好好的家也散了，但这世上哪有后悔药可吃？

【案例二】

一个夏天的午后，律师事务所里来了两个特殊的当事人，一位20多岁的年轻女孩带着妈妈来咨询，女孩迫切问道："律师，请你告诉我，怎么才能让我妈和我爸快点离婚？"

一边是焦急的女儿问如何让父母快点离婚，另一边是 50 多岁的母亲，她一直低头抠着手指，神情紧张又局促，眼神暗淡无光。女儿为什么想让父母快点离婚，究竟发生了什么？随着律师的了解，这个家庭的隐秘故事慢慢展开。

20 多年前，女子丁桂兰和小伙秦树经人介绍走到了一起，二人相处小半年之后就结婚了。婚后丁桂兰和秦树有了女儿，一家三口其乐融融。可后来由于经济不景气，丁桂兰和秦树双双下岗。没了经济收入，家里还有嗷嗷待哺的孩子，为了养家，蹬三轮、做苦力、摆摊卖货，丁桂兰和秦树什么苦都吃了，但日子还是过得很窘迫。两口子只好决定，丁桂兰留在家里照顾老人和孩子，秦树放手一搏，到南方闯一闯，下海做生意。

好在第三年，秦树在南方的生意终于有了起色，靠着倒卖服装，秦树淘到了人生的第一桶金。事业上略有小成的秦树，在大都市租下了一个门面，开始搞服装批发。不久，秦树把丁桂兰和女儿接到了大城市一起生活。秦树的生意越来越好。丁桂兰认为自己这么多年没白吃苦，丈夫真是好样的，他终于成功了，一家人终于过上好日子了。

然而，等丁桂兰带着孩子来到秦树身边，她发现这几年其实一切都变了，老公就像变了一个人似的。老公秦树早已成了别人口中的秦老板，他享受着在高档消费场所里的觥筹交错，早已没了当年的憨厚老实模样。每天除了谈生意就是喝酒应酬，回到家基本没有清醒的时候。

丁桂兰在家里做全职家庭主妇，每天把家里打扫得一尘不染，老公的衣服脱下来就给洗净熨平。不管秦树几点回家，丁桂兰一定准备好合口的饭菜，家里永远为秦树留一盏亮着的明灯。

可是这些并没有得到老公的珍惜。秦树的脾气越来越大，还时常嘲笑丁桂兰是土包子、乡巴佬。丁桂兰做得稍不如他的意，秦树就破口大骂，吓得丁桂兰母女大气都不敢出。

丁桂兰总是觉得老公在外忙事业很辛苦，压力很大，她尽量不给老公添乱。所以，面对老公的辱骂，她总是一忍再忍！然而，理解与宽容换来的却是秦树的变本加厉。在秦树长期的语言暴力之下，本来生性乐观开朗的丁桂兰慢慢地发生了改变。她变得越来越没有自信，觉得自己真像秦树说的那样，什么也做不好，自己就是一无是处。

她也想过离婚，可她又害怕如果离婚了，女儿就没有一个完整的家，所以面对秦树的侮辱和谩骂，她忍气吞声。这一忍就是10多年。终于，女儿以优异的成绩考上了大学，丁桂兰也松了一口气。本以为孩子有出息了，婚姻也走过这么多年了，她和秦树就能相扶到老了。

可没想到，这个时候秦树的生意又出现了变故。由于决策失误，秦树在生意场上栽了很多跟头，也赔了不少钱。就这样，生意不顺的秦树几乎亏光了所有家当，公司也倒闭了。正所谓，由俭入奢易，由奢入俭难。生意失败的秦树成天郁郁寡欢，也变得越来越暴躁易怒，经常借酒浇愁。喝多了以后，就拿丁桂兰撒气，数落她是扫把星，要不是娶了她，这辈子早飞黄腾达了。除了辱骂，他还开始动手殴打丁桂兰。

丁桂兰也多次报警求助，但是很无奈，打骂没有造成什么严重的伤害。每次警察来的时候，秦树都装作好人，保证以后不再打骂媳妇。可警察离开以后，他就又露出狐狸尾巴，继续对妻子施暴。

这一天，秦树晚上喝完酒，当着女儿的面往丁桂兰的脸上吐痰，还抽了她两个耳光。丁桂兰瘫坐在地上，早已被折磨得没有了反抗的能力。女儿陪着妈妈去了医院，这才发现妈妈存在焦虑和轻度的心理问题。妈妈这些年受的委屈，女儿看在眼里，她知道妈妈是为了自己选择了隐忍，她也恨自己太柔弱没能保护好妈妈。好几次，她都忍不住想劝妈妈离婚，但话到嘴边却又说不出口。这次考大学，她特意选了一个离家很远的学校，想逃离这个令她失望的爸爸，可她又放心不下生活在水深火热里的妈妈。

这一次，女儿放寒假刚回到家，得知父亲这些年还是如此对待母亲，她希望妈妈不再承受这些痛苦，能为自己勇敢地活一回。所以，女儿拉着丁桂兰去了律师事务所咨询。

在女儿的帮助下，丁桂兰聘请了律师，以长期侮辱谩骂妻子为由，将丈夫告上法庭，她要解除这段痛苦的婚姻，依法分割财产，并要求损害赔偿。这位全职家庭主妇的诉讼请求能得到支持吗？

本案的法律知识点：侮辱谩骂妻子属于家庭暴力吗？

家庭暴力，是指家庭成员之间以殴打、捆绑、残害、限制人身自由以及经常性谩骂、恐吓等方式实施的身体、精神等侵害行为。谩骂、训斥这种心理折磨的方式，如果是经常性的，也属于家庭暴力行为。

根据最高人民法院发布的《关于办理人身安全保护令案件适用法律若干问题的规定》，对家庭暴力行为种类作了列举式扩充，明确冻饿以及经常性侮辱、诽谤、威胁、跟踪、骚扰等均属于家庭暴力。

另外，目睹家庭暴力的未成年人也是受害者；遭受或目睹家庭暴力会使未成年人生活在紧张、恐惧的环境中，他们的身心健康也会受到很大损害。

如果因为遭受家庭暴力或者面临家庭暴力的现实危险，可以依法向人民法院申请人身安全保护令，且申请人身安全保护令是不以提起离婚等民事诉讼为条件的。

本案中，人民法院审理后认为：依据原告丁桂兰就医检查的结果显示，她存在焦虑且有轻度的心理问题，认定男方经常性谩骂的行为已侵害了妻子的精神，属于家庭暴力范畴。所以法院判决，丁桂兰和秦树离婚，夫妻共同财产按照照顾妻子丁桂兰的原则分割，丁桂兰分得53%、秦树分得47%，并判定秦树应支付丁桂兰精神损害赔偿金3000元。

家庭暴力有时容易被看成是"家内私事"，但其实，隐蔽的角落下藏着太多难言之隐与血泪伤痛。而"家庭冷暴力"相比传统形式的家庭暴力更容易被忽略。

漠不关心、没有语言交流、侮辱、谩骂等精神上的摧残和折磨，其实在某种程度上比肉体上的伤害更加可怕。面对冷暴力，我们也要拿起法律的武器保护好自己！

案例一中，全职妈妈因为丈夫的背叛而离婚，她对家庭的无形付出，得到了有形的家务补偿。案例二中，全职家庭主妇长期被丈夫羞辱、辱骂，导致离婚，财产分割适当照顾了无过错的妻子；同时，妻子主张精神损害赔偿金也得到了支持。

婚姻中，无论是忙于事业、赚钱养家的丈夫，还是全身心投入家庭照顾老人、抚养子女的妻子，他们都在为家庭做贡献。全职家庭主妇、全职妈妈为了家庭、孩子往往放弃了自己曾经引以为傲的事业、工作，她们的付出应该被肯定、被尊重。

婚外情

水井里的戒指

法律知识点：故意杀人罪

2018年3月，东北的气温开始回升，使大自然挣脱冬天的桎梏。春回大地，万物复苏，万里河山一片欣欣向荣景象。

家住东北农村的李大强一家，也准备开始盖大棚，干农活。李大强合计着，田边这口井也好几年没有收拾了，去年水位就下降了，为了不影响春种、浇水，李大强寻思着今年开春给水井清淤。于是，他找来同村的两名挖井工人给水井清理淤泥。可没想到，在给水井清淤的过程中，发生了一件令人毛骨悚然的事。当挖井工人用工具顺着水井往下探时，发现有物体沉在井底，貌似有袋子或包裹，于是用钩子向上提拉，反复试验了几次，终于将井底的物体提上来。

这物体一提上来，一股恶臭扑鼻而来。打开袋子一看，在场的人被吓坏了，那里面装的是一个孩子的尸体。尸体放在扎紧口的袋子里，长时间在水井中浸泡，已经高度腐烂。

水井里的尸体是谁？孩子的尸体又为何会装在袋中沉入井底呢？

片刻之后，警车的警笛声打乱了这春种时繁忙的节奏。一群警察在现场勘察过程中，发现尸体袋中有一枚男式金戒指，戒指上刻着刘美红的名字。而就在一年前，刘美红报警称，自己9岁的儿子曹小天失踪了。一年以来，警方多方查找，一直没有孩子的踪影。

如今，水井下发现了一具孩子的尸体，装尸体的袋子里发现了刘美红的戒指。这个孩子会是刘美红失踪的儿子吗？刘美红的戒指为什么会出现在装有尸体的袋子里呢？

2017年春天的一天晚上，刘美红焦急报警，说就在自己去超市买东西的工夫，儿子曹小天在家中失踪了，之后警方一直在查找小天的下落。刘美红的丈夫在外地打工，得知孩子失踪的消息也赶快回到家中。整整一年，全家人都在丢失孩子的痛苦中煎熬着。他们时而看不到希望，时而又觉得小天早晚有一天一定会回来。日子一天天过去，一家人被折腾得筋疲力尽，痛不欲生。

经过家属辨认和DNA鉴定，警方确认水井中发现的孩子尸体就是刘美红失踪一年的儿子曹小天。而这枚刻着刘美红名字的戒指很快使凶手浮出了水面。当刘美红看到这枚刻着自己名字的戒指时，傻眼了，她坚定地指认，这枚戒指的主人是朱长和。

朱长和是谁？他的戒指上为什么会刻着刘美红的名字？曹小天的死真的和他有关吗？这要从刘美红和丈夫曹建文的婚姻说起。

曹建文是家里独子，性格内向，人勤快聪明。曹建文自小没念过什么书，和父母以种地为生，30多岁了也没找到合适的对象。刘美红比曹建文小6岁，大专学历。刘美红家在曹建文家隔壁村子，家里一共有3个孩子，她是老大，下面还有两个弟弟，家庭并不富裕。2007年，经媒人撮合，刘美红认识了曹建文。刘美红一开始没有看好曹建文，觉得他家庭条件一般，人又老实木讷，不爱说话，不想和他处对象。但是，刘美红的父亲相中了曹建文，劝她别嫌曹建文老实，老实人心眼好，说他结婚以后一定能对你好，再说你都25岁了，再不处对象，可就成老姑娘了。你早点出嫁，家里的两个弟弟将来还得指望你呢。听父亲这么劝自己，刘美红想想自己年纪确实也不小了，对曹建文也算是知根知底，于是就听从了父亲的意见，很快和曹建文办理了结婚登记手续。

就这样，曹建文娶了既漂亮又能干的刘美红，心里别提多美了，每天都很开心。结婚半年后，刘美红怀孕了，第二年生下儿子曹小天。老曹家娶了新媳妇，又生了大孙子，可以说是双喜临门，全家人都笑得合不拢嘴。曹建文一家三口虽然算不上多富裕，但日子也算美满幸福。

眼看儿子一天天长大，家里用钱的地方也多了起来，村里的年轻人很多都在外打工。为了多挣点儿钱，让媳妇和儿子过上好日子，曹建文就和同乡一起外出打工，一年到头也就回来一两次，大部分时间都是刘美红独自在家里照顾孩子。

自从孩子上了幼儿园以后，刘美红白天就有了不少空余时间，她经常去村里的麻将馆打麻将，以消磨时间。在麻将馆的这段时间，她认识了朱长和。朱长和在村里经营一家小饭店，平时顾客不多的时候他就在饭店边上的麻将馆打麻将。刘美红经常和朱长和在一个桌上打麻将，一来二去，两人就熟悉起来。刘美红皮肤白皙，身材娇小，打扮得很时髦，说话嗲声嗲气，吸引了朱长和的注意。

有一次，两人在打麻将的时候，朱长和就说起，他饭店里的服务员要回家照顾孙子，现在饭店里缺个迎来送往的人，让大家帮忙留意着有没有合适的人选。刘美红坐在朱长和对面，一边出牌一边说道："你找我呀，正好我白天没啥事，就是晚上我得回家照顾儿子，看在咱俩认识的份儿上，工资我可以少要点。"朱长和喜出望外，连忙点头答应。

就这样，在麻将馆牌友的一阵附和声中，刘美红决定到朱长和的饭店打工。但就是这样的一个决定，引来了之后的种种麻烦，彻底改变了刘美红和朱长和两人的生活，甚至是命运。

刘美红手脚麻利，人也聪明勤快。原来饭店的生意很一般，可自从刘美红来了以后，她待客热情，服务周到，帮朱长和把饭店的生意打理得井井有条，来饭店吃饭的人多了，生意自然兴隆。

刘美红和朱长和在饭店不忙时，经常聊天。朱长和离异多年，有个儿子归女方抚养，前妻已经改嫁多年。这么多年，朱长和一直是自己一个人生活，没有再婚。创业初期，他一个人既当厨师又当服务员，同时又当进货员，经营着这家饭店，其中的辛酸只有自己知晓。后来，饭店生意渐渐有了起色，朱长和才招聘了服务员，把饭店慢慢做大。朱长和一人撑起饭店的生意，实属不易。自从刘美红来到饭店工作，朱长和觉得饭店好像有了老板娘，有了温暖，他从来没有像现在这样心里感到踏实。朱长和对刘美红的感觉正悄然发生着变化。

一天下班之前，刘美红正准备回家，一转身看到朱长和的衣服外套上满是油污。刘美红一边收拾东西一边回头对朱长和说："老朱，这衣服都是油污，太脏了，我今天给你拿回家洗洗，明天再带回来。"说着刘美红就把朱长和的衣服装进手提袋带走了。朱长和望着刘美红的背影，嘴上虽没说什么，但心里却有一丝暖意涌上心头。

就这样，刘美红与朱长和从牌友变成了工作关系，朱长和也不经常去麻将馆打麻将了，日子好像有奔头了，生活也有了改变。朱长和经常主动送刘美红回家，刘美红下班的时候，他还会特意炒两个菜让刘美红打包带给孩子，免得她回家再做饭。

刘美红自然也感受到了朱长和的心意。面对朱长和的追求，刘美红挣扎过，犹豫过，甚至想放弃。自己毕竟和曹建文有婚姻，况且村子不大，万一被人知道她和朱长和的关系，坏了名声，也是一件不光彩的事情。可是，刘美红和丈夫曹建文结婚已经10年，曹建文又常年在外打工，夫妻两个人的感情早已趋于平淡。刘美红的心里也渴望被关心、被爱护。一边是感性，朱长和的感情让刘美红找到了恋爱的感觉；一边是理性，她和曹建文有夫妻关系，她应该和朱长和保持距离。刘美红也纠结、挣扎了好长时间，但还是义无反顾地奔向了朱长和。

一件事情的发生，导致她和朱长和的关系发生了实质性的改变。

刘美红生日那天，饭店没有客人，朱长和神秘地拿出一个包装精美的首饰盒。刘美红很是惊喜，打开一看，竟是一对戒指，一枚刻着朱长和的名字，另一枚刻着刘美红的名字。朱长和含情脉脉地说："美红，今天是你的生日，我向你求婚。我不求你马上答应我，但是我对你的心意你应该能感受到，希望我们能共度余生，祝你生日快乐！"

朱长和的表白把刘美红感动得热泪盈眶，朱长和亲自把刻着自己名字的戒指戴在了刘美红的手上，而刘美红也把那枚刻着她名字的戒指戴在了朱长和的手上。两个人海誓山盟，约定终身，开始了一段地下恋情。

自从两人确立了恋爱关系之后,朱长和经常送刘美红回家,并在刘美红的家中约会。可是,刘美红家里还有儿子曹小天。起初,朱长和到刘美红家还背着曹小天,渐渐地他们也不再回避曹小天。

曹小天对妈妈和朱长和的许多事情也是懵懵懂懂,只知道有一个叔叔经常来家里,还总带各种各样好吃的、好玩儿的东西。刘美红跟儿子说,这位叔叔会经常来家里给你带好吃的零食。

丈夫常年不在家,妻子和情人经常约会,丝毫不避讳儿子。这段地下情,让刘美红误以为这就是现实中美好的爱情,殊不知一场巨大的灾难正向她的家庭一步步靠近。

一天放学,曹小天气势汹汹地跑回家,劈头就问妈妈:"你要给我找个后爸?就是经常来咱们家的那个叔叔,我班同学跟我说起这件事时,我心里甭提多别扭了。"听到曹小天这番话,刘美红终于明白,天下没有不透风的墙。朱长和来家里的频率这么高,一个不大的村子,怎么可能藏得住事?怪不得风言风语都传到儿子的耳朵里了。毕竟刘美红还没有离婚,她和朱长和的关系始终是上不了台面的。如果这件事情被丈夫曹建文知道,肯定会闹得不愉快,甚至满城风雨。于是,刘美红下定决心做个了断。她向朱长和承诺,等年底曹建文回来,他们就谈谈这事。即便她和曹建文离婚,刘美红也会带着儿子曹小天一起生活,所以刘美红还是希望小天与朱长和能够和谐相处、彼此接纳。

为了能和心爱的女人生活在一起,朱长和早就做好了接纳曹小天的准备,也希望曹小天能从内心深处接纳他。可是自从曹小天被同学嘲笑之后,就开始对朱长和充满敌意,不管朱长和如何讨好,都无济于事。曹小天从心底不能接受因朱长和的介入,而导致自己的父母离婚,更不能接受这个男人成为自己的新爸爸。

刘美红见儿子反应如此强烈,也十分无奈。既然她和朱长和已经私定终身,也不差这一时一刻。于是,刘美红和朱长和不得不收敛一点,很少再去刘美红家约会了。

可是,既然朱长和已经同意接纳小天,也愿意等待刘美红离婚,那他为什么要将年幼的小天残忍杀害呢?

当警方抓捕朱长和后,对其进行审讯时,他道出了杀害小天的犯罪全过程。原来,好不容易等到过年,刘美红的丈夫曹建文终于外出打工回来了,刘美红也不得不与朱长和暂时分开。过年期间,朱长和对刘美红能与丈夫曹建文谈离婚的事情充满了期待。

刚过完年,曹建文就像往年一样外出打工了。终于,朱长和内心压抑着的对刘美红的思念得以释放了,他迫不及待地去找刘美红,说自己这段时间有多想她,他问刘美红有没有和曹建文提离婚的事。刘美红支支吾吾,说不出个所以然,只说再等一段时间,她做一下儿子曹小天的思想工作。朱长和嘴上说着支持刘美红的决定,但心里也是不舒服的。

就这样,朱长和一边期待着和刘美红早日光明正大地在一起,一边不得不压抑着自己的苦闷和痛楚,去理解和适应刘美红的处理方式,给她时间去解决与曹建文的婚姻。可时间拖得越久,他就越烦躁不安,经常一个人喝酒生闷气。

案发当日,朱长和一个人在饭店又喝了很多酒。虽然饭店已经打烊了,但他很想找刘美红谈谈,述说自己内心的苦闷。于是,他披上衣服到了刘美红家里。一进门,就看曹小天独自在客厅看电视。他四下环顾了一圈,没发现刘美红的身影,于是就问曹小天:"你妈去哪儿了?"

小天见朱长和喝得醉醺醺的,对他也没有好脸色,毫不犹豫地回答道:"我妈去哪儿不关你的事。你赶紧离开我们家,你信不信我打电话叫我爸回来,他一定会揍你的。"说完就使出全身的力气要把朱长和推出门外。朱长和气不打一处来,心想,自己平时为了讨好刘美红,对这小子已经很客气了。本来刘美红不离婚,朱长和已经很郁闷了,她的孩子还这么不待见自己,一个9岁的孩子都对自己指手画脚,出言不逊。朱长和越想越生气,于是伸手就打了曹小天两巴掌。可是没想到曹小天口吐白沫,然后倒在地上抽搐不止。

原来,曹小天有先天性心脏病,可是朱长和不知情。朱长和大晚上跑到情人家中,家里只留一个小孩看门,两人还发生争执,现在孩子倒地抽搐不止，这件事无论如何他也解释不清啊。况且，刘美红把曹小天当个宝贝，要是发现自己伤害了她儿子，两个人还能有好结果吗？朱长和慌乱了，就在那几秒，他作出一个令自己悔恨一生的决定。既然这个孩子是刘美红离婚的最大阻碍，干脆让他消失得了，这样刘美红也就不用再犹豫了。朱长和顺手翻出胶带缠住孩子的口鼻，将曹小天背到后院，把孩子扔出了墙外。

李大强家的大棚正好与刘美红家的后院隔着一道墙，朱长和对刘美红家附近的情况再熟悉不过。他直接走到大棚后面，抽出一个空袋子，把曹小天装进去，顺手扔到井里，然后又趁着夜色离开。

只是他没有注意到，自己把曹小天装进袋子时，不小心让手上的戒指脱落掉进了袋中。事后回到家中，他发现戒指不见了，但又不敢再回到现场去找戒指，况且他还抱有侥幸心理，觉得可能是丢在了别的地方。可恰恰是这枚戒指，最终协助警方找到了凶手。

当天晚上，刘美红回到家中就发现孩子不见了，她以为孩子跑去邻居家玩耍，就赶紧挨家换户打听寻找，可是都没有找到儿子，于是赶快报了警。

可是，由于曹小天尸体所在的位置很隐蔽，警方一直没有找到。

这一年之中，刘美红一家都在煎熬中度过。她和丈夫曹建文一直苦苦寻找孩子，早已无心和朱长和相处，两人慢慢地就断了关系，朱长和因为心虚也以外出打工为由离开了村子。直到邻居李大强在第二年挖水井的时候发现了孩子的尸体，才得以破案。

人民法院审理后认为，被告人朱长和将年仅9岁的被害人致伤后又灭口杀人，捆绑尸体并抛尸水井，其行为构成故意杀人罪。被告人朱长和主观恶性大，犯罪情节恶劣，罪行极其严重，应判处死刑。鉴于其到案后能如实供述基本犯罪事实，亲属代为赔偿经济损失并取得被害人亲属谅解。经综合考虑，可不适用死刑立即执行。最终，法院判决被告人朱长和犯故意杀人罪，判处死刑，缓期2年执行，剥夺政治权利终身。

本案中，被告人犯故意杀人罪，最终判处死刑，缓期2年执行，而没有判处死刑立即执行。到底在什么情况下会被判处死刑缓期2年执行？死刑缓期2年执行，是执行死刑的一种制度。我国刑法规定的死刑包括死刑立即执行和死刑缓期2年执行。死刑缓期2年执行指的是对于应当判处死刑的犯罪分子，如果不是必须立即执行的，可以判处死刑同时宣告缓期2年执行。

被判处死刑缓期2年执行必须具备以下两个条件：一是行为人罪该处死刑，如果行为人罪不该处死刑，则不能判处死刑缓期2年执行；二是不必立即执行，一般是指罪该处死刑的罪犯，有投案自首、立功表现等从宽处罚的法定条件，或者取得被害人或其亲属谅解等。

被判处死刑缓期2年执行的罪犯，缓期2年执行期限届满，没有故意犯罪的，可以减为无期徒刑，有重大立功表现的，可以减为15年以上20年以下有期徒刑。被判处死刑缓期2年执行的罪犯，在缓期2年执行期限内又重新故意犯罪，经查证属实，执行死刑，由缓期2年执行单位将材料报有管辖权的中级人民法院，呈所在地高级人民法院报最高人民法院核准执行死刑。

本案是由一场婚外情导致的悲剧，朱长和将自己的感情寄托在一个有夫之妇的身上，这本身就是一场错误的爱恋。当恋情受阻后，朱长和与孩子发生争执后导致其病情发作，朱长和完全可以及时采取救治措施，避免更严重的结果发生。但他没有这样做，为了掩盖事实，一时冲动酿成了更大的悲剧。刘美红婚内出轨，情人杀害了儿子，往后余生少不了精神上的痛苦和煎熬。相互忠诚是婚姻美满幸福的基石，婚姻应该由夫妻双方共同维系守候，这是我们每个家庭都需要思考的课题。

大桥下冰冻的女尸

> **法律知识点：1. 故意伤害致人死亡罪**
> **　　　　　　2. 故意杀人罪**

初秋的东北，天气开始渐凉，夜晚凉爽的风，吹得人感到一阵阵寒意。这是一个回迁小区，邻里邻居的都很熟悉。晚上10点多钟，家家户户已是一片寂静。王大妈像往常一样准备上床休息，突然被楼上地板的一声巨响惊醒了。随之而来的还有楼上女主人赵丽声嘶力竭的哭喊声。王大妈心想，准是楼上的小两口又闹别扭了。

住在王大妈家楼上的李强和赵丽，夫妻俩都是文化人，知书达理，相敬如宾，满村的人没有不羡慕的。李强给人的感觉是憨厚老实、低调内敛，妻子赵丽长相漂亮、开朗热情。在邻居们看来，这小两口是天造地设的一对。这过日子哪有不吵不打的，王大妈心想，小两口吵闹几声也就过去了。可没想到争吵愈演愈烈，赵丽的哭声也愈加激烈起来。王大妈觉察到事情的严重性，顾不上困意，赶快披上衣服跑到楼上准备劝劝两口子，王大妈不断拍打着房门，李强打开房门，家中一片狼藉，赵丽瘫坐在地上哭得很狼狈，脸上和身上的伤痕依稀可见。

平日里，李强对邻居的态度都很温和谦逊、彬彬有礼，对待妻子赵丽更是疼爱有加，俨然一副好丈夫的形象，为什么深更半夜在家中暴打自己的妻子呢？要知道，一旦动起手来，可是覆水难收。现在已经闹出这样的事情，他们夫妻的感情还能和好如初吗？

这还要从两人的相识说起。赵丽是家里的独生女，父母很宠爱她。赵丽大学毕业后又顺利地进入一家企业做会计，生活和工作一直顺风顺水，甚至算是成功。也正是因为如此，赵丽在择偶问题上一向很挑剔。现如今已是30多岁的人了，依旧单身一人。这可急坏了父母，他们托付亲朋好友到处张罗赵丽的婚事。尽管相亲对象见了一大堆，却没有一个可心的人。正在赵丽期盼一场轰轰烈烈的爱情时，李强出现在她的生活中。

李强和赵丽相识于一场朋友的婚礼上。在那场婚礼中，她是伴娘，李强是伴郎。婚礼上，大家礼貌性地交换了联系方式，道别后也就没再联络。一个多月后，赵丽突然接到李强的电话，李强说自己的朋友有一些财务方面的问题，想要咨询她。赵丽爽快地答应了，并顺利为李强的朋友解答了问题。事后，李强请赵丽吃了顿饭表示感谢。此后，两人慢慢熟悉起来，一切都在朝好的方向发展。

李强大赵丽5岁，长相一般，还离过一次婚。面对年轻漂亮、端庄大方的赵丽，李强多少有些自卑。这时候，一颗爱情的种子在他的心里生根发芽了。李强开始对赵丽心生好感，展开了热烈的追求。

随着两人接触越来越多，了解也更深入了。赵丽发现李强虽然其貌不扬，不是她心中的白马王子形象，但在生活上李强细心周到，就像兄长一样包容自己。赵丽渐渐地接受了这段感情，选择了平淡温馨的生活。虽然李强曾经有过一段失败的婚姻，但赵丽觉得正是因为这段失败的过往，才让李强更加懂得珍惜感情，更加爱护自己。

两人交往了几个月后，赵丽觉得是时候把李强引荐给父母认识了。可没想到，赵丽的父亲在听说李强离过婚后，脸色一下变了。父亲一直视赵丽为掌上明珠，更何况女儿各方面条件都不差，无论如何也不至于嫁给一个离过婚的男人。性格耿直的赵丽父亲当即就表示，坚决反对赵丽和李强交往。

李强走后，赵丽一家爆发了一场不小的家庭战争，父亲严厉地斥责女儿，你要是嫁给一个离过婚的男人，你让我这老脸往哪搁啊？而赵丽也是坚持自己的主意："你们不是一直都想让我嫁出去吗？我自己的事情，自己能做主，李强他对我好，我就是要嫁给这个人！"几番争执后，父女俩由此引发的矛盾愈演愈烈。母亲心疼女儿，也不想一家人从此争吵不断，就劝老伴，孩子大了，还是由她自己做主吧，毕竟是她自己的婚姻，只要她觉得幸福就够了。无奈之下，二老只好妥协，同意了赵丽的婚事。

带着对未来美好生活的憧憬，赵丽和李强走进了婚姻的殿堂。可生活终究离不开柴米油盐，婚后的琐碎生活抹去了恋爱时的浪漫甜蜜。李强过日子精打细算，做事注重细节，而赵丽则是大大咧咧、不拘小节，以至于两人经常为一些鸡毛蒜皮的小事争吵不休，家庭气氛越来越紧张。加之赵丽善交际、朋友多、爱热闹，经常有些聚会应酬，这也使李强非常不满。现实生活与理想的婚姻相差甚远，赵丽也为当初的决定而后悔。

就在此时，一个男人的出现彻底让赵丽的内心荡起了波澜。结婚1年后，单位新来了一位男同事王勇，他身材高大，英俊潇洒，谈吐稳重又不失幽默。当赵丽看到王勇的第一眼时，就有种怦然心动的感觉，这是赵丽在自己丈夫身上不曾有过的一种感觉。

王勇在工作中表现出的成熟睿智及管理能力，都深深地吸引着赵丽。王勇在工作上也很照顾赵丽，只要赵丽加班，王勇就一定会陪到最后。天气不好时，王勇还会开车送赵丽回家。赵丽本来就很欣赏王勇，就这样一来二去地，赵丽对王勇更加迷恋，时常对王勇嘘寒问暖，格外关注。

王勇老家在外地，其实他已经结婚多年，还有一个孩子。因为工作原因，他独自在这座城市工作，难免感到孤单寂寞。赵丽的体贴关怀也让王勇感到温暖备至，似乎又找到了家的感觉。就这样，赵丽和王勇开始渐渐暧昧起来，经常偷偷约会。

赵丽在心中告诫自己，她毕竟和李强是有婚姻关系的。可是，道德的底线仍然没有阻挡双方暗生的情愫，殊不知这难以抑制的情感正是摧毁她人生的一颗毒瘤。

一天，赵丽匆忙出门把手机忘在了家里，这一个小小的失误却让李强发现了妻子的秘密，只见手机屏幕上写着：中午我等你吃饭，老地方见。这个消息正是王勇发来的，李强看到这条信息，好像觉察到了什么。他翻看了赵丽和王勇的所有聊天记录，发现了不少两人的甜言蜜语。李强瞬间觉得如遭晴天霹雳，不知所措。他好像突然明白了，为什么赵丽最近总是不着家，为什么总是莫名其妙地和自己发脾气……

一整天李强就强压着怒火，无心上班，在家喝酒消愁。等到赵丽回来，李强急匆匆拿着她的手机冲了过去，黑着脸说："介绍一下吧，这王勇是谁？"赵丽愣在当场，面对铁一样的证据，索性只回了一句："我们离婚吧。"李强怒吼道："离婚？你还真敢说出口，要知道你给我戴了'绿帽子'，看我怎么收拾你！"而赵丽却冷冷地说："随便你怎么说，离婚吧，对你我都好。"

李强气愤极了，一记重重的巴掌毫不留情地打在赵丽的脸上。赵丽一下被打蒙了，捂着脸，愣愣地看着眼前这个男人，此时的赵丽顾不上羞愧，更多的是感觉到恐惧。双方对视了几秒，赵丽移开视线，用力想挣脱李强紧握着自己的那双手。赵丽态度坚决地说："我们还是离婚吧，我这就收拾东西回娘家。"

听罢，李强再次用冰冷的目光直勾勾地注视着赵丽，他抬手又是一记耳光，紧接着便是一阵如狂风暴雨般袭来的拳打脚踢。赵丽毫无招架之力，能做的只有在痛苦的叫喊中夹杂着求救声。闻声赶来的邻居王大妈不断敲门，李强才停了手。

赵丽毕竟有错在先，也担心家丑外扬，所以没有选择报警。她顾不上整理行李，急匆匆地回了娘家。

母亲看到带着一身伤痛深夜回来的女儿，心疼得泪流满面；父亲更是气得脸色煞白，一边骂女儿当初不听劝告，一边要去找李强理论，给女儿讨个说法。赵丽的母亲担心，如果再把老伴的身体气出好歹，就不值得了。

第二天，赵丽稍稍平复了心情，一肚子的委屈想要向王勇倾诉，王勇在电话里说："我现在的身份不便出面探望你，你在家好好养伤，过几天再上班,工作不用担心。"之后便匆匆挂了电话。此时,赵丽虽然身体承受着疼痛,但还幻想着自己即将摆脱婚姻的束缚,重获自由,她甚至对王勇的追求充满了期待。

可接下来的几天,王勇对赵丽的态度变得越来越冷淡,信息也不及时回复,接电话的时候也多是支支吾吾不怎么上心,这让赵丽觉得非常奇怪。一个星期之后,赵丽养好伤回到单位,王勇却总是刻意回避。直到同事和王勇打趣道:"哟,王工,这媳妇来了就是不一样啊,下了班就赶紧回家。"赵丽这才知道,原来王勇竟然是有家室的,而且前不久,他的妻儿已经从老家来到了这座城市。面对赵丽的质问,王勇也只是说些推脱搪塞的话,这是有意打发赵丽。赵丽不敢相信,为了眼前这个男人,自己放弃了那么多,坚持了那么多,不惜和丈夫摊牌甚至遭受家庭暴力,而他却对自己如此冷漠疏离。

王勇不顾赵丽的委屈和付出,一味地退缩,让赵丽伤透了心。而这个时候的李强却仿佛换了个人似的,每天都到赵丽娘家来,变着法子讨好赵丽和赵家人。李强向赵丽赔礼道歉,劝她回心转意,并保证以后绝对不会再有类似问题发生。赵丽一方面心感愧疚,明明是自己出轨在先,丈夫还百般挽留;另一方面也心存忌惮,此前丈夫对自己施暴的情景还历历在目。一个月很快过去了,李强依旧每天来找赵丽,丈夫的执着感动了赵丽,让她意识到自己的婚姻应该好好珍惜。于是,赵丽终于下定决心了断与王勇的联系,回归家庭生活。

赵丽的想法再次遭到了父母的反对,父亲的情绪反应更加激烈,说道:"如果你敢回去,以后不管发生什么事,你都不准回娘家抱怨!"母亲也没有站在赵丽角度思考问题,只是说:"闺女啊,如果你的男人动手打过你,那你再次被打的可能性往往非常大。对女人动手的男人,往往不是因为自己失手或冲动,而是他们的底线跟你想象中的并不一样。"赵丽却一再坚持说,爸妈你们放心吧,以后我们一定会好好过日子的。赵丽再一次不顾家人的反对,跟着李强离开了娘家。

赵丽和丈夫的生活恢复了平静,李强对赵丽一如往昔,仿佛什么事情都没有发生过。很快，赵丽发现自己怀孕了。全家人都沉浸在赵丽怀孕的喜悦中，赵家父母看着赵丽日渐凸起的小腹也是喜上眉梢。

36岁的赵丽由于是高龄孕妇，赵丽妈妈每天打电话关心女儿的身体状况。这天早晨，赵丽的妈妈照例给女儿打去电话，可打了几次始终无人接听。再拨打李强的电话，同样也是无人接听。两个人都不接电话实在很反常，老两口左思右想觉得放心不下，便打车前往女儿的住处，用备用钥匙开了门，室内一切正常。老两口反复拨打夫妻俩的电话，直到晚上都无人接听，也无人回话。

赵老先生想到了安装在小区里的监控摄像头，联系了小区物业调取录像，发现前一天晚上7点多钟，赵丽与李强一起开车出门，此后便再也没有出现过。赵丽的父母心急如焚，女婿到底带着怀有身孕的女儿去了哪里？为何迟迟不归？

在煎熬中等待了一天后，赵丽父母突然收到一个快递回来的信件，老两口迫不及待打开了信件，这竟然是李强亲笔书写的一封遗书。李强在信中写道："爸妈，我对不起你们，我和丽丽先走了。"遗书中还交代了车辆停放的地点，让家人把车取回。老两口看到遗书，一下傻了眼，赶紧打电话报了警。警方很快找到了李强驾驶的那辆白色轿车，但依然没有找到李强和赵丽的身影。

妻子已经怀孕，却和丈夫离奇失踪。丈夫突然寄回遗书，究竟发生了什么事情，夫妻二人难道自寻短见了吗？让人意想不到的是，两天后公安机关接到了李强从医院打来的自首电话。病床上的李强面色苍白，手腕缠着厚厚的纱布。根据医生的诊断，李强手腕割伤，失血过多，所幸脱离了生命危险，过段时间就可以痊愈出院了。

据李强坦白交代，自己已经亲手杀害了妻子赵丽，并抛尸于河中。天气寒冷，水流湍急，为打捞尸体增加了难度。直到3天后，晨练的居民在下游大桥处发现了冻在河面上的尸体，从隆起的腹部来看，不难看出死者是一名孕妇。若不是死者的衣服一角刚好与冰面冻在一起，怕是早就被冲到冰面下不知去向了。经过确认，死者正是已经怀孕5个月的赵丽。

妻子已经怀孕，丈夫本应该高兴还来不及，他为什么痛下狠手，杀死自己的妻子和腹中的胎儿呢？他又为什么寄回遗书，后来又打电话报警自首呢？

病床上的李强道出了杀妻的真正原因。其实，李强一直有一个难以启齿的秘密。那就是他的精子成活率较健康男子低很多，很难使女性怀孕。而他的上一段婚姻，也是因为自己的生育能力问题，前妻才与他离婚。李强害怕赵丽也像前妻一样离开自己，所以对于自己没有生育能力的事情始终隐瞒着。妻子赵丽与王勇的一段婚外情，在李强的心里埋下了猜忌的种子，让他变得草木皆兵，疑神疑鬼，再也不敢随便相信任何人了。赵丽回归家庭后，突然发现自己怀孕了，李强怀疑自己没有生育能力，担心赵丽怀的孩子不是自己的，他甚至怀疑赵丽和王勇根本没有断了联系。

案发那天晚上7点钟左右，李强带赵丽出去吃饭顺便散散心。赵丽在车上接到了一个男同事的电话。李强隐约听见是一个男人的声音，一门心思地认为是赵丽的旧情人打来的电话。而这个电话，就成了李强爆发的导火索。

李强当时越想越生气，就把车开到了离河边不远的僻静处，跟赵丽大吵了一架。李强歇斯底里地质问赵丽："你是不是和那个男人还有关系？你肚子里的孩子到底是谁的？"赵丽一心想和李强好好过日子，没想到连孩子都有了，李强还在怀疑自己。赵丽也怒吼道："你除了整天怀疑我，还有什么能耐，你这样让我生不如死。"李强一气之下从车后座扯出一条包装绳就勒住了赵丽的脖子，一开始赵丽挣扎得很厉害，眸子深处跳跃着恐慌，但渐渐地她就不动了。冲动过后，李强面对赵丽的尸体，后悔已经来不及了。慌乱中，李强便决定抛尸河中，本想着让赵丽的尸体顺水漂到冰面下毁尸灭迹。

作案后，李强内心害怕不已，想一死了之，于是给赵丽家中邮寄了遗书，然后割腕自杀了。可他昏厥后被路人发现，送往医院救治，脱离了生命危险。李强苏醒后仿佛觉得自己做了一场噩梦，可是人死不能复生，现实也并非梦境。李强意识到自己难逃法网，于是决定报警自首。

经警方调查发现，案发当天的那个电话，仅是赵丽单位的同事打来询问工作事务的。而赵丽虽然与王勇有过情感方面的纠葛，但并未与王勇有过更进一步的发展。李强其实并非完全没有生育能力，只是概率比较低，赵丽怀的孩子就是李强的亲骨肉。知道了真相的李强捶胸顿足，后悔不已。遗憾的是，后悔也于事无补，等待他的将是牢狱之灾。

公诉机关最终以李强构成故意杀人罪向人民法院提起了公诉。开庭时，李强说自己本来只是想伤害赵丽，结果却造成其死亡的悲剧。本案中，对于赵丽死亡的后果，李强到底是构成故意杀人罪还是故意伤害致人死亡罪？

《中华人民共和国刑法》第 232 条规定："故意杀人的，处死刑、无期徒刑或者十年以上有期徒刑；情节较轻的，处三年以上十年以下有期徒刑。"第 234 条规定："故意伤害他人身体的，处三年以下有期徒刑、拘役或者管制。犯前款罪，致人重伤的，处三年以上十年以下有期徒刑；致人死亡或者以特别残忍手段致人重伤造成严重残疾的，处十年以上有期徒刑、无期徒刑或者死刑。本法另有规定的，依照规定。"

也就是说，故意杀人（既遂）和故意伤害致人死亡，都造成了被害人死亡的结果，但对行为人的罪名定性时还要考虑到行为人的主观故意和犯罪手段。如果行为人的主观故意是杀人，那么应该构成故意杀人罪；如果行为人的主观故意仅是伤害，虽然造成了被害人死亡的结果，但是也仅构成故意伤害致人死亡罪。

结合本案而言，虽然李强强调自己没有杀死被害人赵丽的主观故意，但从李强的犯罪行为上看，其手段恶劣，足以达到剥夺他人生命的程度，也造成了赵丽死亡的严重后果，应当认定其构成故意杀人罪。鉴于李强有自首情节，且本案属于家庭内部矛盾引起的纠纷，被害人赵丽自身也存在一定过错，事后李强能够积极赔偿赵丽亲属并取得谅解。基于以上事实，人民法院最终判处李强死刑，缓期 2 年执行，剥夺政治权利终身。

李强与赵丽本该是一对恩爱眷侣。因赵丽婚外生情，朝三暮四，而迷失了情感。李强面对感情问题没有理智解决，罔顾法律，使家庭暴力一步步升级，最终酿成一尸两命的惨剧。本案血的教训警示我们，夫妻发生矛盾后应当用恰当的方式处理，切莫因为一时冲动，毁了家庭的幸福。夫妻本该是最亲密无间的人，应互敬互爱，相互忠诚。

所谓的"婚外情"引发的血案

法律知识点：刑事案件中被害人过错的认定

一天清晨，东北的一个小镇刚刚经历过一场大雨，整个城镇道路泥泞，行车困难。郑家二老在小女儿的病床前悲伤地抹着眼泪。仅仅一天的工夫，郑家的生活真可谓天翻地覆，大女儿离世，才20多岁的小女儿如今躺在病床上，奄奄一息。对两位年过半百的老人来说，真是天上飞来的横祸。这一切都是因为一个叫张大强的男人。

郑家到底发生了什么事？这就得从郑家大女儿郑双雪说起。郑家老两口有两个女儿，大女儿叫郑双雪，小女儿叫郑双霜。郑双雪比妹妹大5岁，在外打工已经七八年了，她通过自己的努力当上了一家酒店的前台经理。在工作中郑双雪认识了一个男人，因为这个男人，差点搭上全家性命，这个人就是张大强。

一天，郑双雪在大堂巡视，在沙发的角落里发现一个钱包，打开一看，里面不仅有现金，还有身份证、银行卡等重要证件。郑双雪在钱包的夹层里发现了一张名片，名片上的名字和身份证上的名字一样，叫张大强。所以，郑双雪就给张大强打电话说："喂，您好，请问是张先生吗？您是不是有什么东西忘在了酒店。"电话那头传来焦急的声音："我现在正在机场，钱包找不到了，里面还有身份证、银行卡，是不是落在你们酒店了？"

就这样，郑双雪核对了信息，确定张大强就是钱包的主人。飞机很快就要起飞了，张大强回酒店取钱包肯定是来不及了。于是，郑双雪打车把钱包送到了机场。张大强连忙表示感谢，说等他回来要当面感谢郑双雪。5天以后，郑双雪接到了张大强打来的电话。张大强在电话里告诉郑双雪他出差回来了，还给郑双雪带了礼物，他想约郑双雪一起吃饭，并提出当面表示感谢。

两个人见面后，张大强对郑双雪嘘寒问暖。每逢节日，他一定会想方设法地表达心意，赠送礼物，对郑双雪展开了热烈的追求。

其实一开始，郑双雪没有看上张大强。她一直想找个本地人，到时候结婚生孩子，就能真正在这座城市站稳脚跟了，并有望在这座城市定居。可张大强和自己一样，也是在这座城市打工的外地人。他在一家公司担任销售经理，还要经常出差，这让郑双雪很没有安全感，所以她没答应张大强的追求。

然而张大强并没有放弃，对郑双雪穷追不舍。上班送早餐，下雨送雨伞，这让只身一人在这座城市打工漂泊的郑双雪，渐渐感受到了温暖。所以，张大强追求郑双雪小半年后，郑双雪才答应了张大强，并和他确立了恋爱关系。可是，当郑双雪把自己有男朋友这件事告诉父母时，却没有得到父母的祝福。郑家二老说什么也不同意。为什么呢？郑家这个女儿在外面打工，既懂事又孝顺还漂亮，郑双雪的父母一心想让她在城里找个有车有房、经济稳定的男朋友，不想让女儿再漂泊不定地生活。

可就在这时，郑家不同意也来不及了，郑双雪发现自己怀孕了，这婚必须得结了。就这样，张大强家给女方家10万元的彩礼钱。二人从父母反对到奉子成婚，只用了不到一年的时间。

张大强在婚礼上承诺，一生一世都会对郑双雪好。可是，这段婚姻却只维系了两年，两年之后他们就闹到了离婚的地步。这又是为什么呢？

郑双雪从怀孕到结婚，肚子是一天比一天大了，张大强还经常出差，家里又没人照顾郑双雪。所以小两口商量着，准备回张大强的老家生活，一来张大强的父母可以和郑双雪互相有个照应，也能帮着照顾孩子；二来张大强可以回老家创业，一家人的生活压力也不会那么大。

郑双雪也同意了张大强对生活的规划，跟着张大强回了老家，可没想到这一切却是她婚姻破灭的开始。郑双雪辞去了酒店的工作，跟随张大强回了老家，郑双雪住在婆家安心养胎，而张大强就在当地创业，开办了一家小公司。

可是自从郑双雪跟张大强回老家和婆婆一起生活之后，这生活中出现的矛盾与摩擦时常发生。比如，郑双雪想吃肉，可婆婆爱吃素食；郑双雪早上想多睡会儿，可婆婆在厨房里锅碗瓢盆叮当响。郑双雪想让张大强评评理，可张大强却说，咱妈是长辈，你得多让着她点。

就在郑双雪怀孕6个多月的时候，发生了一场意外。郑双雪早上去卫生间时，当时地上有水，她不小心滑倒就流产了。郑双雪认为，婆婆早上拖地时水没有擦干，因为地滑而摔倒，导致她流产。在医院住了两个多星期后，郑双雪就回家休养了。

因为摔了一跤没了孩子，导致郑双雪与张大强一家的矛盾愈演愈烈。于是，郑双雪提出要出去打工。可张大强却说，自己公司的生意现在做得红红火火，如果现在放弃了那就太可惜了。无奈之下，为了维系这段婚姻，郑双雪还是决定留下和老公的家人一起生活。然而，张大强的事业也并非如他所期待的那样顺利。仅仅不到一年的工夫，张大强就赔了个血本无归，就连当年他们结婚时收的份子钱，也都赔了进去。所以，小两口经常因为经济问题吵架。郑双雪数落张大强好高骛远，压根不是做生意的料，要不是自己当初没眼光嫁给他，现在日子也不会这样窘迫。

张大强认为，郑双雪就是个一无是处的人，什么都不懂，而且愚钝，毫无风趣。这些生活的琐事造成了夫妻矛盾的升级。有一天，郑双雪正在家里收拾屋子，张大强躺在卧室里玩手机。突然，有人猛烈砸门，郑双雪急急忙忙去开门，心里还暗自嘀咕这敲门的人下手真是没轻没重的。刚一开门，她就发现门外站着三个彪形大汉，一开门就直接闯进屋里，一边硬闯一边喊道："张大强呢？赶快叫他出来还钱。"

就在这时，张大强被几个人从卧室里给拎出来了，郑双雪才知道这些人是来讨债的。原来，张大强和郑双雪结婚后，经济拮据，后来做生意又赔了钱，他俩总因为钱的事吵架。张大强为了逃避婚姻矛盾，总想翻身挣大钱，于是就开始寻找刺激，经常出去打牌，输了钱回来后就与妻子打架。

有一次，他一下子输了5万元，甚至还借了高利贷，债主纷纷找上门来讨债，并扬言要把家里值钱的东西全都搬走卖掉。如果还不够的话，就剁掉张大强一只手。郑双雪心里害怕极了，她对张大强是又气又恨，为了赶紧打发走这些催债的人，她拿出了自己所有的积蓄替张大强还了赌债。张大强当时就表示，他一定会改过自新、好好挣钱的，可郑双雪的心已经死了，再也不相信他了！

郑双雪当即就收拾东西，回了娘家，临走时告诉张大强，咱俩离婚吧。可是，张大强对郑双雪说，我不可能跟你离婚，离婚你想都不要想。说完这些话，张大强也后悔了。他经常给郑双雪发信息，求她原谅，可是郑双雪很清楚自己不可能回心转意。

为了挽回郑双雪，张大强偷偷来到郑双雪的娘家。可却看到了他不愿意看到的一幕。一辆豪华轿车等在郑双雪家的门口，只见郑双雪打扮得很漂亮，打开了车的后座，而后座上还有一个男人。郑双雪上车后，还和车里的男人有说有笑。张大强赶紧跟踪那辆车，只见车在一家咖啡店门前停了下来。他俩一前一后地下了车，男人还帮郑双雪绅士般地开车门。之后，郑双雪和那个男人就在咖啡厅坐了下来，一直聊天。这时，张大强怒火中烧。从他们的眼神可见两人的关系不一般。于是，他大步流星地走到郑双雪的桌前，把一杯咖啡泼到了郑双雪和那个男人身上，还不停地大喊，看我不要了你的命。然后，对着男人就是一顿拳打脚踢。两个男人扭打在一起，郑双雪慌乱地喊，别打了，别打了！但是，两个大男人似乎一定要争个你死我活，因为胜者只有一个。

两人在打斗中，把咖啡店的桌子砸了个稀烂，餐具也毁了，咖啡店是一片狼藉，服务员赶紧报了警。警方赶到现场后，把他们三人带回派出所做笔录。原来，和郑双雪见面的男人是她的同乡，名叫朱伟，他们是高中同学，两家住得很近，小时候总在一起玩，又是一个班级的，所以经常一起上学、一起放学。高中时，朱伟就暗恋郑双雪。可不巧的是，朱伟考上了大专，去外地上大学了，而郑双雪因考虑家里的经济情况，就选择外出打工了。

后来，他们各自成了家，有了自己的生活，彼此的联系就少了。两年前，朱伟和妻子因感情不合离了婚，之后便回老家创业。刚巧郑双雪和张大强闹别扭，也回了老家。两人再见面时，是久别相逢的喜悦，还有失而复得的激动。朱伟依旧风度翩翩，但郑双雪却被残酷的婚姻生活折磨得体无完肤。

郑双雪向朱伟倾诉，她的婚姻怎么不幸福，老公赌博还欠下赌债。她说自己很苦恼，想和老公离婚。朱伟经常陪郑双雪散心，劝慰她，还说从今往后我就是你的坚强后盾，言语间都是对郑双雪的心疼和牵挂。

在接触一段时间后，朱伟对郑双雪心生爱意，并且想要追求她。郑双雪也明白朱伟的心意，可她毕竟和张大强还没有离婚，所以她只是和朱伟经常聊天、倾诉，彼此之间没有什么越界的举动，自然也没有流言蜚语。

原本张大强到郑双雪的娘家是来赔礼道歉的，顺便接妻子回家。没想到却看到郑双雪和朱伟成双入对的一幕，所以难以抑制心中的怒火，动手和朱伟扭打起来，还闹到了派出所。所幸双方都没有受伤，经派出所民警的调解，就各自回家去了。

经过张大强这么一闹，郑双雪铁了心要和他离婚。当初，她原本以为爱情的力量应该能战胜一切，可没想到张大强婚后好吃懒做、不求上进，还欠下了赌债。这次，张大强还误会她和老同学有不正当关系，所以郑双雪执意要和张大强离婚。

可郑双雪越想离婚，张大强越觉得郑双雪就是外边有人了，离婚是他们早就预谋好的。郑双雪是看自己现在没钱就想着一脚踢开，她为什么这么快就变心了呢！

张大强不想离婚，就算离婚也不想便宜了郑双雪。他越想越气，于是找到郑双雪家里去吵闹，你不让我好过，我也不会让你如愿的，你要是敢跟我离婚，我就跟你同归于尽。

郑家父母护女心切，况且之前女儿也总说张大强的不是。当初，郑家二老就不看好女儿的这桩婚事，现在果不其然，这位姑爷是中看不中用。于是，郑家父母怕郑双雪受了委屈，就想把女儿接回来。当父母的自然会站在女儿这一边，所以他们把张大强赶了出去。张大强回丈母娘家接媳妇，媳妇没接回反倒碰了一鼻子灰，干了一架不说，还和丈母娘家谈崩了。所以他灰溜溜地回去了，可是没过多久他就收到了法院的传票。

张大强收到起诉状后十分生气，当年自己花了10万元彩礼娶的媳妇，才1年多就要离婚，他越想越生气，非要找郑双雪理论一番，准备和她同归于尽。这时，张大强的父母劝住了他。他们劝张大强说，儿子啊，杀人是要偿命的，我和你爸身体不好，经不起折腾，你要是有个三长两短，叫我们怎么活？你们要实在过不下去就离婚吧！

张大强看着年迈的父母，心里也很愧疚。做父母的都不希望看到自己的孩子离婚，因为他和郑双雪的事情，老两口上了不少火，也跟着操心。最终，他同意离婚，在法院和郑双雪签署了离婚调解协议书。

既然张大强都同意离婚了，他为什么还要去伤害郑双雪一家呢？原来，张大强虽然同意离婚，但并不能代表他对郑双雪的恨放下了。他始终把离婚的过错全推到郑双雪身上，认为是郑双雪出轨了才导致这一切的发生。现在家也没有了，还欠了那么多外债，这一切都是因为郑双雪，他要狠狠地报复郑双雪，让她付出代价。

于是，他每天跟踪郑双雪，经常喝得大醉对郑双雪进行骚扰和恐吓，虽然咱俩离了婚，但你要跟别的男人在一起，我也不会让你们好过的。他还在朋友圈里发布信息，说郑双雪出轨，在外面有人了才提出离婚，这样的女人谁娶谁倒霉！

郑双雪和张大强原本是夫妻，有很多亲戚和共同的朋友都能看到这条信息，这给郑双雪造成了很大的困扰，导致她在家人和朋友面前抬不起头来。张大强还威胁郑双雪家人，说你们一家就给我等着，我一定会让你们付出代价的！

就这样，虽然张大强和郑双雪离了婚，但是他的一系列举动搅得郑家不得安宁。郑双雪一家人都不堪其扰！忍无可忍之下，郑双雪报警了。经民警多次调解，双方的关系始终未得到缓和，因为不堪忍受张大强的骚扰和恐吓，郑双雪和父母就找张大强谈判，但张大强就是避而不见。郑双雪还找到了张大强的父母，希望他们能劝劝儿子，让大家好聚好散！但最终都没能解决问题。事已至此，郑双雪只有最后一个办法了，她知道张大强最近找了一份新工作，于是她想到张大强的单位找他的领导反映情况。

这一天，郑双雪和父母一起来到张大强的单位，找到了张大强的领导，把两个人离婚的缘由，离婚后张大强到处发信息诋毁郑双雪，还威胁恐吓他们一家的事向张大强的领导一一反映了。

听说这些情况以后，单位领导就找张大强谈话，让他注意自己的言行举止，不要给自己和公司招惹麻烦。第二天，张大强就给郑双雪打电话，提出要跟郑双雪和解，只要郑家人答应他的条件，这辈子他都不会再纠缠郑双雪。

郑家人一看，果然找到张大强的领导反映问题这招好用。终于，张大强答应不再打扰郑双雪，他们同意到张大强家中谈判。就这样，当天上午，郑双雪和母亲、妹妹三人一起来到张大强的家中。没想到见面后，张大强就变了态度，他不仅辱骂郑双雪，还让她把当初结婚时的彩礼钱还给自己。

郑双雪的妈妈和妹妹就劝张大强好合好散别结怨，不要再提这些无理要求。张大强不但不听劝告，还动手打了郑双雪。见此情况，郑家母女三人就和张大强推搡扭打在一起。这个时候，张大强拿出事先准备好的汽油泼在了母女三人身上，随后持刀扎向了郑双雪，郑双雪连中数刀，当场倒地。张大强好像杀红了眼，又持刀扎向了郑双雪的母亲，还有妹妹郑双霜。郑双霜身中数刀，也倒在了血泊中。只有郑母跟跟跄跄地跑了出去，边跑边喊救命。

有邻居听到动静赶紧阻拦，还报了警。随后，张大强丢下尖刀逃到了附近一处居民楼楼顶，要跳楼结束生命。警方赶到现场以后，他与警方对峙6个小时后才放弃抵抗，被警方当场抓获。

179

此时，郑双雪经抢救无效已经离开了人世，妹妹郑双霜也因受伤严重在医院昏迷不醒。郑家二老守在小女儿的病床前，痛苦万分。

张大强到案后终于供出了实情，原来张大强和郑双雪分手以后，他好不容易找到了一份工作。看前妻带着丈母娘一家又来找单位领导告状，让他在领导面前抬不起头来，张大强就想报复他们一家。于是，他买了一把水果刀和两桶汽油，藏在了家中的鞋柜里。他假装说要找郑双雪谈一谈，其实就是想引诱她们进入自己的圈套，并打算和她们同归于尽。

公诉机关以故意杀人罪对被告人张大强提起公诉。但在庭审中，张大强辩解称，他之所以杀害妻子，不是他一个人的错。如果妻子没有出轨，他们也不会离婚。那张大强的辩解有道理吗？被害人有过错吗？如何认定被害人过错，如果被害人有过错能对被告人从轻处罚吗？

刑法意义上的被害人过错，是指被害人出于主观上的过错实施了错误或不当的行为，且该行为违背了法律或者社会公序良俗、伦理规范等，侵犯了被告人的合法权益或其他正当利益，客观上激发了犯罪行为的发生。

尽管刑法或其他法律规定中并未对被害人过错作出统一的认定标准，但在制定量刑标准的时候对被害人过错作出了认定，并规定了相应的从轻、减轻处罚的标准。比如，规定了被害人有过错可减少基准刑20%—40%的量刑标准。

实践中，认定被害人具有刑法意义上的过错，应具备以下条件：第一，过错行为的实施者是被害人。第二，被害人实施的行为违反了法律规定，或者违背社会公序良俗、伦理规范，应当受到社会的否定性评价。同时，这种应受谴责性要达到一定的程度，并非所有的过错都属于刑法意义上的过错，轻微的过错，不属于刑法意义上的被害人过错。第三，被害人主观上具有过错。即被害人主观上是故意或过失的心态，应当受到法律或道德上的谴责。第四，过错行为与犯罪行为的发生之间具有关联性。

而本案中，被告人张大强赌博欠下赌债，导致婚姻感情破裂在先，也没有证据显示妻子在婚内有出轨、有违背夫妻间忠诚义务的行为。而被告人一再威胁恐吓前妻，有预谋地准备作案工具，所以不能证明被害人有过错。被告人的行为应该认定为故意杀人罪。

法院最终判决，被告人张大强犯故意杀人罪，致一人死亡、一人轻伤，犯罪情节恶劣、犯罪后果严重、人身危险性和社会危害性重大，应当判处死刑。但鉴于本案因婚姻纠纷引发，且被告人张大强具有坦白情节，对被告人张大强判处死刑，缓期2年执行，同时决定对其限制减刑。

一场失败的婚姻毁掉了两个家庭，郑双雪的生命定格在了大好的年华，张大强的余生也将在监狱里度过。也许未来的某一天，他会在监狱里后悔自己的所作所为，但一切终究是无法挽回。

这场悲剧的原因在于，丈夫在婚姻出现危机的时候，没有积极面对，反而用赌博来麻痹自己，逃避现实。导致夫妻感情彻底破裂，结果他的疯狂报复酿成了不可挽回的悲剧。

婚姻是一场修行，漫漫人生路，也许婚姻中会出现这样那样的不尽如人意。当婚姻出现危机的时候，偏执的报复，不会产生真正的赢家。沟通是夫妻之间的桥梁，夫妻在婚姻中要学会沟通、理性沟通，只有这样婚姻才会幸福长久。

令人着迷的女主播

> **法律知识点：** 1. 夫妻共同财产的平等处理权
> 2. 违背公序良俗的赠与无效

【案例一】

2021年的一天深夜，一户人家传来激烈的争吵声。只听见一个女人喊道："你说，我们的钱都哪儿去了？"随后传来女主人绝望的哭声。王梅和丈夫杨刚可是一对让人称羡的夫妻，结婚25年来，两个人几乎没红过脸。这对模范夫妻之间到底发生了什么，让女主人如此大发雷霆呢？

两个人争吵的起因是家里将近200万多元的存款不翼而飞，那可是王梅夫妻攒了半辈子的钱！

一年前，王梅和杨刚的女儿考上了重点大学，这是夫妻俩的骄傲，是他们的希望。两个人恋恋不舍地把女儿送上了求学的列车。女儿上大学了，王梅想，他们夫妻俩完成了一件人生大事，终于可以卸下压力，好好享受生活。可没想到，两人25年的幸福婚姻，却在这个时候走到了尽头。

没有女儿在身边，王梅和杨刚发现日子一下变得无滋无味了。空荡荡的房间里少了女儿的欢声笑语，墙上的高考倒计时也提示着夫妻俩，女儿已经展翅高飞了。为了打发时间，王梅学起了广场舞，而百无聊赖的杨刚却迷恋上了网络世界，他最喜欢做的就是窝在沙发上刷短视频和看直播。直到一个女人的出现，让他们的生活发生了天翻地覆的变化。

杨刚关注了一个女主播，名叫贝贝。虽然直播平台上有非常多的主播，但杨刚总觉得贝贝和其他人不一样。贝贝青春靓丽，人见人爱，在直播间里唱歌、跳舞、展示才艺，一笑起来嘴角边还有两个深深的酒窝，特别甜美。

杨刚第一次进入直播间时，就被她的笑容迷住了，之后每次拿起手机，就忍不住点进来看看。杨刚开始学着其他人的样子，在直播间里留言互动，夸贝贝人美歌甜。几天下来，贝贝认识了这位忠实的粉丝，每次杨刚一进入直播间，贝贝都会第一时间和他打招呼。听着自己的名字被贝贝温柔的声音喊着，杨刚的心也被她牵着走。

杨刚明白，要想获得贝贝的特别注意，光来直播间看看可不行。每当直播间有人刷礼物，贝贝都会点名感谢。为了让贝贝也对自己另眼相待，杨刚也学会了给贝贝刷礼物。一开始，他就是刷一些花钱少的小礼物，但慢慢地，他发现刷礼物的人越来越多，小礼物根本不能引起贝贝的重视，并且越贵的礼物，在屏幕里刷起来的效果确实震撼。

随着礼物越刷越多，杨刚的心情也越刷越激动，时不时就成为女主播贝贝礼物榜上的常客。而这个时候，贝贝对杨刚的态度果然发生了转变。

终于有一天，在杨刚刷了一份大礼物后，贝贝给杨刚发了私信，告诉了杨刚自己的联系方式。贝贝说，以后咱们可以经常联系，有机会我请你吃饭。这让杨刚觉得贝贝不是虚拟网络里看不见的主播，在通过好友验证的那一刻，人到中年的杨刚居然体会到了久违的心动，仿佛找回了年轻时谈恋爱的感觉。

杨刚获得了贝贝的好感，隐瞒了自己的已婚身份，他说自己已经离婚多年了，还说自己是一家公司的老板。虚构的身份和出手的阔绰，果真让贝贝对杨刚刮目相看，二人私下越聊越投机。直播平台玩法多种多样，主播之间也会经常打比赛，谁在规定的时间内获得的礼物越多，谁就胜出。每当贝贝开直播，都会特意叫上杨刚，让他多刷礼物帮自己涨人气。

只要杨刚在直播间里一掷千金当上了榜一大哥，贝贝就会对他格外热情，还会号召直播间里的其他粉丝一起感谢杨刚。杨刚仿佛真成了自己虚构世界的"大老板",为博红颜一笑,不惜豪掷千金。

在虚荣心的作用下,杨刚一次次为直播充值,从最开始的几十元、几百元,到后来一次充值就上万元。而贝贝对他的称呼,也从杨大哥变成了亲爱的,这让杨刚欲罢不能。可是杨刚的私房钱很快就花光了,当杨刚没有钱再给贝贝打赏后,他褪去了榜一大哥的光环。于是,贝贝对杨刚也开始变得冷淡起来,她开始每天在直播间里和别的打赏者聊得火热,杨刚看到这一切,顿时感到嫉妒和失落。

为博红颜一笑,他又打起了家里存款的主意。杨刚名下有一张200万多元存款的银行卡,但这张卡一直都是妻子王梅在保管,那是他们夫妻俩多年的积蓄,准备日后给女儿买房子用的,所以谁也不会轻易动这笔钱。

可是,直播打赏的疯狂,还是让杨刚鬼迷心窍了,他开始谋划着用这笔存款挽回贝贝的芳心。为了不被妻子察觉,他先是偷偷挂失了自己放在妻子手中的银行卡,然后补办了一张新卡。

在接下来的时间里,他在直播间又开始频繁地给贝贝赠送礼物,每次直播他都出手阔绰。就这样,杨刚从本分可靠的丈夫、慈爱有加的父亲,变成了在直播间里肆意挥霍的榜一大哥。然而,杨刚的举动逐渐引起了妻子的怀疑。王梅发现杨刚最近总是神神秘秘地捧着手机傻笑,经常睡在书房,而且杨刚对手机看得很紧,甚至到了手机不离手的地步。

王梅每次借口用他的手机,都被杨刚用各种理由拒绝。王梅意识到,杨刚的手机里肯定藏着不可告人的秘密。终于有一天,趁着杨刚熟睡,王梅打开了杨刚的手机,看到了他和贝贝的聊天记录,也看到了她最不愿相信的一幕。

王梅越看心越凉,看到他们频繁联络、肉麻昵称、暧昧语言,还有主播性感的照片。更让王梅吃惊的是,她找到了丈夫的充值记录,发现丈夫竟然在直播平台充值了170万多元,而这些钱都是他们夫妻俩辛苦攒了大半辈子的血汗钱。

她不敢相信,丈夫背叛了他们25年的婚姻,看着眼前这个熟睡的男人,王梅第一次感觉他是如此陌生。王梅叫醒杨刚,质问他和贝贝的关系。面对王梅手里的铁证，杨刚的沉默说明了一切。

面对默认这一切的丈夫，王梅绝望了。25年时光浇铸的夫妻感情，竟如此不堪一击，她哭喊着怒斥丈夫，让他给自己一个解释。

杨刚非常冷漠，面对妻子的崩溃痛哭，竟然平静地说，我们就离婚吧，我找到了心动的爱情。银行卡里还有30万多元，都留给你，我刷礼物刷出去的，也已经花完了。这些积蓄毕竟我挣得多，我应该多分点，愿意怎么花，那是我的事。

听杨刚说完，王梅彻底心灰意冷了。她作了一个艰难的决定，准备去人民法院起诉杨刚离婚，拿回属于自己的财产。通过王梅申请调查取证，最终确认杨刚在直播平台总共消费了170万多元，这些钱都打赏给了主播贝贝。王梅在主张离婚的同时，要求杨刚返还挥霍的夫妻共同财产中属于自己的份额。王梅的主张能成立吗？

根据《中华人民共和国民法典》第1062条规定："夫妻在婚姻关系存续期间所得的下列财产，为夫妻的共同财产，归夫妻共同所有：（一）工资、奖金、劳务报酬；（二）生产、经营、投资的收益；（三）知识产权的收益；（四）继承或者受赠的财产，但是本法第一千零六十三条第三项规定的除外；（五）其他应当归共同所有的财产。夫妻对共同财产，有平等的处理权。"

因日常生活需要而处理夫妻共同财产的，任何一方均有决定权，这是一种当然代理权，但是夫或妻如果不是因为日常生活需要，对夫妻共同财产作出重要处理决定，夫妻双方应当平等协商，取得一致意见。

本案中，丈夫杨刚在未征得妻子王梅同意的前提下，非因家庭日常生活需要擅自处分了夫妻共同大额财产，这侵犯了妻子王梅对夫妻共同财产的所有权及平等处理权。

鉴于杨刚高消费的财产已经消费完毕，故已不存在分割该部分夫妻财产的客观基础，但由此给王梅造成的财产损失，应由杨刚作出赔偿。最后，法院判决准许二人离婚，杨刚赔偿王梅财产损失85万元。

一个幸福的家庭分崩离析，伤心的王梅搬到了女儿所在的城市，极度失望的女儿几乎要断绝和父亲杨刚的联系。杨刚最开始还以为没了家庭的负累，贝贝可以和他走到一起。当贝贝知道，杨刚不仅不是大老板，还因离婚背负了 85 万元的赔偿后，断然拒绝了和他的继续交往。

此时的杨刚希望贝贝能退回部分打赏款，可贝贝立刻把他拉黑了。就这样，人到中年的杨刚走到了人财两空的境地，真是追悔莫及。

夫妻家庭是一个整体，夫妻之间也有相互忠诚的义务。这个世界的确有这样或者那样的诱惑，但诱惑是杯毒酒，也许看起来美好，但尝下去就很危险了。

夫妻共同财产的平等处理权，不是冷冰冰的法条。它告诉我们，如何正确地处理夫妻关系，那就是要尊重彼此的意见，否则一方肆意挥霍夫妻共同财产，也要承担法律责任。

本案中，丈夫挥霍夫妻共同财产，擅自处分并打赏女主播，妻子在离婚时追回了属于自己的份额。而接下来的这个案例，也是丈夫把钱财打赏给了女主播，但妻子却通过法律手段向女主播要回了全部财产。

【案例二】

南方的盛夏，酷热难耐，周末傍晚的喷泉广场可算迎来了徐徐的晚风。人们卸下一周的疲惫，走进城市的商业街赶赴一场场约会，街道顿时热闹起来。

就在这时，人群中一个女人正神情紧张地跟踪着一个男人，并用手机拍摄下了男人的行踪。毫无察觉的男人走到街口的咖啡店门前，兴奋地挥了挥手，一个身材姣好的女孩立刻向他飞奔过来，两个人甜蜜地拥吻在一起。这一幕，都被跟在后面的女人用手机拍了下来。拍摄视频的女人名叫刘芳，她跟踪的男人正是自己的丈夫李斌。

就在几个小时前，李斌告诉她，自己临时被领导安排去外地出差，之后就匆匆地离开了家。最近，丈夫时不时出差。这一次，妻子刘芳决定偷偷跟踪丈夫。她要看看几乎每周都出差的丈夫到底去了哪里。出门前，刘芳尽管心情忐忑，但知道这是自己必须要经历的历程。她不停地问自己，如果真如她所怀疑的那样，丈夫李斌所谓的"出差"是为了和其他女人约会，自己该怎么做？

刘芳心里没有答案，她多希望是自己多想了。当看到这一幕真的发生在眼前时，刘芳利索地打开摄像头，把这一切记录在手机里。目送丈夫和那个陌生女人打车离开后，刘芳呆坐半天才回过神来。返程的路上，刘芳想到她和丈夫曾经的甜蜜时光，越想越委屈，不禁失声痛哭起来。

刘芳和李斌是一对从校园走进婚姻的夫妻，他们见证了彼此的青春岁月，又开启了共结连理的幸福生活。还记得两人刚刚结婚那会儿，还过着新婚燕尔的甜蜜生活，为何刚过一年，丈夫就出轨了呢？

这一切的发生，还得从两人的争吵说起。李斌和刘芳的老家不在一个城市，大学毕业后，为了爱情的李斌迁就刘芳，跟着刘芳回到了她的家乡工作和生活。

一开始，刘芳的父母也不同意这门婚事。但是，无奈女儿非李斌不嫁，为了成全女儿的婚姻，刘家父母还帮衬着女儿买了婚房，托关系为李斌安排工作。

刘芳是家里的独生女，父母从小就宠爱着她。结婚后，刘芳总喜欢拉着李斌回娘家，一住就是好几天。刘芳觉得，他们回娘家住好处多，爸妈还能给做饭，小两口能省点事，但是李斌就觉得回刘芳父母家住，既拘谨又不舒服。而且他觉得在别人的眼里，他就是上门女婿。后来，刘芳再说要回娘家，李斌就不愿意跟着回去了，气得刘芳自己回了娘家。李斌一个人在家喝喝小酒、刷刷手机，反倒觉得逍遥自在。

这天晚上，李斌的一个无心之举，却改变了几个人的人生轨迹。李斌刷到了一个情感直播间。一进直播间，李斌就被一个叫陈君美的主播的声音吸引住了。她不仅人长得甜美，声音也很温柔。此时，她正和一个男粉丝连线，耐心地安慰着这个被情所伤的男人，一席话都说到了李斌的心坎里。

在这个寂寞的夜晚，李斌忽然也想向她倾吐一下自己和妻子的矛盾。犹豫片刻后，李斌最终鼓足勇气申请了连线。

在陈君美的引导下，李斌把自己和妻子刘芳之间的不愉快一股脑地倾诉了出来，主播陈君美在直播间帮李斌分析，还不停地安慰他。李斌没有想到这个漂亮的情感主播，竟然如此善解人意。陈君美的安慰也让李斌体会到了久违的温暖。当天晚上，李斌就私信要来了陈君美的联系方式，并说自己很感谢陈君美开导自己。两人又在微信里聊了一整晚，越聊越投机。

之后的几天，李斌都会去陈君美的直播间，偶尔还会给陈君美刷刷礼物支持她。3天之后，李斌说想请陈君美吃饭表示感谢，没想到陈君美爽快地答应了。

约会当天，两人相互分享着生活的点点滴滴、人生的酸甜苦辣。李斌觉得和陈君美虽相见恨晚，却一见如故。看着眼前温婉动人的陈君美，再想想自己任性傲娇的妻子刘芳，李斌的心似乎都被善解人意的陈君美带走了。因吵架好几天没联系的妻子，早就被他忘在脑后。

第一次见面时，陈君美就知道李斌已结婚有妻子。在见面当天，他还给陈君美带去了一束白玫瑰。在李斌的心里，陈君美就像这朵白玫瑰一样纯洁美丽。之后，李斌和陈君美的关系就开始变得暧昧起来……

而刘芳这些日子并不好过。父母看出小两口闹别扭了，都劝刘芳不要耍大小姐脾气，互相给个台阶下。刘芳反思自己也有做得不对的地方，就答应父母周末回自己的小家。回家的当天晚上，刘芳就向李斌道歉，说自己忽视了李斌的感受，以后自己争取少回娘家，用更多时间陪伴丈夫。

可没想到的是，刘芳的理解和让步并没有换来李斌的珍惜。打那之后，李斌的胆子越来越大，每天都说自己在公司加班，实际上是和陈君美约会。一到周末，他就拿出差当借口，跑去和陈君美私会。

为了讨陈君美的欢心，李斌还特意送给陈君美一些贵重的礼物。短短一个月，为表达爱意的李斌就给陈君美转账4万多元。要知道，李斌对自己的妻子也从来没这么大方过。

就这样，从网络直播间到现实生活，由线上到线下，李斌和主播陈君美快速发展成了情人关系。每次陈君美收到礼物后表现出来的满足，都让李斌找到了被人依赖的自信。

可日子一长，妻子刘芳起了疑心。因为刘芳知道，丈夫原来在单位没有那么忙，而且丈夫近期对自己越来越冷淡，甚至连她的生日都忘记了。

还有，刘芳在家里的邮件中发现了李斌的银行卡交易记录，这当中有多个特殊意义的转账；还有好几笔在商场购买女士用品的消费明细，可这些东西都不是丈夫买给自己的，那又是送给谁的呢？接连不断地遇到几件事，刘芳觉得丈夫不对劲，所以她决定偷偷跟踪丈夫。

那么，亲眼目睹了丈夫的背叛，刘芳会怎么做呢？

刘芳失魂落魄地回到家中，心里没了主意。她把发现李斌出轨的事告诉了父母，刘芳哭肿的双眼、憔悴的模样让父母心疼。父母听后对女婿是既生气又失望。但老两口劝说刘芳，这也许就是夫妻生活里的坎坷，李斌是一时糊涂才犯下错误，他们想让女儿和女婿好好谈谈，婚姻不易，也许还有挽回的余地。听了父母的话，晚上李斌回到家里，刘芳拿出手机，给李斌播放了今天拍到的视频。李斌看着视频里自己和陈君美拥吻的画面，一下泄了气，只能承认自己错了，希望妻子原谅自己。

刘芳没有大吵大闹，她隐忍着心中的怒气，想起父母的忠告，婚姻不易。再给李斌一次机会，刘芳细数着她和李斌两人一路走来的点点滴滴，一边说着一边泪如雨下。李斌听后也痛哭流涕，他承认自己不仅和陈君美发生了关系，还在与她交往期间，给她转了账，买了礼物。李斌跪在刘芳面前哭诉忏悔，求得刘芳的谅解，他还给刘芳写了保证书，发誓会断了和陈君美的联系。

之后的日子，李斌加班的频次的确是少了，刘芳也认为李斌和陈君美断了联系，踏踏实实回归家庭了。直到一件事情的发生，刘芳发现丈夫欺骗了自己。这天半夜，刘芳醒来发现李斌没在床上睡觉，而是躲进了书房。刘芳走到门口，听见李斌正和人小声说话，还安慰电话那边的人再忍一忍，等过段时间就去看望她。

刘芳明白了，原来李斌一直瞒着自己继续和陈君美交往。愤怒的刘芳捶打着书房的门，而李斌像缩头乌龟一样不敢出来。刘芳看透了这个不负责任的男人，拿着行李连夜离开了家。刘芳对李斌失望透顶，她要让破坏婚姻的第三者付出代价。刘芳咨询律师后，把丈夫李斌和破坏婚姻的第三者都告上了法庭。她要求撤销李斌对陈君美的赠与，并要求陈君美返还财产。

根据《中华人民共和国民法典》第153条中规定，违背公序良俗的民事法律行为无效。也就是说，夫妻关系存续期间，在未经配偶的同意，一方擅自处分夫妻共同财产，将夫妻共同财产赠与与其有不正当男女关系的第三者，这样处分财产显然并非用于夫妻日常生活。且夫妻之间有相互忠诚的义务，一方出轨背叛婚姻，这种行为违背公序良俗。那么第三者，如果是基于违背公序良俗的不正当男女关系而获得了赠与，这种赠与也是无效的。第三者应当返还财物。

本案中，刘芳与李斌是夫妻，可在夫妻关系存续期间，李斌与主播陈君美发展成了不正当的男女关系。这种行为是违反公序良俗的，李斌是基于与陈君美的不正当男女关系，向她赠与了财物，这种赠与行为显然是无效的。陈君美应当予以返还。夫妻共同财产是一个不可分割的整体，所以，第三者应全部返还。最终法院判决，陈君美返还刘芳6万元。

刘芳和李斌的婚姻走到了尽头。她选择和李斌离婚，结束了这段婚姻。经历这场风波之后，李斌发现还有好几个人也把陈君美给起诉了，因为陈君美通过情感咨询的方式，同时和好几个男人发展成情人关系。其实她对李斌的感情，可没有李斌想象中那么纯粹，也没有那么简单。

观看直播，对自己喜欢的主播进行一定金额的打赏，本应是一个愉悦身心的过程。但如果过分追求网络打赏带来的刺激，丧失理智、肆意挥霍夫妻共同财产，会给婚姻和家庭带来伤害。同时，忠诚是婚姻关系的底线，只有守住了底线，才能守住幸福的人生。

情　债

法律知识点：故意杀人罪　敲诈勒索罪

一天下班，王大勇突然收到妻子李晓梅被绑架的短信，绑匪一开口就提出了60万元的赎金。难以筹集到这么多钱的王大勇报了警，警方火速破案并抓获了绑匪，却发现李晓梅早已遇害。经警方调查，绑匪林峰的身份竟是李晓梅的情夫，其交代因李晓梅不愿继续维持情人关系，而失手勒死了对方，并想出谎称李晓梅被绑架、勒索财物的主意。

2017年11月底，东北迎来了一场大雪，鹅毛一样的雪花洋洋洒洒地落下来，铺满了小区的整个路面。傍晚天色昏暗，王大勇像往常一样下班回家。打开门后，发现妻子李晓梅没有在家。王大勇脱下外套，开始准备晚饭。王大勇今年38岁，他的老婆李晓梅从小娇生惯养，结婚10多年也没有一份正式工作，最近在一家饭店打零工。李晓梅最大的爱好就是打麻将。看今天这个情况，老婆应该是下班后又去楼下麻将馆打麻将了，王大勇早就习惯了这样的日子。

这时，饭都做好了，也不见李晓梅回家。王大勇给她打电话也打不通，他披上外套就去楼下找，寒风凛冽，他加快脚步到了麻将馆，却得知李晓梅今天没有来打麻将。那妻子去哪儿了呢？电话不通，信息不回。没想到就在这个时候，王大勇的手机收到了一条短信，意思说，你老婆李晓梅在我手里，快准备60万元，不许报警，否则就杀了她。

王大勇看到短信后半天没缓过神来，不是谁和他开玩笑吧？这突如其来的消息让他六神无主，他强迫自己镇定下来，仔细确认手机的短信内容，手机号码是李晓梅的。王大勇仍旧抱着一丝侥幸，觉得可能是开玩笑，就把电话拨过去了，可是刚打过去就被对方挂断了。他又拨了两次，依旧被挂断。他彻底慌乱了，他们家不是大富大贵的家庭，平时也没有得罪什么人，老婆好好的怎么会被绑架呢？妻子现在在哪儿？这60万元的赎金不是小数目，如果不给绑匪，绑匪一怒之下撕票了该怎么办？如何向孩子和妻子的娘家人交代？他左思右想，虽然绑匪不让报警，可这60万元他也拿不出来，于是王大勇拨通了110报警电话。

接到报案后，警方立刻赶到王大勇家中，通过对其询问相关情况，以及对短信的确认，警方立刻对此案展开了侦查。警方详细询问了李晓梅上班饭店的老板和同事，得知今天下午，还没到下班时间，李晓梅就请假说出去办点事。同事看到她上了门口的一辆出租车，之后就再没有回来。

警方通过锁定这辆出租车开始排查发现，就在案发当天下午3点钟，李晓梅乘坐的出租车驶离了饭店的街道，开进了一个老旧的小区，司机把车停在了小区院内，李晓梅和出租车司机一起上了楼，之后就再也没有出来。

通过对小区监控录像的调查，警方发现，两个小时后，司机再次出现在了监控画面里，他急匆匆地出了小区大门，不一会儿就带回来一个很大的编织袋。在晚上7点钟左右，天色已经暗下来，司机很吃力地拽着编织袋到了他驾驶的出租车旁，并把编织袋放进了车后备厢里，往郊区驶去。

警方很快侦破了本案，将出租车司机林峰捉拿归案。归案后的林峰对杀害李晓梅的犯罪事实供认不讳，并交代了抛尸的地点，警察随后就在城边郊区山上的草丛里找到了李晓梅的尸体。林峰和李晓梅到底是什么关系？他为什么要在家中杀害李晓梅？又为何要谎称李晓梅被其绑架索要赎金？这还要从李晓梅和林峰两个人的相识说起。

自李晓梅结婚以后，一直不愿意出去工作，对家里的事情就是个甩手掌柜，每天最大的爱好就是打麻将，她的丈夫王大勇性格憨厚，老实巴交，日常家务都是王大勇来承担。夫妻俩结婚10多年来，虽然感情平淡，但王大勇很照顾李晓梅。快40岁的李晓梅体形气质保养得很好,完全看不出来是一个结婚多年的女人。李晓梅几乎每天都去麻将馆里消遣。

2017年初,李晓梅就在牌桌上认识了林峰。林峰的老家是农村的,一个人来这座城市打工已经3年了。平时他靠开出租车谋生,由于老家很远,一年到头林峰也回不了几次家,林峰的老婆在老家带孩子,并照顾孩子上学。林峰挣的钱除了自己必要的开销外,把多余的都寄回家给父母妻儿。就这样,林峰租住的房子就在李晓梅家隔壁小区,他白天开出租车,晚上没事就喜欢打几把麻将娱乐一下。

一天,林峰在麻将馆遇到了李晓梅。李晓梅皮肤白皙,身材丰满,性格开朗,在烟雾缭绕的麻将馆里显得十分靓丽。二人经常在牌桌上一起打牌,一来二去就熟识起来。林峰一个人在这座城市生活,难免有些孤单寂寞,他和李晓梅又有共同的爱好——打麻将。两个人熟悉以后,林峰就经常约李晓梅一起吃饭、聊天。李晓梅平时有事需要用车的时候,林峰总是很热情地主动接送。于是,林峰对李晓梅就心生好感。他痴迷于李晓梅既年轻貌美,又聪颖过人。李晓梅对林峰很是动心,这份怦然心动让他在异乡的打工生活不再那么枯燥无味,林峰找到了恋爱的感觉。于是,他向李晓梅展开了追求。

平日里,李晓梅的生活就平淡如水,老公王大勇虽然老实本分,但不解风情。10多年的婚姻生活琐碎无趣,这让李晓梅对婚外的生活产生了向往。林峰的追求就像是突然掉进这婚姻死水里的石头,让李晓梅的内心荡起了层层涟漪。林峰虽然不是什么有钱人,但他风趣幽默,总是变着法地哄李晓梅开心,时不时地制造浪漫和惊喜。李晓梅很快就放下了矜持,陷入了和林峰的地下恋情,她总是借着出去打牌的借口去林峰的出租屋里约会。两个人的感情日益升温,而丈夫王大勇对此却一无所知。

既然两人正在热恋,感情又甜蜜,那为何林峰会杀害李晓梅?究其原因竟是由麻将引起的。

2017年,李晓梅因为打麻将输了1万多元,为了能把输的钱赢回来,李晓梅就谎称家里装修需要用钱,向亲戚朋友前前后后一共借了5万多元。偿还了1万多元赌债之后，李晓梅本想着用剩余的4万元赌几把大的，想把输的钱早点赢回来。可是没想到，赌得越大，输得越快。非但没有赢回本钱，反而连东挪西借的钱全都搭了进去。快到年底了，亲戚朋友家也需要用钱，所以他们纷纷打电话向李晓梅讨要。

　　李晓梅不敢告诉丈夫王大勇说自己输了这么多钱。李晓梅也知道自己本来就不上班，都靠丈夫一个人的收入支撑这个家。她喜爱打麻将，王大勇也从来没说过她什么，也没有让她上班给家里赚钱。可是，因为自己的贪婪，打麻将输了这么多钱，她实在不忍心也没有资格开口向丈夫要钱还赌债。

　　李晓梅经过反复考虑，决定和情夫林峰商量还赌债的事情。听说这事后，林峰并不上心，他自己经济条件一般，5万多元对他来说也不是个小数目。老婆带着孩子在老家生活，孩子上学用钱的地方多，林峰每个月都要往家里寄钱供孩子读书，他是绝对不能影响孩子上学的。还有一个最重要的原因——自己和李晓梅是情人关系，这钱借给她，将来还能不能还回来，这是林峰最担心的事情。

　　可是，李晓梅整天哭哭啼啼，撒娇带哄地软磨硬泡。如果不借钱，李晓梅肯定和他翻脸，但林峰还想维持着情人关系。就这样，林峰只能硬着头皮答应了。但是，对于林峰来说，5万多元可不是小数目。林峰压根没有这么多钱，不得已之下，林峰骗老家的妻子说朋友有急事要借2万元应急，让她把卡里的2万元先汇过来，说过一阵子朋友就还回来。林峰的妻子同意了，于是林峰把这2万元取出来，交给李晓梅去还债。

　　李晓梅本想着和林峰都是情人关系了，两个人的关系亲密无间，她又那么信任、爱慕林峰。现在自己打麻将输了钱，林峰一定会尽心帮她想办法先把这5万多元给还上的。之前林峰还一直和李晓梅说，自己以前是干工程的包工头，家底殷实，李晓梅觉得林峰应该有这个经济能力。可是，这次李晓梅向林峰借钱，林峰却吞吞吐吐地只拿出2万元，这让李晓梅颇感失望。李晓梅甚至觉得，林峰根本不是真心对待自己，情人一场，却经不起金钱的考验，关键时候就退缩了。李晓梅很不开心。

李晓梅拿着林峰给她的2万元，心想反正这2万元也不够还赌债的，不如再赌一把，用这2万元赢回5万多元，剩余的欠债就还上了。于是，她又走进了麻将馆，结果2万元也输个精光。就这样，李晓梅不仅没赢回钱，连情人林峰给她的2万元也输光了。但是欠债总是要还的，迫于还债的压力，李晓梅最终和丈夫王大勇说了欠钱的事。一开始，丈夫王大勇非常生气，但还是苦口婆心地和李晓梅说："你爱打点小麻将，消遣娱乐下也就算了。但咱家的钱也不是大风刮来的，你玩这么大还输了这么多钱，这可怎么办呀？"

　　李晓梅哭着向丈夫发誓，以后会痛改前非，绝不再犯从前的恶习。发过誓愿之后，丈夫王大勇还是想尽办法帮李晓梅把欠下的债还上了。王大勇告诉李晓梅说："咱们那个定期理财账户里有3万元，你取出来把钱还上吧。我再去我妈那儿借2万元，以后别玩这么大了。等这事过去了，我请个年假带你出去玩一趟。"就这样，丈夫王大勇把家里所有的积蓄拿了出来，又跑去跟父母借了2万元，帮李晓梅把债还上了。丈夫的安慰、担当、体贴，让李晓梅十分感动，关键时刻还是丈夫愿意帮助自己，李晓梅顿时备感温暖。

　　通过这件事，李晓梅心中有个鲜明的对比，情人林峰关键时刻吞吞吐吐地才借给自己2万元，还再三嘱咐要尽快还他。然而，丈夫王大勇回婆家借钱也要帮李晓梅把赌债还上，真可谓是患难之中见真情。每当想起她跟林峰之间的事，她都深感自责和愧疚。

　　从那一刻起，李晓梅决定回归家庭，一心一意和丈夫王大勇好好过日子。李晓梅在家附近找了份工作，在一个饭店当服务员，麻将馆基本不去了，家里的事情也都开始料理得井井有条，丈夫王大勇也很开心。这么多年，李晓梅都未正经上过班，这次虽然还了5万多元的债，但换来的却是妻子踏实工作，王大勇觉得钱早晚都能挣回来，只要他们两口子好好过日子，比什么都强。就这样，自从借钱还债这事之后，李晓梅和丈夫之间的感情更融洽了，回到了正常的生活轨迹。

　　李晓梅因为每天要去工作，林峰约她见面，她都不见，也不像以前那样积极热情了，总是找理由推脱，刻意回避。林峰也隐约意识到，李晓梅是因为自己没有给她拿出5万多元还赌债而心生芥蒂，故意疏远自己。林峰还听麻将馆的人说，李晓梅现在上班了，她老公天天接送她上下班，不让她参与打麻将活动了。

林峰觉得自己毕竟还是借给李晓梅2万元，自己已经尽力了。李晓梅非但不领情，还因为没给够钱生气，现在钱也不说还，还和丈夫成双成对。他觉得李晓梅利用了自己的感情，心里对李晓梅十分不满。

不久，林峰的一个同乡回老家探亲。他和林峰妻子聊天的时候说："你可得看好你家老林，他自己在外地打工，人和钱都看紧点。"林峰的妻子本来就知道林峰好赌，他一个人在外地，同乡的提醒让她感觉到无风不起浪，她又想起了林峰前几天刚告诉她，要拿2万元帮人的事。于是，林峰的媳妇马上警觉起来，赶紧打电话给林峰，说赶快把2万元还回来，自己还要过来找他问明情况。

李晓梅和丈夫王大勇过着美满幸福的小日子，林峰老家的媳妇却天天一哭二闹三上吊，让林峰赶快把钱要回来。林峰有些招架不住，毕竟他婚内出轨不是什么光彩的事，林峰担心妻子知道了他和李晓梅的关系，不会放过自己。于是，林峰就决定赶快找李晓梅把这2万元要回来，好安抚媳妇。

案发当天下午，林峰给李晓梅打电话说："我就在你上班的饭店附近，我找你有事，出来聊聊。"李晓梅本来是不想去的，可是林峰早就猜到了她会拒绝，直接说你要是不出来见我，我就去找你老公了。迫于无奈，李晓梅就请假提前下班，一出门看到林峰驾驶出租车在等她，于是就上了车。

林峰驾车把李晓梅带回了他租住的房间，一开门林峰就抱着李晓梅，说自己很想她，让她不要生气了，希望能继续重归于好。可是，李晓梅甩开林峰的手说，我已经想好了，咱俩好聚好散，说完就要离开。

林峰本打算，今天如果能哄回李晓梅，他可以去找朋友借2万元来应付老家的妻子，只要还能和李晓梅在一起，钱的事情可以缓缓再说。可没想到，李晓梅是铁了心要和他分手，想甩手走人。林峰见挽回无望，心里想着怎么样也得把2万元要回来。于是，他对李晓梅说："晓梅啊，你要是真不想和我在一起，我也不勉强你，把2万元还给我，咱俩就各不相干了。"

这让李晓梅十分生气，她觉得自己和林峰相处一场，林峰连给她花2万元都舍不得，临分手了还要把这钱要回去。李晓梅觉得很不值得，更不想还钱给林峰。于是，李晓梅就告诉林峰："我不能白和你好一回，这钱就当分手费，你要是男人就不应该向我要这个钱。"

李晓梅转身就要出门，听见李晓梅欠钱不还，还羞辱自己，如今自己是人财两空，林峰恼羞成怒，他直接冲上去拽住李晓梅，双方发生了激烈的争执。冲动之下，林峰狠狠地勒住了李晓梅脖子上的围巾，嘴里还不停地说："我让你骗我，我让你不还钱！"

当李晓梅失去意识不再挣扎时，林峰这才冷静下来，害怕地用手探了探李晓梅的鼻息，发现她已经没有呼吸了。慌乱中，林峰想必须赶快把李晓梅的尸体运走，并野外抛尸。

林峰急匆匆地下了楼，到小区外的杂货店买了编织袋，把李晓梅的尸体装入编织袋后，搬到他的出租车里然后寻找抛尸地点。林峰心里很乱，车开到郊区，林峰在一处林地里将李晓梅的尸体掩埋了。

回去的路上，林峰很是懊恼，想到这一切都是因为他的出轨，现在成了杀人犯，他老家的妻儿该怎么办，万一他被抓住，以后孩子的生活谁来照顾？父母、妻子、孩子他们该怎么生活？旁人该怎么看待他的家人……想到这儿，林峰十分后悔，但此时后悔已经晚了。这个时候，林峰看到李晓梅的手机就在车上，想到李晓梅还欠自己2万元，林峰索性破罐子破摔。为了能给自己赚点逃跑的费用，也为了给妻儿留下一些生活费，他拿起李晓梅的手机给她的丈夫王大勇发了信息，称李晓梅被自己绑架，让他交出60万元赎金，否则就撕票。可是他没料到，李晓梅的丈夫王大勇竟然会直接报警，自己很快落入了法网。

案情查清之后，公安机关将本案移送到了检察机关，检察机关很快以故意杀人罪和敲诈勒索罪对林峰提起公诉。

庭审中，林峰辩解自己当时并没有想要杀害李晓梅，而是被李晓梅的言语激怒，自己只是想吓唬一下李晓梅，给她个教训，在争执中失手致李晓梅死亡。

那么，林峰的行为是应该构成故意杀人罪还是故意伤害致人死亡罪呢？根据《中华人民共和国刑法》第232条规定，故意杀人罪是指故意非法剥夺他人生命的行为。第234条规定，故意伤害致人死亡，属于故意伤害罪的结果加重犯。它是指行为人明知自己的行为会造成他人身体伤害的结果，并且希望或者放任伤害结果的发生，结果却出乎意料地造成了死亡，即对伤害，行为人具有主观上的故意，但对死亡的结果，其主观上具有过失且只有过失。

结合本案的证据情况，法院审理后认为，被告人林峰的行为手段恶劣，用力猛拽围巾的两端使劲勒李晓梅的脖子，大约猛拽了一分多钟的时间，怕力度不够，就用右脚踩住手上拽的围巾造成被害人李晓梅死亡。其行为以达到剥夺他人生命的程度，主观上具有非法剥夺他人生命的故意。故判决被告人林峰犯故意杀人罪，判处死刑，剥夺政治权利终身。

被告人林峰杀害李晓梅以后，以非法占有为目的，利用绑架人质威胁，勒索他人财物，数额特别巨大，其行为构成敲诈勒索罪。鉴于被告人林峰已着手实施敲诈勒索犯罪，由于意志以外的原因而未能得逞，是犯罪未遂，可以比照既遂犯减轻处罚。判决其敲诈勒索罪，判处有期徒刑5年，并处罚金10万元。数罪并罚，决定执行死刑，剥夺政治权利终身，并处罚金10万元。

至此，案件落下了帷幕。无论对林峰判处什么样的刑罚，本案的发生对于两个家庭来说都是一场悲剧，因为情债酿成命案，不得不接受法律的制裁，给家庭造成了难以磨灭的伤痛。

李晓梅沾染赌瘾，婚内出轨，迷失了情感。虽然最终醒悟，但回归家庭已为时过晚，最终付出了生命的代价。两个人的错误，一案两命，毁了两个家庭的未来。在婚姻里，我们应该始终恪守那份忠诚，互敬互爱，生活才能美满幸福。

用情不专引来祸

法律知识点：故意伤害致人死亡和故意杀人罪的区别

【案例一】

2020年的跨年夜，人们都在庆祝新年的到来，处处洋溢着节日的欢乐。正在读大四的李小双接到了同学张威发来的信息，可这信息不是新年的祝福，而是张威竟然说自己杀人了。

张威是大四的学生，也是学生会的副主席。平时学习成绩不错，而且还弹得一手好琴。这大过年的，可不是愚人节，张威为什么说他杀了人呢？

电话里，张威焦急地问李小双："人就在我的身边，没有了呼吸，我应该怎么办？"在李小双的劝说和安抚下，张威赶紧打了120，送医院抢救，之后又打了110投案自首。随后，警方赶到了张威所说的宾馆508房间，眼前发生了令人难以置信的一幕。

只见一长发女子仰头躺在床上，头部耷拉在床沿下面，已经没有了呼吸。而张威蜷缩在角落里，狼狈不堪。这个女子是谁？她和张威在宾馆里发生了什么？张威又为什么要杀她呢？这就要从1个月前说起。

1个月前，张威用攒了好久的钱买了张从南方飞往东北的机票，只为和他交往了3个月的网恋女友约会见面。这个女孩叫杨倩倩。

杨倩倩青春靓丽，和张威一样都是大四的学生，他俩是在研究生考试群里认识的。杨倩倩和张威要报考同一所大学的研究生，所以进了群之后，就经常在一起研究考研的事，双方互相留了联系方式并成为好友。

在备战考研的日子里，他们两个人互相鼓励，虽然不在同一个城市，但是两个人经常发信息联络，同步起床、同步学习、同步吃饭。俨然成为一对精神情侣。

2020年冬天，张威和杨倩倩终于考完试，能放松一下了，张威早早就预订了机票，准备考完研就去杨倩倩所在的城市看望她。可没承想，第一次见面就成永别。

跨年这天来临了，张威来到了杨倩倩所在的城市，杨倩倩特地去机场接机。从网络到现实、从网友到恋人，张威对能赶快见到杨倩倩充满了幻想和期待。

在人群中，张威一眼就看到杨倩倩，她打扮得美丽动人，一见面张威的心就怦怦乱跳，激起了彼此的期待和兴奋。就这样，两个人就手拉着手，一起逛街、吃饭，晚上又找了朋友一起去KTV唱歌。这一天过得甜蜜又开心。

在唱歌的时候，张威发现杨倩倩不对劲，她总是手机不离手，有时还对着手机傻笑。张威偷偷地靠近才发现，杨倩倩正在和一个男生在聊天。当杨倩倩发现张威来到自己身边，下意识地收起手机站起身来，这让张威觉得更不对劲了。

就这样，从第一次见面到发现杨倩倩还和别的男生聊天。张威的心情就像坐了过山车一般，久久难以平静。其实，张威生活在一个单亲家庭，四五岁时爸妈就离了婚，打他记事儿起，就跟着妈妈一同生活，他甚至都不记得爸爸的模样。

一个单亲妈妈拉扯个孩子生活真不容易，妈妈常常自怨自艾，也抱怨生活对她不公平。当别人都有爸爸接送、陪伴的时候，张威也问过妈妈，我的爸爸在哪里？有时妈妈会恶狠狠地回答："他死了。"

后来等张威长大了，妈妈告诉他，其实当年之所以和他爸爸离婚，是因为他爸爸外面有了别的女人，还生了孩子。所以，张威憎恨父亲对婚姻的不忠和对家庭的背叛。如果不是这样，他就会有一个完整的家，不会被人欺负，也不会被人骂是一个没有父亲的野孩子。

父亲的出轨，家庭的残缺，让张威从小就没有安全感。他的性格既敏感又脆弱，他憧憬过以后的恋人或者妻子，一定会对他一心一意，他不允许情感世界里有一丁点儿的背叛。

杨倩倩是张威的初恋，他千里迢迢来到杨倩倩的身边，没想到第一次见面就发生了他最不想看到的一幕。但是，他觉得杨倩倩一定有事瞒着他，肯定还与别的男人幽会。

当天唱完歌后，张威和杨倩倩就回到宾馆。趁着杨倩倩洗澡的工夫，张威查看了她的手机。果然，杨倩倩和一个名叫冯林的男人聊得火热。两个人在聊天中互称亲爱的，言语中都是浓情蜜意，几乎每天都在联系。

顿时，张威一股怒火冲上头顶，原来杨倩倩是脚踏两条船，她欺骗了自己。愤怒的张威质问杨倩倩："这是怎么回事？你给我解释清楚！"

原来，杨倩倩和冯林也是在考研的时候认识的。冯林比杨倩倩高一届，已经考上了杨倩倩准备上研究生的大学。杨倩倩就经常请教冯林考研的问题，一来二去，两个人就熟悉起来，也发展成了恋人关系，只不过他们两个还没见面。

"精神的背叛也是背叛！"张威质问杨倩倩，正要让她解释清楚的时候，突然杨倩倩的电话响了，果然是冯林打来的。见杨倩倩没有接听，张威一把抢过杨倩倩的电话，直接和打来电话的冯林说："有能耐，你过来咱俩把话说清楚！"

杨倩倩见张威抢走了手机，就试图夺回手机，两人就扭打在了一起。当张威面对杨倩倩时，眼前浮现了父亲的抛弃、女友的背叛。没想到，自己第一次恋爱就遇到最不想发生的事，他摇晃着杨倩倩的肩膀不停地问她："这是为什么？"

看着面目狰狞的张威，杨倩倩也不示弱，她说自己有选择男朋友的自由，自己没结婚，和谁在一起那是她的权利。

张威见杨倩倩明明有错在先，还不认错，就更加愤怒了。他将杨倩倩按倒在床上，接着整个人骑到杨倩倩身上，顺手扯过电话线，勒住杨倩倩的脖子，大声地问她："你错没错？为什么这样对我？"

张威彻底失控了，只顾发泄愤怒的情绪，杨倩倩渐渐地停止了挣扎，一动不动了。张威这才反应过来，立刻松了手，可是杨倩倩这时已经没有了任何反应。

任凭张威怎么叫杨倩倩的名字，她都没有反应。张威又给杨倩倩做了人工呼吸，试图叫醒她。但是一切都为时已晚，杨倩倩已经没有了呼吸。

张威瘫坐在地上，大脑一片空白，他意识到自己已经酿成大祸。于是找出纸笔，给妈妈写了一封绝笔信。接着，他痛哭流涕地给好朋友李小双打了电话，说自己杀人了，想让李小双看在朋友一场的份上，以后能多照顾自己的妈妈。

此时，张威想用轻生来结束自己的生命，他拿起刚刚勒过杨倩倩的电话线，搭到卫生间的浴帘杆上，想要上吊自杀。但是杆子太轻了，张威掉了下来。在同学李小双的劝说下，张威打了120急救电话，可是医生赶到时已经无济于事。经鉴定，杨倩倩因窒息身亡，而张威对自己勒死杨倩倩的事实供认不讳。

经公安机关侦查后，检察机关以故意杀人罪对张威提起公诉。但是张威辩称，他的本意不是要杀了杨倩倩，而是两个人在争抢手机的过程中，失手杀了杨倩倩，应该属于过失致人死亡。

故意杀人罪，是指故意非法剥夺他人生命的行为。过失致人死亡罪，是指行为人因疏忽大意没有预见到或者已经预见到而轻信能够避免造成的他人死亡，剥夺他人生命权的行为。两者根本区别在于行为人主观方面，故意杀人的心理主观状态是剥夺他人生命；而过失致人死亡的主观状态是由于过失，这里的过失包括过于自信的过失和疏忽大意的过失。

当然，在评判行为是故意杀人还是过失致人死亡时，还要注意行为人的手段，注意行为时的客观情况影响。本案中，张威作为有判断能力的成年人，明知他的行为足以致人窒息死亡，但仍实施上述行为致被害人死亡，其行为已经构成故意杀人罪。人民法院判决被告张威故意杀人罪，判处死刑，缓期2年执行。

就在张威到案后，他和杨倩倩的考研成绩都下来了，二人都考入了理想的研究生院。遗憾的是，张威、杨倩倩，大好的青春年华，结果一个锒铛入狱，一个命归黄泉。教训是极其深刻的。

【案例二】

2019年末，眼看就要过年了，东北农村的炖菜馆里是热热闹闹。赵小雨从外地回到老家过年，约上几个发小一起吃饭。

这时，小雨的手机突然响了，她打开手机一看，脸上的表情瞬间凝固了。手机里竟然是自己的一张裸照！

赵小雨慌张地关上手机，她努力地控制自己的情绪，可心里却翻江倒海。她心里清楚，这张照片是谁发的。赵小雨刚想发信息质问刘斌，可她猛地一抬头，发现刘斌竟然在饭店的窗外，直勾勾地看着自己。

刘斌是谁呢？他为什么要发赵小雨的裸照？此刻他又为什么会出现在饭店的窗外呢？这要从3年前赵小雨准备结婚之事说起。

赵小雨在一家企业做销售管理工作，平时工作很忙，能自由支配的时间很有限。在工作之余，赵小雨非常喜欢健身运动，例如慢跑，这种方式使身体和精神永远保持在最佳状态。同样，在她的择偶标准里，她对于另一半的身材相貌也有自己的要求。

但是兜兜转转好几年，赵小雨也没有找到她心中的"白马王子"。眼看30岁了，父母给她下了最后通牒，说道："你看看隔壁王大妈家的女儿，你们是从小一起长大的，人家孩子都3个了，你还没有对象，再不结婚就不要回这个家了。"

就这样，在父母的催促和安排下，赵小雨开始频繁相亲。赵小雨和老公李俊就是相亲认识的。虽然李俊长得有点胖，也不是赵小雨心中的理想型，但他是众多相亲对象里经济条件最好的。他工作稳定，人也实在，比赵小雨大3岁，没有婚史。

就这样，赵小雨和李俊相亲认识不久，便登记结婚了。婚后，李俊对赵小雨还不错。时间一长，赵小雨倒是觉得跟李俊没有共同语言，婚后两个人的感情很平淡。直到赵小雨在健身房遇到了健身教练，她的内心泛起了波澜。

赵小雨一直喜欢健身。有一次，她来到一家新的健身房，接待她的新教练就是刘斌。

健身教练刘斌一米八的个头，身材魁梧，阳光帅气。第一次见面就让赵小雨眼前一亮，她的内心犹如小鹿在乱撞，脸上也多了几片红晕，这是一种和丈夫从来没有过的感觉。

刘斌不仅长得帅、身材好，而且很会说话，还一直夸赞赵小雨是女神。第一次见面后，赵小雨就决定让刘斌当她的健身教练，二人还互留了联系方式，之后刘斌开始为赵小雨上健身课。

就这样，几节课下来，两个人配合得非常默契，赵小雨体重还减轻了，这让酷爱健身的赵小雨非常开心。为了感谢刘教练，赵小雨请他吃了饭，他们之间的关系也开始悄然发生着改变。

赵小雨开始爱打扮起来，不断地换衣服。健身房里有她心心念念的刘斌，她的目光被他深深地吸引，感觉已经无可救药地爱上了他。每次，刘斌遇到小雨也很热情，每天都期待和小雨的见面。这让赵小雨觉得在刘斌的心中，她和别的会员不一样，刘斌其实也喜欢自己。

赵小雨和刘斌的关系不言而喻。很快，他们发展成了情人关系。为了掩人耳目，两人只好每日选在深夜约会。刘斌知道赵小雨有婚姻，但他并不在意。他还告诉赵小雨，我会等你的，你结没结婚并不重要，只要我们在一起就足够了。

刘斌和赵小雨是浓情蜜意，你侬我侬的，也不嫌腻。但是一件事的发生让赵小雨意识到，其实她看错人了，她并不是刘斌所谓的唯一。

有一次，赵小雨又到刘斌的家里约会。突然，刘斌的手机响了，此时刘斌去洗手间洗澡了。赵小雨左找右找发现在沙发的角落里，有一部从未见过的手机。打开这部手机一看，赵小雨惊呆了，里面有大量刘斌和别的女人拍的亲密照片和视频，聊天记录里充斥着刘斌和别的女人的甜言蜜语。而那些女人其实也是健身房的会员，赵小雨在健身房里也见过她们。

赵小雨的大脑一片空白，刘斌不是说自己才是他的唯一吗？不是说只爱她一个人吗？刘斌为什么要欺骗自己？

刘斌洗完澡出来，看到赵小雨拿着这部手机，知道事情已败露。面对质问，刘斌见事情已经败露，索性不解释也不辩解，只是说，赵小雨你有家有婚姻，难道你还想让我在你一棵树上吊死吗？

刘斌一边用毛巾擦拭身上水珠，一边轻描淡写地说着，赵小雨感觉受到了极大的羞辱，哭着离开了刘斌的家。自己有什么资格指责刘斌呢？她婚内出轨，背叛了婚姻，对婚外情一度飞蛾扑火，沉迷其中不能自拔。甚至想过和老公摊牌，要和刘斌在一起。可是没有想到，刘斌玩弄了她的感情，竟将自己遗弃了。

毫无疑问，赵小雨感觉自己失恋了，退了健身房的课程并决定和刘斌分手。赵小雨还告诉刘斌，要让他付出代价，他要曝光刘斌和那些女会员的聊天记录和视频，让大家都知道他是一个什么样的人。

但是，事情远没有赵小雨想象的那样简单。万万没想到，刘斌反而暴露了他的真面目，你想分手？可以的，但是你要怎么补偿我呢？赵小雨想不明白，分手为什么还要补偿刘斌，况且是他脚踏多条船在先。但是刘斌却说，你要是不给我补偿，我一定会让你好看的。随后，他发来了一张赵小雨的裸照。

原来，刘斌和赵小雨在一起的时候，他拍摄了很多私密照片。但是，现在赵小雨提出要和刘斌分手，刘斌就用赵小雨的裸照来威胁她。如果赵小雨敢曝光他的丑事，那么他会把赵小雨的裸照发布出去。刘斌开价30万元，赵小雨要是不给他，就会把他们的关系，还有赵小雨的裸照，公开发布给赵小雨的老公及小区业主群。

赵小雨左思右想，有些害怕。一方面自己婚内出轨，有错在先；另一方面她还和刘斌拍了裸照。如果刘斌把她出轨之事和裸照泄露出去，那她和父母怎么能抬起头来？

第二天，赵小雨还是主动联系了刘斌。说自己经济条件有限，只能给刘斌拿出2万元，让他把自己的裸照删除，以后划清界限，避免再有争执。刘斌爽快答应了，赵小雨以为这件事就这么结束了。可是没想到，刘斌拿到2万元后，依然不依不饶，说让赵小雨务必补齐30万元，否则就不客气了。这就有了开篇的那一幕。

无奈之下，赵小雨咨询了律师，思来想去还是鼓起勇气报了警。公安机关对刘斌索要30万元的事实展开了调查，那么刘斌的行为应该如何定性呢？

敲诈勒索罪，是以非法占有为目的，对被害人使用实施恐吓、威胁或要挟的方法，非法占用被害人公私财物，从而构成犯罪。威胁的内容包括毁坏被害人人格名誉、揭发隐私、栽赃陷害等非暴力的内容。

本案中，刘斌利用和赵小雨在一起时拍下的私密照片，威胁赵小雨要将这些照片发给他人，而赵小雨担心隐私曝光会使自己和家人蒙羞，才向刘斌给付金钱的。这符合敲诈勒索罪的构成要件。

最后，法院经过审理认为，刘斌与被害人之间婚外情关系本不道德，刘斌以与被害人不正当交往中取得的被害人隐私视频照片相要挟，索要钱财，其主观恶性较大。最终，法院以刘斌触犯敲诈勒索罪，判处有期徒刑10个月，并将勒索到的2万元退还给赵小雨。

案件的审理告一段落，赵小雨的丈夫知道了妻子出轨健身教练的事，但他还是选择了原谅妻子。而赵小雨也意识到，自己的背叛给丈夫和家庭造成了伤害。她决定回归家庭，与丈夫好好生活。

爱情是神圣的，也是美好的。在恋爱或婚姻中，也许我们会遇到这样那样的诱惑，也许时间会冲淡爱情的激情，但激情退去，夫妻之间的相濡以沫会战胜生活里的种种坎坷，真正的爱情历久弥坚。

丈夫花心的代价

> 法律知识点：1. 以曝光不正当男女关系索要分手费如何定性
> 2. 配偶一方给第三者赠送的财物，应该返还一半还是全部返还

【案例一】

2019年5月的一天，家住东北的李金花正在给女儿包饺子。女儿上大学了，这个周末难得回家，娘俩有说有笑地坐在一起包饺子，李金花的老公张建国在客厅沙发上看电视。一家人聚在一起，其乐融融，也是一种幸福。

可是，这个时候李金花突然接到一通电话，这个电话彻底粉碎了家庭的幸福。

打来电话的女人自称名叫王芳芳，她在电话里开门见山地说道："喂，你是李金花吗？我是建国的女朋友，现在已经怀孕8个多月了，你让他回来，不然我就去你家找他了！"此话说完，不等李金花反应过来，对方就"啪"地挂断了电话。

这个女人竟然明目张胆地给张建国的妻子打电话，说让他回来！回哪呢？这里才是李金花和张建国的家。这一切似乎都来得太突然了，让人有些措手不及。夫妻俩的感情一直挺好，张建国平时就是一个好丈夫、好爸爸，李金花从来没想过，老公会在外面有别的女人，而且那个女人还说怀

了张建国的孩子。

这个电话让李金花措手不及。她意识到,丈夫出轨了。可是,今天女儿在家,李金花不想当着女儿面质问丈夫。她硬是忍了下去,又回到厨房和女儿继续包完了饺子,她表面上的波澜不惊掩饰不了内心的翻腾。

李金花是个贤惠且知书达理的女人。张建国是公司的老板,今年45岁,也不是个喜欢张扬的人。当年,他们夫妻二人结婚时还都只是工厂的普通职工。后来,张建国下海经商,淘到了第一桶金。自那以后,他建工厂、搞销售,很多订单都出口到国外,他和李金花的日子越来越好,也越来越有钱。

张建国的生意越来越忙,家里买了大房子。为了照顾家人,张建国就让李金花辞去了厂里的工作,一心一意在家里照顾孩子,就这样李金花当起了全职家庭主妇。终于,女儿考上了大学。李金花还跟张建国说:"我的使命总算是告一段落了,要不我也到公司去上班?"

张建国笑着说:"你在家歇歇吧,你要上班了,我和全公司的人还不都得围着你转啊!"就这样,张建国没有让李金花回归职场。而李金花在家一心相夫教子,以为丈夫就是不想让她辛苦,所以她继续安心在家当全职太太。

殊不知,此时的张建国已经出轨。随着张建国的生意越做越大,早在女儿高二那年,为了到外省规划和发展公司项目,张建国就常常要到外地出差,一年之中大半年时间都在外地。

有一次,他和客户吃完饭后去KTV唱歌,认识了在歌厅当经理的王芳芳。王芳芳青春貌美、仙姿可爱,甚至和李金花年轻时有几分相像。王芳芳倒酒时,酒水不小心洒在了张建国的身上。边上的客户还说:"小姑娘,你怎么搞的,我们张总的这身衣服可是很贵的呀!"而张建国却为王芳芳解了围,说道:"没关系,没关系,你走吧!"

就这样,王芳芳帮张建国清理了衣服上的酒水,然后关门而去。当张建国和一行人要离开的时候,在门口又遇见了王芳芳。原来,王芳芳特地在这里等他,并主动索要了张建国的联系方式,说要帮他干洗这身衣服。

就这样，张建国认识了比他小20岁的王芳芳。

第二天，王芳芳主动约张建国见面，还送给他一件白衬衫。其实，王芳芳的动机很明显，就是想要追求张建国。王芳芳家是外地的，上完中学就出来打工了，过惯了城市灯红酒绿的生活，她再也不想回到那个小乡村，过普通人的生活了。王芳芳一心想在这座大都市安家，找个事业有成的老公，幸福地生活下去。

可是兜兜转转这么多年，她始终没有遇到与自己心心相印的那个人。一天，在KTV唱歌时，王芳芳走到张建国的包房里送酒，在喧闹的人群中，她听到张建国的歌唱得深情款款，瞬间打动了她。所以在倒酒的时候，一不小心洒到了张建国的身上，张建国非但不怪她，还为她解了围。可以说，王芳芳对张建国是一见倾心。

张建国成熟稳重、风度翩翩、魅力十足，这是王芳芳心中的理想型男人。王芳芳丝毫不吝啬对张建国的崇拜和欣赏，她大胆地追求自己的幸福。对张建国来说，那种久违的心动再一次涌上心头，他仿佛又找到了恋爱的感觉，王芳芳年轻漂亮，炙热地追求自己。张建国被眼前的王芳芳惊呆了，她实在是太漂亮了，就像是从画中走出来的一样，缘分就是这么妙不可言，两人火速发展成不正当男女关系。张建国还在出差的城市，给王芳芳又安了一个家，他们同居了。

此时的张建国已经不是当年那个穷困潦倒的穷小子了，他经济富足、事业有成，俨然是一位成功人士。不久，他还出资给王芳芳买了房，前前后后一共给王芳芳转了300多万元。

张建国比王芳芳大20岁，他一开始和王芳芳在一起的时候就没有隐瞒年龄，他告诉王芳芳，自己有妻女。而且王芳芳的年龄比自己女儿没大几岁。言外之意，他们的关系只能是男女朋友，自己没办法给王芳芳一个婚姻承诺。

王芳芳听张建国这样说，心里虽有失落感，但也能理解。一段时间里，她一直沉浸在张建国给予的幸福生活里无法自拔。她觉得哪怕张建国在她身边多待一分钟，这一切都是值得的。往后的日子只能是走一步看一步了。王芳芳不断地向张建国承诺说："亲爱的，你放心，我会一直在你身边，让我默默地陪伴你吧！"

就这样，每天太阳照常升起，张建国的生活还在继续，而他的妻子李金花却一直都被蒙在鼓里。张建国在两个城市分别安了家：一个城市是妻子李金花；一个城市是情人王芳芳。张建国往返于两个女人之间，乐此不疲。

可是，既然王芳芳已经承诺不会破坏张建国的家庭，为什么还要给张建国的妻子打电话，让他回去呢？

原来，随着两人不断交往，王芳芳越来越想光明正大地和张建国在一起，不想再偷偷摸摸约会。她宁愿伤心欲绝，也不肯和任何人分享一个男人。

而就在这个时候，王芳芳发现自己居然怀孕了。

这简直就是上天给自己的一份惊喜！王芳芳还认为，自己怀了张建国的孩子，就一定能留住张建国。就算不为她，张建国也会给孩子一个交代。可是她错了，当她把怀孕的消息告诉张建国时，等来的不是张建国的欣喜和激动，反而是冷淡地说："芳芳，这个孩子我们不能要，现在要这个孩子不是时候。"

过几天，他就递给王芳芳一张银行卡，并告诉她，这张卡里有10万元，你喜欢什么就买什么，孩子我陪你去医院打掉吧。王芳芳愤怒地指着张建国说，那可是你的亲生骨肉，难道我们之间的关系只能用钱来衡量吗？

这是王芳芳和张建国同居以来，第一次发生如此激烈的争吵。王芳芳想生下这个孩子，一是她觉得孩子早晚都要生；二是对张建国能和她组建家庭一直还抱有幻想，如果她生下孩子，那么张建国就能和她结婚，并给她一个完整的家。

在此后的几个月里，张建国一直没有表态，他和王芳芳因为孩子的事吵个不停，搞得张建国也是焦头烂额。

而家里，刚好女儿高三毕业考上了大学，张建国的生意重心也开始往老家转移。为了摆脱王芳芳，他逐渐回归家庭。看着结发妻子，优秀的女儿，张建国其实内心常常为自己的出轨感到愧疚。这个周末，张建国原本答应借着出差的机会，去陪陪王芳芳。但刚好女儿说周末要回来，他就推迟了去找王芳芳的计划。

王芳芳左等右等，都没能盼来张建国，她气急败坏，情急之下就给张建国的妻子打去了电话。原来，王芳芳偷偷在张建国的手机里找到了李金花的电话，并记了下来。王芳芳还经常在社交软件上关注李金花的一举一动，他们家住哪儿？张建国有没有在家陪妻子女儿，这些她都知道得一清二楚。

在电话里，王芳芳告诉张建国的妻子李金花，说自己怀了张建国的孩子，他们才是真爱。希望李金花早早放手，和张建国离婚，让双方找到新生活。

第二天送走了女儿，回到家里，李金花就把手机摔到了张建国面前，愤怒地说，在女儿面前我没有揭发你，给你留足了做父亲的颜面。现如今，你在外面的女人已经打电话到我这里，你想怎么办？

张建国惊愕地不知所措，他知道纸终究是包不住火的。他点燃一支烟，沉默了片刻后说道，我和王芳芳是同居关系。在妻子的不断追问下，他承认了在其他城市给王芳芳买房和支付她生活费的事。两年多来，张建国一共给王芳芳花费了300多万元！张建国说，我什么都可以告诉你，我错了就是错了，但是咱俩不能离婚，我和她就是逢场作戏，从未动过真情。

李金花没有想到，自己苦心经营家庭这么多年，为了老公和孩子无怨无悔地牺牲自己，可丈夫却背叛了婚姻，还给情人花了那么多钱。她在咨询了律师以后，把王芳芳和张建国告上了法庭，并要求王芳芳返还夫妻共同财产300多万元。

在庭审中，王芳芳辩解道，给生活费和买礼物都是张建国自愿给我的，不应该返还。就算返还，那夫妻共同财产中张建国也有一半份额。如果李金花不同意赠与，要还也应该还她的那一半才对。

那么，王芳芳的辩解有道理吗？配偶一方给第三者赠送的财物，应该返还一半还是全部返还？

根据《中华人民共和国民法典》第1042条第2款规定："禁止重婚。禁止有配偶者与他人同居。"在婚姻中一方婚外和其他异性同居违反了法律的禁止性规定，这种婚外同居关系是违法关系，也违背了公序良俗。夫妻在婚姻关系存续期间取得的财产属于夫妻共同共有，而非按份共有。夫或妻对于夫妻共同所有的财产，有平等的处理权。因日常生活需要，而处理夫妻共同财产的，的确任何一方均有权决定。但是，非因日常生活需要，对夫妻共同财产做出重要处理的决定，那么夫妻双方应当平等协商，取得一致意见。

本案中，张建国将大额财产赠与王芳芳，显然不是出于日常生活所需，且张建国的赠与行为并未征得妻子李金花的同意。况且，张建国和王芳芳之间的关系违背公序良俗，基于这种关系形成的赠与合同，严重损害了妻子李金花的财产权益，所以这样的赠与合同无效。合同无效后，因该合同取得的财产就应该予以返还，所以一审法院判决王芳芳返还张建国赠与给她的全部财产。

一审宣判后，王芳芳没有上诉。她卖掉了房子，把钱还给了李金花。张建国再也没有和她联系，王芳芳思前想后，不想让孩子以一个私生子的身份出生，这样对孩子也是不公平的。最后，她决定去医院打掉孩子，一个人伤心地回老家了。

看似一切都回到了原点，可是从和张建国婚外生情，到张建国人间消失，再到王芳芳打掉孩子，还了钱，这一切带来的情感和身体伤痛，不是马上就能烟消云散的。王芳芳和张建国的婚外情从一开始就注定是个错误。她明知道张建国已经结婚生子，还和他发展为情人关系，背负着"第三者"的骂名不说，最后也是竹篮打水一场空！

张建国的妻子李金花无法原谅丈夫，决定和他离婚，原本好好的一个家也散了。

【案例二】

2019年6月的一个周末，冯丽正在家里收拾家务，突然听到门锁"咔嗒"一声被拧开了，老公王帅竟然回来了。

冯丽的老公王帅是一家公司的老板，平时忙于生意，常年在外出差，平时她总是一个人在家。这时，冯丽赶忙放下手里的家务活，迎上前去问道："你怎么回来了，你回来咋不提前说一声呢？"王帅一边放下行李，一边轻描淡写地说："哦，早点回来处理工作上的事情！"

冯丽接过老公的行李，赶紧就去做饭了。吃过晚饭后，王帅和冯丽说了一件事，让冯丽顿时觉得他们家的天塌了……

王帅满脸愁容地说，他做了对不起冯丽的事，现在有人威胁他拿出200万元，迫不得已他才回来向冯丽道出实情。跟王帅索要200万元的是一个女人。这是怎么回事呢？事情要从王帅和冯丽的婚姻说起。

冯丽和王帅结婚已经7年了，起初小两口一起创业开了一家餐馆，王帅当主厨，冯丽打下手，两口子起早贪黑，赚到了人生的第一桶金。后来，饭店的生意越做越大，在很多城市都开了分店，王帅的生意越来越忙了。所以，夫妻俩商量着，这个家由王帅主外、冯丽主内。

一年前，王帅出差去外地谈业务，认识了一个名叫张晓婷的女人。张晓婷比王帅小10岁，人漂亮又机灵。二人第一次见面就互有好感。当天，几个人一起开完会，就约去吃宵夜。大家都喝了不少酒，已有些神志不清，走路都东倒西歪的，酒后王帅和张晓婷发生了"一夜情"。从那以后，他们开始频繁地沟通、密切地联系。

王帅沉迷于张晓婷的美貌年轻，而张晓婷认为王帅成熟、稳重又有钱，十分倾心。最重要的是他出手阔气，肯为她花钱，顿生倾慕之心。就这样，一有时间王帅就借口出去谈生意，之后就会飞到张晓婷所在的城市，和她约会。

王帅对张晓婷出手大方，经常送她昂贵的首饰和名牌包包，这让爱慕虚荣的张晓婷觉得很有面子，欣喜不已。张晓婷经常在自己没有钱的时候，直接开口向王帅要钱花。两个人就这样保持着情人关系。

对于王帅有家室这件事，张晓婷心知肚明，二人开始交往时，王帅就坦白了一切。张晓婷坚定地认为，王帅总有一天会为了自己和妻子离婚，只是需要一点时间。就这样，两个人的关系一直持续着，直到一件事情的发生，让张晓婷心理不平衡了……

3个月前，王帅开始很少来找张晓婷，总找借口说公司的业务繁忙，经常在公司加班到很晚。有一次，张晓婷偷看了王帅和妻子冯丽的聊天记录，发现原来王帅的妻子怀了二胎。

当看到王帅和妻子的聊天记录里，有他陪伴妻子做产检、散步的照片，他们亲热地抱在一起，幸福美满的样子。张晓婷终于明白，为什么王帅来她这里的时间越来越少，看来她是等不到王帅和妻子离婚了。

于是，张晓婷提出要和王帅分手，可这个时候她发现自己也怀孕了。想想看，这是件多么美好的事情。张晓婷依然对王帅能和她在一起充满了幻想，当她把自己怀孕的事情告诉王帅时，等来的却是冷漠地一句："把孩子打掉吧。"

王帅果断地要求张晓婷打掉孩子，只付了她打掉孩子的医疗费，买了点水果，人就走了。张晓婷意识到，自己在王帅眼里是一文不值的。对待妻子和她的态度是截然不同。现在看来，他的妻子是高高在上的女王，情人只是王帅召之即来挥之即去的附属品。

张晓婷又悲又怒，心里感到极度的不平衡。可她毕竟和王帅没有名分，无奈之下，即使有万般不舍，但为了更美好的未来，她还是打掉了孩子。从此，在她的心里埋下了一颗仇恨的种子。

张晓婷打掉孩子之后，王帅的做法更让张晓婷崩溃。他避而不见，明显是在疏远张晓婷，要和她划清界限。王帅甚至告诉张晓婷，最近工作特别忙，真地抽不出时间来，以后就不要联系了吧。

于是，气急败坏的张晓婷发信息、打电话到处找王帅，觉得全世界都在欺负她。她给王帅留言说，既然你要和我划清界限，那么你必须得用钱补偿我，否则我家人不会放过你。更何况，我们在一起这么长时间，我还怀了你的孩子。如果你这么欺负我，到时候我家人会怎么做，都不是我能控制的。说不定到你家，把咱俩的事都抖搂出去，你看谁更倒霉！

这时，王帅的妻子正怀着孕呢。王帅自然不想后院起火，他很怕妻子知道这个事，怀孕的人是不能生气的。所以他不得不答应张晓婷的要求，想着先稳住她，于是王帅第一次给张晓婷的账户打款10万元。

但是，张晓婷并没有就此收手，见这一招管用，便继续变着法地向王帅要钱。还说你要是不给我，我就告你强奸我，再把你出轨这件事情发布到网上去，我看你还怎么向你媳妇交代！

就这样，在张晓婷不断地要挟下，为了摆平张晓婷，王帅前前后后一共给张晓婷转账将近300万元。

两个月以后，冯丽生下儿子。可是这天，王帅又接到了张晓婷的电话。张晓婷说，你有儿子了，一家人过得很幸福是吧？但是，我看到你们过得幸福，我就不开心，你当初是怎么对我的，让我打掉孩子。你该怎么做才能让我心里舒坦点，要么我找你媳妇聊聊，说说我们之间的事情；要么我们说说赔偿的事。

半年以来，王帅被张晓婷折磨得近乎崩溃，但是张晓婷依旧不罢休，狮子大开口，完全不顾王帅的心情，没完没了地要钱。这次，她又一次性向王帅索要200万元，这让王帅喘不过气来，经常噩梦连连，觉得张晓婷就是个无底洞，永远也不会满足。

王帅觉得与其这样不断被勒索，不如主动和妻子坦白了，就这样王帅回到家，和妻子说明了一切。于是便出现了故事开头那一幕。

冯丽知道老公出轨以后，自然是既生气又难过。她给张晓婷打去电话，告诉她赶紧把钱还回来，斩钉截铁地说："姑娘，你这是敲诈勒索，我要去法院告你，你还年轻，赶紧投案自首吧。不然我们报案，警察找到你，恐怕判得更重。"

张晓婷沉默了一会儿，眼看王帅的妻子已经知道了事情的来龙去脉，自己也就没有勒索王帅的筹码了，再这样僵持下去，可能要吃不了兜着走。咨询完律师后，她选择了自首。

那么，张晓婷的行为究竟该如何定性呢？本案中以曝光不正当男女关系索要分手费该如何定性呢？

敲诈勒索罪，是指以非法占有为目的，对被害人使用实施恐吓、威胁或要挟的方法，非法占用被害人公私财物，从而构成犯罪。

《中华人民共和国刑法》第274条规定："敲诈勒索公私财物，数额较大或者多次敲诈勒索的，处三年以下有期徒刑、拘役或者管制，并处或者单处罚金；数额巨大或者有其他严重情节的，处三年以上十年以下有期徒刑，并处罚金；数额特别巨大或者有其他特别严重情节的，处十年以上有期徒刑，并处罚金。"

本案中，本罪在客观方面表现为行为人采用威胁、要挟、恐吓等手段，迫使被害人交出财物的行为。张晓婷不断用曝光其与王帅的婚外恋关系为由要挟王帅，使王帅不得已先后转给张晓婷300万元。其行为构成敲诈勒索罪。

法院经过审理后认为，被告人张晓婷，以非法占有为目的，多次敲诈勒索他人财物，数额特别巨大，其行为已构成敲诈勒索罪，依法应予惩处。

鉴于被告人张晓婷主动投案，归案后如实供述犯罪事实，认罪态度较好，依法可以对其从轻处罚。

法院最终判决：被告人张晓婷犯敲诈勒索罪，判处有期徒刑12年，并处罚金人民币10万元；并责令被告人张晓婷退赔被害人王帅人民币300万元。

案件的审理虽然结束了，可张晓婷大好的青春却要在监狱中度过了。因为王帅出轨，导致他和冯丽的婚姻感情破裂，冯丽和王帅离了婚，两个孩子归冯丽抚养，王帅净身出户。

无论是依据法律的规定，还是社会的公序良俗，夫妻之间都应该相互忠诚。当你功成名就时，你是否还记得当初结婚时许下的誓言，你是否还记得深夜晚归时家中为你留着的那一盏灯。

婚姻是一场修行，需要夫妻之间彼此忠诚守护。同时也奉劝那些贪图钱财破坏别人婚姻的人，合法婚姻受法律保护，破坏他人婚姻要受到法律的惩罚。

致命情人

法律知识点：故意杀人罪　放火罪

2018年冬天，东北下了几场大雪，刚刚过完年，村庄小树林里的冰雪就开始融化了。树林边上有一条小河，潺潺流淌的河水，展现出一派生机繁盛的景象。就在这个时候，树林里传出了一男一女激烈的争吵声，女人对着男人情绪激动地说："要钱没有，要命一条。"

大声争吵的女人名叫郭爱兰，38岁，她优雅大气，长相端庄，身材高挑，算是美女。一个多月前，她的丈夫沈强刚刚从外地打工回来过年。可是，和郭爱兰在树林里发生争吵的男人却不是她的丈夫，而是另有其人，这个男人到底是谁呢？

郭爱兰和沈强结婚15年，两个人有一个12岁的儿子。沈强孝顺父母，为人憨厚老实；郭爱兰比沈强小5岁，长相漂亮，性格开朗，里里外外操持，是一把过日子的好手。平时一家三口和沈强的父亲沈建国一起生活，村上的邻居们一直羡慕沈老汉一家家庭和睦，邻里关系和谐。孩子在镇上上小学，学习成绩也不错，一家人和和美美，日子过得很惬意。

自从2017年沈强外出打工，这一切都悄然发生了改变。

村庄里很多和沈强岁数相仿的人，都纷纷外出打工。沈强心想孩子也大了，过几年就要上初中了，家里用钱的地方越来越多，自己也想外出打工，改善一下家里的生活条件。2017年春天，沈强和村里的其他工友一起到工地打工，这一走就是一年。

郭爱兰既勤快又孝顺，沈强外出打工期间，郭爱兰一开始在家里干点农活，给公公做做饭。沈强外出打工后的第三个月，地里的农活干得也差不多了。公公沈建国身体还算硬朗，郭爱兰也闲不住，正好儿子在镇上上小学，郭爱兰就想到镇上去打个零工，一方面有个营生；另一方面也能挣钱贴补家用。

2017年5月，郭爱兰到镇上找工作，正好看到饭店玻璃上贴着"招聘服务员"几个大字。郭爱兰就直接走进店里，并跟店员说："我是来应聘的。"正好今天老板也在饭店。饭店老板名叫冯林东，45岁，目前已离婚好几年，没有再娶，独自在镇上开了这家饭店。镇上谁家有个招待宴请都去冯林东的饭店，生意还不错。冯林东一看郭爱兰，虽不是年轻漂亮的小姑娘，但为人实在，长相也不错，就决定让郭爱兰留下试试。当时与郭爱兰讲好，在饭店的主要工作任务就是，帮着点菜、端盘子、打扫卫生，饭店包吃包住。

就这样，郭爱兰就到冯林东的饭店打工了。刚开始，她就帮着做一些打杂的工作。自从郭爱兰来店里工作后，饭店的氛围轻松愉悦很多。因为郭爱兰手脚麻利，待客热情，所以店里的服务员和顾客都很喜欢她。

郭爱兰十分爱笑，笑起来上扬着嘴角，点缀着两个浅浅的酒窝，给人一种亲和的感觉，缩短了彼此的心理距离。自从她来饭店上班，因招呼顾客很有分寸，所以饭店的生意越来越好，老板冯林东更愿意在饭店多待些时间。

冯林东见郭爱兰的第一眼就对她印象很好，尤其这段时间以来，冯林东觉得郭爱兰热情大方，细心周到，能够胜任饭店的各项工作。饭店里里外外，所有事情都处理得妥妥当当，老板处处满意，暗赞郭爱兰干得不错。冯林东对郭爱兰的关照已经超出普通老板的界限，虽然老板从来不表露出来，但是对旁观者来说，大家都看得清清楚楚。冯林东虽然知道郭爱兰是个有家庭的人，面对郭爱兰时却有种莫名的好感。这么多年来，难得有一个可以让自己打开心扉说知心话的人。在店里不忙的时候，冯林东不仅经常和郭爱兰聊天，而且还让厨师给郭爱兰准备她喜欢的饭菜。没过多长时间，冯林东就难以抑制自己的情感，对郭爱兰展开了追求。

郭爱兰和丈夫沈强虽结婚10多年，但夫妻感情稳定逐渐趋于平淡。面对冯林东的追求，让郭爱兰平静的内心荡起一丝涟漪，这让她找到了那种微妙的内心悸动的感觉。但是，理智告诉她，丈夫沈强老实可靠虽然有些木讷，但她毕竟和沈强有事实婚姻，无论如何不能做对不起沈强的事情。毕竟天底下没有不透风的墙，万一冯林东和她的事情被揭穿传出去，让村里的人知道，那他们一家都没脸做人了。所以，面对冯林东的追求，即便郭爱兰有那么一丝心动，她也总是刻意保持回避，内心充满挣扎，她甚至不想在冯林东的饭店继续干下去了。

就在郭爱兰下定决心要和冯林东划清界限的时候，上天好像和她开了个玩笑，她突然生病了。

一天下午，郭爱兰正在饭店上班，突然腹痛难忍，汗珠从额头簌簌地滚落下来，郭爱兰疼得直不起腰来。店员赶快给冯林东打电话，冯林东从外面火速赶回来，第一时间把郭爱兰送到医院，挂了急诊。

经医生诊断，郭爱兰得了急性阑尾炎，需要马上做手术。冯林东二话没说，帮郭爱兰办好了所有住院手续，全程守护在手术室外。直到郭爱兰苏醒。

手术结束后，郭爱兰醒来，没有亲人在身旁，她第一个看到的是冯林东焦急的神情，郭爱兰感动了。在医院住院的这几天，冯林东天天陪在郭爱兰身旁，陪她聊天，照顾她吃喝，洗衣送饭，还支付了所有的住院费用。

郭爱兰终于放下了内心的抵抗，等她逐渐恢复正常生活，接纳了冯林东的追求，并享受着冯林东对她的照顾与呵护。

出院之后，为了更好地照顾郭爱兰，冯林东把郭爱兰从店里接回自己的家。郭爱兰和冯林东开始了一段地下婚外情。此后，二人的感情急速升温。冯林东像对待初恋一般，为讨郭爱兰的欢心，隔三岔五地送给郭爱兰礼物，时不时还有小惊喜。这让走入平淡婚姻已久的郭爱兰，重新有了少女般心动的感觉。郭爱兰向冯林东承诺，等丈夫沈强回来就和他办理离婚手续，自己准备和冯林东共度余生，再给他生个孩子。

恋爱中的冯林东牢牢地记住了郭爱兰跟他说的这些话。

冯林东单身已久又何尝不羡慕别人能有个幸福美满的家庭、快乐可爱的孩子。他觉得自己终于找对了人，为了郭爱兰他愿意付出自己的一切，对郭爱兰更是出手大方，前前后后一共给郭爱兰花了 6 万多元置办金银首饰、鞋衣箱包。沉浸在热恋中的两人，更是相互许下各种承诺来为爱情保鲜。他们共同憧憬着美好的未来。

没有想到的是，2018 年 4 月的一场大火，郭爱兰和她的丈夫命丧火海，被大火吞噬的还有郭爱兰的公公沈建国。

法医在对尸体进行进一步的检查后，震惊地发现在沈强和郭爱兰的身上均有多处明显的刀伤，且每一刀都伤在要害部位，刀刀致命。而沈强的父亲沈建国则是当场被大火烧死。民警意识到，这并不是一起意外的火灾，而是一起有预谋的凶杀案。

于是，警方组织警力继续侦查，案发现场的一把尖刀很快使凶手浮出了水面。这把长 20 厘米的尖刀沾满鲜血。警方以这把尖刀为线索，排查了附近的五金店，掌握到了一个重要情节，就在案发前 3 天，冯林东在五金店购买过一把同样的尖刀，型号和长度都与在案发地点发现的尖刀吻合。警方对冯林东展开侦查，通过 DNA 比对，尖刀上的血迹正是冯林东留下的。灭门惨案的凶手不是别人，正是郭爱兰的情人冯林东。

冯林东为什么要放火烧死情妇一家？究竟是什么深仇大恨让冯林东对郭爱兰一家下如此狠手。归案后的冯林东对杀害郭爱兰一家的犯罪事实供认不讳。

2018 年春节快到的时候，郭爱兰的丈夫沈强从外地打工回来过年。眼看要过年了，郭爱兰也不得不回到和沈强的家中过新年。尽管冯林东依依不舍，但是他不得不面对郭爱兰有家，且没有离婚的事实。

辛苦了一年的沈强对郭爱兰诉说着，他对妻子的思念和在外打工的艰辛，满腹的委屈，经常压得他透不过气来，不过儿子很争气，这又让他很欣慰。沈强把一年来辛辛苦苦赚来的两万元血汗钱如数交给妻子。郭爱兰惊愕地问道："你哪来的这么多钱？"沈强告诉郭爱兰，过去的一年为了能给家里多挣点钱，他几乎一个人承担了两个人的工作量，别人休息他不休，起得比别人早，睡得比别人晚，省吃俭用攒下来这些钱。沈强还给郭爱兰买了一条金项链，说道："媳妇，我看城里流行这个，我也给你买一条，我帮你带上，看看好不好看？"

望着丈夫沈强因风吹日晒而变得黝黑的面孔，以及干活时手上磨起的老茧，再看着丈夫给自己买的这条金项链，郭爱兰为自己的出轨行为而羞愧。沈强没有任何过错，他在外面打工辛苦奔波，都是为了家人能过上好日子。反而自己做了对不起丈夫的事，结婚这么多年，自己和丈夫生活的点点滴滴，沈强对自己的好，此时此刻涌上心头。对于丈夫的愧疚，使得郭爱兰动摇了和冯林东继续维系情人关系的承诺。

然而此时，冯林东却是深深陷入了他和郭爱兰的感情里。自从沈强回来后，郭爱兰就不再去饭店上班了，冯林东抑制不住自己对郭爱兰的思念，给她打电话还经常不接听。偶尔接通电话，说话也是支支吾吾、吞吞吐吐，这让冯林东感到很郁闷。

冯林东觉得自己对郭爱兰的真心付出遭到了背叛。如今郭爱兰回到家中，杳无音信，更别提她能和丈夫沈强离婚了。冯林东感到很焦虑，决定要找郭爱兰面对面好好谈谈才行。

春节刚过，郭爱兰的丈夫沈强还没有返城去打工。冯林东无法克制自己，想要见到郭爱兰，问问她到底是怎么想的！于是，给郭爱兰发去信息。信息上写着："我就在你家附近的河边树林里，你出来一趟，我要见你。"郭爱兰一看冯林东已经来他家附近了，生怕他真的找上门来，于是就偷偷来到河边与冯林东见面。

许久不见，冯林东一把抱住郭爱兰，诉说对她的思念。可是没想到，此时的郭爱兰并没有迎合冯林东，反而对他态度变得冷漠，郭爱兰一把推开冯林东，并对他说："你不要动手动脚的，小心被人看见。"面对郭爱兰的这一举动，冯林东呆愣在当场。郭爱兰现在的态度和此前跟自己生活时简直判若两人，冯林东不明白，郭爱兰明明告诉他，等过完年就和丈夫沈强离婚，和他生活在一起。

可是这才回来不到一个月，她仿佛变了一个人似的，对冯林东不再像以前那样热情了。这次见面，两人可以用不欢而散来形容。郭爱兰告诉冯林东，你给我些时间，我要好好想想咱俩之间的关系。

一个月未见，换来的是郭爱兰要好好想一想，而不是当初果断要和沈强离婚，和自己在一起。这让冯林东感到心灰意冷。

此时的郭爱兰内心也非常纠结，面对两个男人，一个是给她家庭的丈夫，另一个是给她浪漫的情人，她陷入了左右为难的境地。郭爱兰对谁都有感情，既不忍心伤害一心一意跟自己过日子的丈夫，也不舍得对自己体贴关爱的冯林东。她瞒着丈夫，敷衍着冯林东，不知如何从这三角恋情中挣脱出来。

又过了一个星期，郭爱兰依然没有联系冯林东，冯林东感觉郭爱兰推脱敷衍迟迟不办理离婚手续，他内心很焦虑不安。冯林东不确定郭爱兰是否会像当初承诺的那样和他开始新的生活。

自从郭爱兰离开饭店后，冯林东每天垂头丧气，无心经营，饭店的生意每况愈下。冯林东开始变得紧张焦虑，觉得心理很不平衡。他认为，郭爱兰欺骗了自己的感情。他们在一起的这段时间里，自己对郭爱兰真心付出，温暖呵护，可郭爱兰回家没几天，对冯林东的态度出现了180度大转弯。被爱情冲昏头脑的冯林东，觉得他不能再等下去了，于是决定再次约郭爱兰见面，问个究竟。

第二次见面还是约在上次河边的小树林里。冯林东直截了当地问郭爱兰："你到底什么时候离婚？"并威胁郭爱兰说："我等不了了，如果你真心跟我在一起，就赶紧跟他离婚，要不然我就去找沈强，把咱俩的事情告诉他，帮你作个决断。"郭爱兰听见冯林东竟然这样威胁自己，心中非常气愤，索性直接摊牌："我开不了口和沈强离婚，你再找个人好好过日子吧。我对你也付出了真感情，咱俩好聚好散，不要再联系了。"冯林东见郭爱兰如此决绝，就着急地说："好聚好散是吧，那行，你把我为你花销的6万元还给我。"冯林东本想用这个办法激一下郭爱兰，如果郭爱兰还不上，就能回到自己的身边。也许他和郭爱兰的矛盾就能缓和。没想到此话一出，郭爱兰的态度更加坚决："你给我花钱，那都是你自愿的，要钱没有，要命一条。"于是，就有了开篇那一幕。

但是谁也没有想到，郭爱兰的一句气话竟然酿成一桩人命案，而且是一案三命。

郭爱兰转头就走了。冯林东彻底崩溃了。他没想到，郭爱兰会如此决绝。真正的仇恨在他内心扎根滋长。

冯林东内心受到了打击，整日酗酒。他本想挽回跟郭爱兰的感情，没想到却让郭爱兰态度更加坚决地离开了自己。没过几天，冯林东在镇上竟然看到郭爱兰和沈强有说有笑，手挽手一起购物。冯林东的愤怒达到了极点，他满脑子里都是自己深爱的女人和沈强在一起的画面。冯林东产生了强烈的报复念头，既然她不能兑现承诺，那就不能让她和沈强好过。冯林东要把他和郭爱兰的事情告诉沈强，并把在郭爱兰身上花的钱讨要回来。

当天晚上，冯林东喝了点酒，便来到郭爱兰的家中，与他们两口子进行对质，开口向郭爱兰索要 6 万元。沈强显然对冯林东的突然到来毫无准备，郭爱兰见冯林东到自己家中理论，意识到冯林东已经失去了理智，赶紧上前拉住冯林东，让他别闹了。已经失去理智的冯林东见郭爱兰不和自己站在同一战线，还护着沈强，气愤至极。顺手抽出随身携带的尖刀向沈强刺去，沈强被这突如其来的一幕吓蒙了，还没来得及躲闪，刀直接扎进了沈强的心脏，沈强应声倒地。冯林东拔出尖刀，转身捅向郭爱兰，连续刺中郭爱兰内脏等要害部位多刀，郭爱兰也倒在了血泊当中。

冯林东和沈强、郭爱兰互相厮打时，沈强的父亲沈老汉因扭伤了脚行动不便，留在屋内。疯狂的冯林东将沈强和郭爱兰杀死后，非常惶恐，为毁灭罪证，看到院内的汽油桶，在明知沈老汉在屋内的情况下，将火点着，造成沈老汉被当场烧死。熊熊大火危及四周村民的安全，大家纷纷赶来救火，冯林东仓促逃跑，这才有了之前的情形。唯一幸运的就是，郭爱兰的儿子当天晚上没有在家，躲过了一场劫难。

案发后，经过侦查，警方找到了尖刀，很快锁定了犯罪嫌疑人冯林东，当天晚上就将冯林东缉拿归案。冯林东对与郭爱兰因爱生恨，杀人后又放火的犯罪事实供认不讳。

检察机关将冯林东以故意杀人罪和放火罪向人民法院提起公诉。

毫无疑问，被告人冯林东犯罪手段恶劣，足以达到剥夺他人生命的程度，根据《中华人民共和国刑法》第232条的规定，冯林东构成故意杀人罪。

但是，对于纵火罪，被告人冯林东当庭辩解，自己仅仅为了毁灭现场，没有要危害公共安全的故意。因此，认为自己不构成放火罪。本案中，冯林东放火的行为是否构成放火罪呢？

根据《中华人民共和国刑法》第115条的规定，放火罪是危害公共安全罪的具体罪名之一，是指故意放火焚烧公私财物，危害公共安全的行为。放火罪是一种故意犯罪，其侵犯的客体是公共安全，即不特定的多数人的生命、健康或者重大公私财产的安全。放火或者以其他危险方法致人重伤、死亡或者使公私财产遭受重大损失的，处10年以上有期徒刑、无期徒刑或者死刑。

本案中，被告人冯林东在实施杀人犯罪后用放火的方法焚毁罪迹，造成一人被烧死，火势蔓延危及附近百姓的安全。如果行为人消灭罪迹的放火行为足以危及公共安全的，其行为构成放火罪。

冯林东在实施杀人犯罪后用放火的方法焚毁罪迹，且消灭罪迹的放火行为足以危及公共安全，则应另以放火罪与前行为构成的犯罪数罪并罚。

人民法院审理后认为，被告人冯林东因与被害人郭爱兰之间的婚外情产生纠纷，为报复而故意非法剥夺他人生命，用尖刀捅刺致被害人沈强、郭爱兰，造成两人死亡，其行为构成故意杀人罪。冯林东杀人后为毁灭罪证，明知沈建国在屋内且行动不便，还故意点燃汽油纵火，将沈建国当场烧死，并且使被害人家的财产遭受重大损失，危及公共安全，其行为构成放火罪，应依法数罪并罚。判决被告人冯林东故意杀人罪，判处死刑，剥夺政治权利终身。以放火罪判处死刑，剥夺政治权利终身。

这场悲剧终究是因为郭爱兰没能把控自己的情感，而导致出轨。当她选择回归家庭时，虽然决定是正确的，但她处理问题的方式却欠妥，使得她和冯林东之间的矛盾升级，最后酿成命案。

冯林东因冲动行事而大受打击，他明知道郭爱兰是有夫之妇，却还将自己的感情寄托在她身上，对郭爱兰展开疯狂追求，这场爱情本身就是一个错误。冯林东不该去充当破坏他人家庭的"第三者"。如果郭爱兰能把控住自己的情感，那么那场大火就不会发生，也许沈家还会平安幸福地生活下去。

夫妻之间对待婚姻要相互忠诚；但本案因孽缘生恨，终酿成惨剧，是我们都不愿意看到的结果。

老人与孩子

老人爱上保姆后

法律知识点：1. 不当得利
　　　　　　2. 诈骗罪与民间借贷的区别

【案例一】

这年冬天，年关将至，东北的一处小村庄里处处洋溢着春节的祥和气氛。常年在外打工的张桂琴今年终于回家过了个团圆年，可她却接到了法院打来的电话。

"喂，你是张桂琴吗？请你到法院来一趟。"张桂琴在电话中得知自己被起诉了，她追问道："法官，请问是谁起诉我的啊？""吕伟，你认识吗？他起诉让你还30万元钱。"听到这个名字，张桂琴一下子就明白了。

张桂琴生活在东北的农村，前不久她丈夫得了癌症。为了治病，他们花光了家里所有的积蓄，亲戚朋友也都借了个遍，可最终张桂琴的丈夫还是撒手人寰。儿子刚上大学，正是需要钱的时候。于是张桂琴决定外出打工，多赚点钱。

张桂琴虽然没有什么文化，但她肯吃苦，手脚麻利，还很勤快。不久，她在一家家政公司找到了工作，家政公司将她介绍到吕建国家做保姆。吕建国60多岁，20多年前就和前妻离了婚，儿子和前妻生活，父子俩的关系很生分，况且他和儿子也过不到一块儿去。吕先生有退休金，也不想麻烦儿子，最近他被查出有心脏病，身边需要人照顾，所以就想请个保姆照顾自己的日常起居。家政公司的老板娘就向吕建国推荐了张桂琴。

自从张桂琴到了吕建国家，便把吕建国照顾得非常周到。二人也逐渐熟悉起来。

这天早上，吕建国刚吃完早饭，一起身立马又重新坐回了凳子上，之后整个人都趴在桌子上昏过去了。张桂琴见此状况，赶紧拨打了120急救电话。在救护车到达之前，她让吕建国平躺下，又给他吃了几粒速效救心丸。原来，张桂琴有着多年的保姆从业经历，再经过培训学习，她便养成了一个习惯，就是随身准备一个急救箱，里面常备急救药物。

救护车赶到之后，张桂琴又跟着忙前忙后，还用自己的积蓄给吕建国垫付了医疗费用。在吕建国住院期间，自始至终都只有张桂琴一个人照顾他。当吕建国在病房里睁开眼睛，他第一眼看到的是保姆张桂琴焦灼的双眼，她的一句"哎呀，醒了醒了，你终于醒了"更是让吕建国在病床上湿润了双眼。

吕建国今年67岁，退休前他是车间的厂长，有文化、懂技术，一辈子要强。可花甲之年，他在病床上醒来，身边却无人尽孝，只有保姆陪在身边，吕建国难免感觉自己晚景凄凉。倒是保姆张桂琴依然乐观，她忙前忙后，给吕建国做好吃的补充营养，还用自己的钱给吕建国垫付医疗费。连同病房的病友都说，嫂子可真能干，出了院可得犒劳犒劳嫂子。

吕建国问张桂琴："小张，你就不怕我醒不来，把你垫的医疗费都搭进去了？"张桂琴说："俺没想那么多，俺只想着'留得青山在，不怕没柴烧'，救你的命最要紧！"听到这话，吕建国眼眶湿润了。他怕张桂琴看见，连忙将脸转向一旁，眼泪就顺着脸颊掉了下来。

傍晚，张桂琴要回家做饭，吕建国叫住了她，给了她一把钥匙："你回去，打开衣柜里的小匣子，里面有一个存折，你去取出来，交费吧！""那不着急，等你出院再说，俺先垫着。"

"你哪有钱啊？让你取你就赶紧取吧！"

于是，张桂琴"哎"了一声，说道："行，那俺听你的。"然后拿着钥匙就回去做饭了。张桂琴取了钱后，给吕建国结算了医疗费，又一五一十地记好了账目，然后把存折交给吕建国，还告诉他："吕老师你看，这钱都花在哪儿了。"

自从这次住院风波后，吕建国就更加信任保姆张桂琴了，他觉得自己的眼光没有错！日子就这样一天天地过去，保姆张桂琴和吕建国天天生活在一起，无微不至地照顾他，连邻居都说，老吕这精神状态是一天比一天好了。而吕建国的儿子却从来没主动来看过吕建国一次。只有一次，吕伟因为要买房，来到吕建国家里向父亲要20万元。可吕建国说，我哪有那么多钱啊！这也是吕伟第一次在吕建国家里看到张桂琴。

吕伟把吕建国叫到屋里："爸，你是不是被保姆鬼迷心窍了？你留那么多钱，别被外人惦记走了。我是你唯一的儿子，你的钱早晚都是要给我的，早给晚给还不都是一样吗！"

吕建国心知肚明，吕伟游手好闲，又没有什么正经职业，逢年过节连个电话都没有，只要一来就是俩字——要钱。吕建国虽然有些积蓄，但也是留着给自己养老的，这次住院就花了他不少钱，可自始至终儿子看望过自己一次吗？所以，吕建国是被这个儿子伤透了心。

可是，可怜天下父母心。儿子毕竟开口了，20万元是没有，吕建国还是拿了5万元给他，但吕伟却是满脸不高兴。

见老吕的儿子到家里来，张桂琴特意多炒了两个菜。可吕伟在饭桌上就阴阳怪气地对张桂琴说："保姆吧，就是干好分内的事，手可千万别伸太长。"吕建国把筷子摔到桌上，让吕伟赶紧走。张桂琴明白吕伟是什么意思，忙着打圆场，可吕建国还是被气得直喘粗气，心脏病差点复发。吕伟拿了5万元就走了，父子二人这次见面又闹得不欢而散。从那以后，吕伟再也没来过。

张桂琴继续在吕建国家里当保姆，可慢慢地，吕建国的心绪悄然发生了变化。自从张桂琴来到家里，吕建国有了家的感觉。这是离婚多年来，他第一次感到家里有个女人是如此温暖。饭永远都是热的，衣服也永远干干净净，打开门不再是冰冷黑暗的房间，厨房里那个忙碌的身影让他觉得踏实和温暖。他渐渐变得很依赖张桂琴。

吕建国终于鼓起勇气和张桂琴说了心里话:"桂琴,你在我这儿也这么久了,我是啥样人你也知道,我嘴笨不会说什么,你虽然是来我这里做保姆的,但是自从我住院以后,我就没有再把你当保姆看,我也到这个年纪了,我想和你做个伴。"面对吕建国的表白,张桂琴并不感到意外。吕建国有文化,人也很儒雅,她和吕建国相处了一年多,日常的点点滴滴让她很尊敬和崇拜吕建国。丈夫去世之后,张桂琴就一门心思工作挣钱,扛起了儿子的学费和以前的外债,很是辛苦。她到吕建国家当保姆,虽然也是打工,但吕建国从来没有说过她的不是,很多力所能及的事也都是自己做,不会故意刁难她、给她添麻烦。随着相处的时间越来越久,两人的情感超越了雇主和保姆之间的情感,产生了爱情。就这样,两人在一起度过了6年的时光。吕建国给了张桂琴一个家,张桂琴让吕建国的晚年生活不再孤苦无依。可他们两人虽然生活在一起,却一直没有办理结婚证。

当时,吕建国和张桂琴都觉得他们是半路夫妻,而且已经这么大岁数了,只要在一起过好日子,领不领证都无所谓了。可天有不测风云。2021年,吕建国被查出患有胰腺癌,他在还清醒的时候,递给张桂琴一个存折,里面有定期存款30万元。弥留之际,他和张桂琴说:"桂琴啊,这30万元转给你,我要是先走了,我的房子我儿子肯定要争,但这30万元给你,你还能有个生活保障。我们俩晚年相识,六载时光,你对我也是付出了真情,下辈子咱们早点遇见!"

张桂琴含着泪劝吕建国不要胡思乱想,可3个月后,吕建国还是撒手人寰。

吕建国的后事由他儿子吕伟来料理,张桂琴没名没分,送完老吕最后一程便带着沉重的心情回了老家。可是没过多久,她就接到法院的电话,说吕伟把她起诉了。原来,吕伟在整理父亲的遗物时发现了一个存折,才得知吕建国生前给张桂琴转过30万元。他心里十分不甘,觉得自己要买房的时候老头子也没给过他这么多钱,可他竟然给了一个保姆30万元!吕伟觉得,张桂琴这么多年就是奔着钱来的,她就没安什么好心,这钱一定是张桂琴使手段从父亲手里骗走的!于是,他就到法院起诉了张桂琴,主张张桂琴不当得利，要让她把钱还回来。

庭审过程中，张桂琴道出了这 30 万元的来龙去脉。她和吕建国一起生活了 6 年，为了报答她这些年的付出，也是希望张桂琴能安度晚年，吕建国提出要给张桂琴 30 万元养老钱，还亲自带着张桂琴去了银行，给她账户里转了这 30 万元。

本案中，张桂琴是否构成不当得利，她需不需要返还这笔钱呢？

我们来看本案的法律知识点：不当得利。

不当得利，是指没有合法依据，有损于他人而取得利益。不当得利的法律事实发生以后，就在不当得利人与利益所有人（受害人）之间产生了一种权利义务关系，即利益所有人有权请求不当得利人返还不应得的利益，不当得利者有义务返还。

《中华人民共和国民法典》第 985 条规定："得利人没有法律根据取得不当利益的，受损失的人可以请求得利人返还取得的利益，但是有下列情形之一的除外：（一）为履行道德义务进行的给付；（二）债务到期之前的清偿；（三）明知无给付义务而进行的债务清偿。"不当得利的成立要件有以下几点：一方取得财产利益；一方受有损失；取得利益与所受损失间有因果关系；财产取得没有法律上的根据。

本案所涉及的 30 万元款项是吕建国生前为报答张桂琴照顾自己多年，自愿赠与给张桂琴的养老钱，该 30 万元转款存在事实行为，应被认定是对张桂琴的赠与行为，不符合不当得利的构成要件。法院最终判决驳回吕伟的诉讼请求。

案件的审判结束了。经过法官的耐心疏导，吕伟也渐渐理解了父亲的决定，在父亲的晚年生活中，如果没有张桂琴任劳任怨地付出和陪伴，那被病痛折磨的父亲该有多凄凉！倒是他错失了陪伴父亲的机会，这是他永远无法弥补的遗憾。

【案例二】

2019 年冬，东北下着大雪，一位老人冒着风雪跑进派出所报案，说他被人骗了。面对警察的询问，老人说出了事情的经过。事情还得从半年前说起。

老人名叫张大成，是当地一家工厂的退休职工，他老伴早年间因病去世了，为了把女儿拉扯大，又害怕孩子受委屈，当时还年轻的张大成推掉了亲戚朋友介绍的相亲对象，愣是自己把女儿带大了。女儿大学毕业之后就一直在外地工作，虽然两人经常电话沟通，但见面的次数很少。女儿提出让张大成搬到她工作的城市一起生活，但张大成总觉得这样会给孩子添麻烦，还会增加孩子的负担，而且大城市他也待不惯，还是老家好。女儿拗不过张大成，但又放心不下，便提出给张大成找个老伴，这样两个人能互相照顾，她在外地工作也就放心了。

但是，要找个老伴哪有那么容易。张大成退休之后经常在小区跟其他老头儿下象棋，平时也没什么社交活动，上哪儿找老伴呢？思来想去，张大成把目光投向了当地的一家婚介所。

他到婚介所登记了个人情况之后，没过多久就接到了一个女人的电话。对方说她叫刘凤琴，在婚介所看到张大成的情况后，觉得两人条件挺合适的，于是就找工作人员要了张大成的联系方式，希望两人能见面，互相深入了解一下。

没想到这么快就有人联系自己，于是张大成精心打扮一番后就赴约了。见到刘凤琴之后，张大成其实不太满意。刘凤琴虽然比张大成小6岁，但人有点胖，张大成第一眼没有相中她。

但刘凤琴很热情，把自己的情况和张大成说得一清二楚。刘凤琴说自己结过一次婚，没有孩子，因为前夫酗酒成性还总是对她动手，忍无可忍之下她才离了婚，然后孤身一人从老家出来打工。她来这个城市已经3年了，一直在一家家政公司做保姆，有稳定的收入，她想要找一个合适的人安安稳稳地过日子。刘凤琴还说："咱俩要是能成，以后家里的事情你都交给我。"

听完之后，张大成也挺同情刘凤琴的。可是如果当恋人相处，张大成也确实没有看中刘凤琴。不过，听说她当过保姆，这一点张大成倒是挺满意的。女儿不是也说要给他找个保姆吗，既然要找保姆，不如让刘凤琴先到家里当保姆，也便于两个人相互了解。两个人商量，处不成对象，可以先让刘凤琴当保姆，工资照付。于是，刘凤琴就搬到了张大成家，当起了住家保姆。

刘凤琴干活利索，人也勤快，经常主动给张大成推拿按摩，饭后还陪着张大成在小区里散步，刘凤琴的到来让张大成感受到了久违的家庭温暖。就这样，两人经过3个月的"磨合期"，张大成和刘凤琴培养出了感情，他要和刘凤琴以情侣的名义生活。

这时候，刘凤琴提出了一个条件：咱俩在一起可以，但你得给我买"定情信物"。张大成爽快地答应了，说："你想要什么，咱现在就去挑。"于是两人便去了附近的商场，张大成给她买了一条项链和一枚戒指，两人正式以情侣的身份相处，生活在一起。

可是自那以后，刘凤琴用钱的地方似乎越来越多了。今天买这，明天买那，今天身体不舒服需要抓药用钱，明天亲戚朋友又要借钱。一天，张大成刚起床就看到刘凤琴瘫坐在地上大哭，手里还拿着手机。刘凤琴告诉张大成，早上她突然接到家里的电话，说老父亲病重，让她赶紧回家。火急火燎的刘凤琴还向张大成要了2万元给父亲看病。张大成安抚她："凤琴，你不要担心，我先给你拿2万元。"刘凤琴感激地握着张大成的手说："等我爸病情稳定了我就回来，到时候咱们就领证去。"就这样，刘凤琴马上收拾行李，带着张大成给的钱，踏上了回老家的列车。可是，刘凤琴这一去却再也没有回来。

自从刘凤琴回老家以后，张大成发现自己联系不上她了。刚开始，他还以为刘凤琴是在照顾父亲，所以没时间接电话，等闲下来，刘凤琴肯定会给自己回电话的。可他等了两天也没等到电话，他担心刘凤琴是不是出什么事情了，想着自己要不要过去看一下。就在这个时候，张大成才意识到自己根本不知道刘凤琴家在哪里，他只能一遍又一遍地打电话。就这样过了半个月，刘凤琴还是没有一点消息。张大成心里有一种不祥的预感，他跑到婚介所问刘凤琴登记的电话和信息，可电话打过去依然是忙音，而刘凤琴在婚介所登记的地址根本就是不存在的。张大成这才意识到自己可能被骗了，便急忙跑去报案。

经过侦查，警方在当地一处简陋的出租房里抓到了刘凤琴。原来，她自始至终都没有离开这座城市。在警方的讯问下，刘凤琴说出了事情真相，她丈夫酗酒并且家暴不假，但她并没有离婚，而是从老家跑了出来，想要出来打工顺便摆脱丈夫。但她没什么文化，找不到合适的工作，很快钱就不够花了。后来她想到了一个办法，就是找个对象，这样吃住就都能解决了。于是她谎称自己已经离婚，开始在各个婚介所找对象。半年前，她在婚介所看到了想要找老伴的张大成的信息，得知他比自己大6岁，是当地的退休职工，有退休金，便主动联系了张大成。

刘凤琴承认她骗了张大成的感情，但坚决不承认自己骗了张大成的钱，只说钱是张大成主动给她的，她也没说不还，最多就是借钱而已，这是民事纠纷，无论如何也不能说她犯罪。

那么，本案中，刘凤琴的行为到底该如何定性？这就引出了我们本案的法律知识点：诈骗罪与民间借贷的区别。

民间借贷纠纷，是指借款人与出借人达成书面或口头的借贷协议，由借款人向出借人借款，因借款人不能按期归还借款而产生的民事纠纷。借贷双方之间因借贷协议形成特定的债权债务关系，其借贷关系属于民事法律关系。

诈骗罪，是指以非法占有为目的，用虚构事实或者隐瞒真相的方法，骗取数额较大的公私财物的行为。其模式一般为：行为人以非法占有为目的实施欺诈行为—对方陷入错误认识—对方基于错误认识而"自愿"处分财产—行为人取得财产—被害人遭受财产损失。欺诈行为有两种表现形式：虚构事实和隐瞒真相。

诈骗罪与民间借贷纠纷，罪与非罪之间的区分关键在于行为人主观上是否具有非法占有公私财物的目的。非法占有的目的，属于行为人主观上的心理活动，具有一定的隐蔽性。考察行为人的主观目的，只能从行为人实施的具体客观行为事实方面进行综合判断。具体到个案，应当根据行为人与出借人的相互关系、借款的原因、不能按期归还的原因及借款人的偿债能力等多方面综合考虑，整体判断。

　　本案中，刘凤琴选择独居的老人为作案对象，利用独身老人感情缺失、精神空虚的特点获取财物。从表面上看，恋人之间发生借贷本无可厚非，但揭开虚伪的面纱，诈骗目的可见一斑。刘凤琴以恋爱为幌子，虚构离婚和父亲重病的事实，使张大成陷入错误认知，给她买了金项链还转了钱，累计金额达到3万元，符合诈骗罪的构成要件，法院依法判处她有期徒刑3年，缓刑4年，并处罚金人民币5000元。

　　张大成怎么也没想到，自己找老伴竟然遇到了一个诈骗犯。得知父亲被骗，张大成的女儿也赶了回来，她意识到父亲真地老了，需要人照顾，也需要人陪，她决定还是把父亲接到城里与自己共同生活。

　　近年来，针对空巢老人实施诈骗的犯罪在逐渐增多。老年人要小心，有所甄别。老年人有再婚、追求幸福生活的权利，但在婚恋中不要让所谓的"爱情"蒙蔽了双眼，要提高警惕，谨防上当受骗。衷心祝愿每一位老年朋友都能安享晚年。

为了孙子状告前儿媳妇

法律知识点：1. 带孙费
　　　　　　2. 隔代探望权

【案例一】

2019年3月，东北的天气还没开始回暖。一天早上9点半，刚下夜班的司机高磊交完车，正在小区门口的快餐店吃早餐。这时，他的电话响了。

"你是高磊吗？请你到法院来一趟，你被起诉了。"

"法院？"高磊顿时困意全无，自己长这么大也没干过什么坏事，怎么会被人起诉呢？

他赶紧问道："你不会弄错了吧，谁起诉我啊？"

电话那头说道："高大勇你认识吧？"什么？高大勇可是高磊的亲生父亲啊，他们就生活在同一个屋檐下。高磊拿到起诉状一看，被一同起诉的还有自己的前妻王巧巧。

高大勇为什么要把儿子和前儿媳妇告上法庭呢？事情还得从高磊和王巧巧的那段婚姻说起。

高磊没念完高中就出去打工了，这些年他一直在外务工，快30岁了也没成家。高大勇眼看周围老街坊、老同事都抱上孙子了，心里十分着急。他家就这么一个儿子，老伴又去世得早，儿子高磊的终身大事只能由他操心。所以高大勇一遇到亲戚朋友就拜托人家给自己儿子介绍对象。相亲对象是看了一个又一个，不是高磊没看上人家姑娘，就是姑娘没看上他，高磊的婚姻大事就一直没有着落。

高磊30岁那一年，远房亲戚给他介绍了一个对象，就是王巧巧。王巧巧皮肤白皙，长相漂亮，挺会打扮的，性格还很开朗。第一次见面，高磊就相中了王巧巧。王巧巧比高磊小两岁，年纪也不小了，父母也催着她赶紧结婚。她对高磊的各方面条件也很满意。就这样，两个单身男女青年相亲认识以后，就直奔主题——结婚。两人相恋3个月以后就决定结婚了。王巧巧的父母提出要5万元彩礼，高家一口答应，拿了彩礼，准备迎娶新娘子过门。

高大勇心里的石头终于落地了，这么多年来，儿子的婚事让他发愁不已，现在儿子终于要结婚了，他心里别提有多高兴了。为了让高磊顺利结婚，高大勇还拿出自己大半辈子的积蓄给儿子和儿媳妇盖了婚房，风风光光地办了婚礼。

结婚以后，高磊也不出去打工了，就在当地开出租车，王巧巧在家门口开了个美发店。两人的日子虽说过得没有多富裕，但也温饱不愁。高大勇逢人就夸，高磊娶了个好媳妇。结婚后3个月王巧巧就怀孕了，第二年就生下了一个大胖小子，一家人其乐融融。

自从有了这个孙子，高大勇甭提多高兴了，天天像乐开了花似的，看起来都年轻了好几岁。高大勇将这个孙子视为掌上明珠，连烟都不抽了，说是省下来的钱给孙子买奶粉。生完孩子后，王巧巧就没有出去工作了，一直在家照顾孩子，一家人的经济来源就是高磊开出租挣的钱，还有高大勇的贴补。等孩子上了幼儿园，王巧巧有了闲工夫，可她非但没想着出去工作，竟然还迷恋上了打麻将。

起初是村东头老李家的媳妇找她去凑数，王巧巧边学边打，边打边学，起初手气还真不错，赢了一些小钱。渐渐地，王巧巧就上瘾了，一天不打上几把就难受。每天送完孩子去幼儿园，王巧巧就一头扎进麻将馆里，有时候连儿子放学都让公公去接。

可打麻将有赢也有输。赢的时候,她买二斤猪肉哼着小曲就回家了;输的时候就垂头丧气,非要再赌上几把,把输的都赢回来。所以这麻将是越打越大,钱也是越输越多。

这天,高磊和王巧巧商量,想换辆新车跑出租,现在开的这辆车太旧了,眼看就要报废了,他让王巧巧清点一下家里的积蓄,看看还有多少钱。可王巧巧翻箱倒柜只拿出了3000元,剩下的钱都被她打麻将输光了。高磊很生气,自己起早贪黑,把挣的钱都交给王巧巧,嘱咐她把钱攒起来,没想到媳妇沾染上赌博,不知不觉把钱都给输光了。高磊一气之下提出离婚,但王巧巧苦苦哀求再给她一次机会,还说一定会改掉赌博的毛病。高磊信了王巧巧的话,决定再给她一次机会。可没想到,王巧巧又让他失望了,而且这一次债主还找上门来了。

这天周末,高大勇带着孙子在家玩,几个彪形大汉闯进院子,小孙子吓得赶紧跑回屋里找爷爷。几个大汉来势汹汹,嚷嚷道:"这是王巧巧家吗?她欠我们钱,你们什么时候还钱,还不上就用这房子抵债吧!"

原来,王巧巧消停了一段时间后,又忍不住偷偷去打麻将,结果不仅输光了家里的钱,还借了高利贷,现在钱也还不上了,债主都找到家里来了。高磊回到家中,听闻今天发生的事,心想,这样下去可不是办法,整个家都会被王巧巧给败光的,于是坚决要与王巧巧离婚。

就这样,在孩子还不到4岁的时候,两人就办理了离婚手续,双方约定,孩子归高磊抚养,王巧巧每个月支付1000元的抚养费。

既然两人已经离了婚,高大勇为什么还要起诉儿子和儿媳呢?一切都是因为孩子。高磊和王巧巧离婚后,整个人萎靡不振,自暴自弃,时常借酒浇愁,开车拉活也不像以前那样勤快了。而王巧巧离完婚就像消失了一样,偶尔来看一次孩子,也只是带点水果,离婚时约定的抚养费从来没给过。

可怜4岁大的孩子,就失去了父母的疼爱。高大勇看不下去,心疼孙子,除了照顾孙子的吃喝拉撒不说,还要承担养孩子的费用,他的养老钱也都拿出来给了孙子。

高大勇照顾孙子虽然是心甘情愿的，但他心里也抑制不住伤感。自己好不容易把高磊拉扯大，给他风风光光地娶了媳妇，成了家，本以为终于能给去世的老伴一个交代了，剩下的日子自己也能享享儿孙之福，却不想还得劳心劳力帮着他们照看孩子。

高磊因为离婚一事无心回家，天天跑完出租就喝大酒、睡懒觉，王巧巧长时间也不来个电话，孩子哭着喊妈妈的时候都是高大勇抱着哄。高大勇的退休金用来自己生活本来还算宽裕，这么多年也积攒下一些家底，但高磊小两口结婚的时候，高大勇就补贴了大半积蓄，现在又搭着钱养孩子，眼看多年攒下的钱就要花得见底了，他压力实在很大。高大勇多次向高磊和王巧巧提出支付孩子日常开销的费用，但两人总说没钱。

随着孩子一天天长大，要用钱的地方也越来越多，孩子的父母谁也不掏钱，高大勇实在吃不消了。在邻居们的建议下，他向村里的法律援助咨询。律师告诉他，父母是孩子的第一监护人，他们本应该支付抚养孩子的费用。于是高大勇起诉了儿子和前儿媳妇，希望通过法律途径把这些年带孙子的费用要回来。

庭审中，得知父亲起诉自己的原因，高磊心里五味杂陈，父亲为了他已经付出了太多，现在因为自己的不懂事和不负责任，还要让年迈的父亲继续为自己的儿子付出，他羞愧不已，当庭表示愿意还老人带孙子的钱，并愿意按月支付孩子的抚养费用。但王巧巧却说，养孙子的钱是爷爷自愿付的，况且他们还有血缘关系，应该算是高大勇对孙子的赠与行为，自己没有义务返还。那么，爷爷要求孩子的父母向其支付"带孙费"能得到支持吗？

我们来看本案的法律知识点：爷爷奶奶是否有权主张"带孙费"。

"带孙费"，顾名思义就是老人为自己的子女带孩子时所花费的钱款，这并不是法律上的概念，而是伴随着"啃老族"的出现，以及年轻人工作忙碌无暇顾及孩子等社会现象而产生的一个名词。

《中华人民共和国民法典》第27条规定："父母是未成年子女的监护人。未成年人的父母已经死亡或者没有监护能力的，由下列有监护能力的人按顺序担任监护人：（一）祖父母、外祖父母；（二）兄、姐；（三）其他愿意担任监护人的个人或者组织，但是须经未成年人住所地的居民委员会、村民委员会或者民政部门同意。"

由此可知，父母是子女的法定监护人，抚养未成年子女是父母法定的义务，这是无条件的，在任何情况下都不能免除其抚养和教育其未成年子女的义务。在父母有抚养能力的情况下，孩子的祖父母对自己的孙子女，并没有法定的抚养义务。

《中华人民共和国民法典》第121条规定："没有法定的或者约定的义务，为避免他人利益受损失而进行管理的人，有权请求受益人偿还由此支出的必要费用。"

本案中，高大勇并没有法定义务抚养孙子，却承担了抚养孙子的责任，因此，他向孩子的父母索要"带孙费"符合法律规定。结合高大勇提供的已经支出的费用明细，法院判决高磊和王巧巧分别支付高大勇"带孙费"每年1万元。判决作出后，王巧巧也意识到了自己的不负责任，表示愿意履行判决，按时支付孩子的抚养费。

年轻人不应"啃老"，更不应把抚育子女的义务转嫁到老人身上，抚养子女是父母的法定义务，爷爷奶奶帮忙是情分，不是义务。

【案例二】

2020年冬天，东北正下着鹅毛大雪，一个基层法院的法庭里传出了激烈的争吵声，原告席上的老人指责对方："你害死了我儿子，还想带走我孙子，我拼上这条老命也不会让你得逞。"被告席上的女人丝毫不示弱："就你这态度，永远也别想见天天。"

曾经的一家人在法庭上恶语相向，争得面红耳赤，究竟是为什么呢？这一切都是因为孩子。原告名叫刘琴，是当地一家企业的退休职工。被告名叫赵晓欢，是刘琴的儿媳妇，她们口中的"天天"正是赵晓欢的儿子，刘琴的亲孙子。

婆婆为什么要告儿媳妇呢？还得从赵晓欢的婚姻说起。

赵晓欢在朋友的婚礼上认识了丈夫郭琦。当时，赵晓欢是伴娘，穿着礼服，化着精致的妆容站在新娘旁边，郭琦则是伴郎团的成员。婚礼上，郭琦抢到了新娘抛出的手捧花，直接送给了赵晓欢，两个人就这样相爱了。朋友的婚礼成全了他们的相识，促成了这段姻缘。

郭琦是刘琴唯一的儿子，刘琴在郭琦很小的时候就离了婚，这么多年一个人拉扯郭琦长大成人，供他上大学，儿子一直都是刘琴的骄傲。

郭琦和赵晓欢恋爱了以后，带着赵晓欢去见母亲。第一次见赵晓欢，刘琴心里就不太喜欢，她私下里不止一次地跟郭琦说："这女孩子长得太好看了，一定不安分，况且她工作也不好，家里还是农村的，根本配不上你。"

但郭琦很喜欢赵晓欢，他劝母亲多了解赵晓欢，慢慢相处就会发现她是个善解人意的好姑娘。赵晓欢也察觉到了郭琦的母亲好像不喜欢她，但她经常带着礼物上门讨好这个未来的婆婆。就这样，刘琴勉强接受了这个准儿媳。赵晓欢和郭琦谈了一年的恋爱，终于步入了婚姻的殿堂。婚后一年，赵晓欢就怀孕了，郭琦高兴极了，婆婆刘琴也很是开心。一家人总算是和睦相处了。可天有不测风云，就在赵晓欢怀孕7个月的时候，郭琦在下班途中突然遭遇车祸，当场身亡。

听到这一噩耗的刘琴和赵晓欢彻底崩溃了，感觉天都塌下来了，一家人沉浸在悲痛当中。尤其刘琴，她对生活的希望随着儿子郭琦的离开都化为了泡沫。万幸的是，郭琦还留下了一个孩子。这是刘琴唯一的希望了。所以，她恳求赵晓欢一定要保住这个孩子。然而，赵晓欢的娘家人却劝赵晓欢："你现在还年轻，以后的路还很长，如果你现在生下孩子，就是单亲妈妈了，你一个女人带着孩子有多难，你知道吗？"

赵晓欢心里明白这个现实，但她太爱郭琦了，这是郭琦在这个世界上唯一的血脉，她决定要留下这个孩子，就算是为了郭琦她也得生下这个孩子。

可还没等孩子出生，婆媳两个人就为了郭琦的交通事故赔偿款撕破了脸。郭琦出事之后，家属得到了一笔赔偿款，赵晓欢认为，这钱理所当然地应该全部留给自己和孩子，孩子那么小，肯定需要抚养费用。

可刘琴也有自己的想法，她当然也是儿子的继承人，辛苦抚养的儿子就这样撒手人寰了，她的后半辈子谁来照顾？况且赵晓欢还年轻，如果她哪天改嫁了，不就是拿着儿子的命换来的钱给别人花吗？这钱还是放在自己手里比较安全，等她老了也是要留给孙子的。

就这样，婆媳俩为了这笔赔偿款闹得不可开交，最后赵晓欢拿出了1/3的赔款给刘琴，但婆媳俩的情分却断了。赵晓欢心里怨恨刘琴为了赔偿款不顾及两家人的感情，既然如此，也别怪她不念往日的情分。生完孩子以后，她带着孩子回到了娘家，不让刘琴见孙子。

刘琴三番五次地上门想要看看孩子，但都被赵晓欢和她家里人撵走了，丧子之痛还堵在心里无法释怀，就在眼前的孙子也不能见上一面，刘琴痛苦不已。无奈之下，她只能走法律途径，要求"看孙子"。

本案的法律知识点：隔代探望权。

《中华人民共和国民法典》第1086条第1款规定："离婚后，不直接抚养子女的父或者母，有探望子女的权利，另一方有协助的义务。"

该条对探望权作出了规定，即离婚后，不直接抚养子女的父或母按照离婚协议或法院判决，遵循一定的方式和时间，享有探望子女的权利。探望权基于亲子的特定身份关系而产生，系一项法定的、独立的民事权利，且上述规定，将探望权的主体限定在父母、子女之间，并未将"隔代"的祖父母、外祖父母纳入其中。

关于隔代探望权，我国法律并无明确规定，但隔代探望权属于身份权中的亲属权，孙子女与祖父母、外祖父母这种因特殊血缘关系、身份关系而产生的特殊情感，不因父母离婚、离世等因素的影响而消失。因此，在特定情况下对隔代探望权予以保护具有合理性。

探望权系亲权的延伸，是基于特定身份关系而衍生的身份权。保护隔代探望权具有现实需求。其一，给予祖辈隔代探望权有利于营造良好的家庭氛围，有利于青少年的身心健康。其二，保护祖辈的隔代探望权有利于慰藉长辈，体现法律的人文关怀。其三，尊重祖辈的隔代探望权符合我国的传统家庭伦理和良善风俗。

探望权的行使，主要目的在于保证未成年人的健康成长，行使隔代探望权应遵循未成年人利益最大化原则，尊重未成年人意愿，尊重监护人意见，监护人与行使隔代探望权的祖辈应当相互体谅，共同协商具体的探望方式、频率，避免因探望权的行使扰乱未成年人的正常学习、生活。

本案中，赵晓欢作为孩子的母亲是法定的第一顺位监护人，对孩子的监护权毋庸置疑。作为直接抚养人，她应该理解和尊重刘琴，并感念她曾在精神及物质上给予的帮助，在刘琴进行探望时应当给予恰当的、必要的便利，共同营造有利于孩子健康成长的良好环境。如果今后双方因探望发生矛盾且对孩子的正常生活和成长造成不良影响，作为第一顺位的监护人赵晓欢也可以通过法定途径依法维护其监护权的行使。

最终法院作出判决，自判决发生法律效力之日的次月起至孩子郭天天10周岁时止，刘琴可每月探望一次，赵晓欢负有协助配合义务。每次探望时间以6小时为限，探望地点除双方商定的地点外，以本市范围内赵晓欢经常居住地或由赵晓欢指定的地点为准。

赵晓欢和刘琴在法官的劝导下，最终打开了心结，两人都是郭琦在这个世界上至爱的亲人，孩子也是郭琦留在世界上最后的血脉，应当和谐共处将孩子好好抚养大。

允许失独老人隔代探望、和谐共处履行监护职责不仅与公序良俗、社会公德相符，亦是对中华民族传统美德的继承与发扬。在有利于未成年人健康成长、有利于亲属间感情融和的基础上，在不影响监护人履行法定监护职责的前提下，应当支持祖父母、外祖父母对孙辈的合理探望。

爷爷奶奶抢孩子

> 法律知识点：1.祖父母、外祖父母对孙子女、外孙子女有探望权吗
> 2.代孕子女监护权的归属

【案例一】

2020年7月的一个下午，东北某市法院的法庭上，原告席上坐着的是一对白发苍苍的老人，被告席上则是一名年轻女子。

开庭前，老人的情绪就很激动，他们指责对面的女子："你凭什么不让我看孙子，他是我们老李家的根！"对面的女子虽然看似柔弱，可态度坚决："你们家的根？你儿子做了什么难道你不知道吗？你们又是怎么对我和孩子的？我辛辛苦苦把孩子养大，凭什么让你们霸占去？"原告、被告席上坐着的分别是公婆和儿媳妇。公婆把儿媳妇告上了法庭，这是怎么回事呢？

年轻女人名叫王芳，事情还得从一段失败的婚姻说起。

王芳研究生毕业以后，凭借着出众的能力，进入了一家外资企业工作。在工作中，她结识了那个改变自己一生的男人——李峰。

初入职场的王芳敢说敢做，性格要强，这与她的家庭经历分不开。王芳生长在小县城里的一个单亲家庭，父母在她4岁的时候就离了婚，她一直和母亲一起生活，所以从记事起，她的记忆里就没有父亲。王芳的母亲

是一名中学老师，出于职业的本能加上家庭的残缺，母亲对王芳的学习和生活都管教得非常严格，逐渐养成了王芳自律、坚毅的性格。

来到公司没多久，在月初报告会上，王芳第一次见到了李峰。那天早上，西装革履的李峰梳着帅气的大背头，戴着一副金丝边的眼镜，拿着一沓文件，沉着冷静地做着汇报，坐在台下的小姑娘们都像看偶像一样崇拜地注视着李峰，坐在角落里的王芳也不例外。

就在李峰进行业务数据分析的时候，刚到公司两个多月的王芳突然举起手来，她指出了数据的问题，并提出了自己的想法。这一举动令大家对这个年轻的姑娘印象深刻，尤其对于站在台上做汇报的李峰来说，那一瞬间，他感受到了这个女孩的与众不同。

眼前的王芳就像是一个新奇的世界，让他内心充满了探索的欲望。就这样，李峰开始默默关注王芳。有一天，单位组织了一场聚餐活动，晚上10点多钟，李峰开车把王芳送回了家。到了王芳家楼下，李峰突然从后备厢里拿出一束玫瑰花捧到王芳面前，深情地向王芳表白："芳芳，你愿意做我的女朋友吗？"

听到这话，王芳愣住了，幸福来得太突然了。她一直都很欣赏李峰，没想到李峰竟然也喜欢她。王芳娇羞地捂着脸，默许了。李峰顺势一把将她搂进了怀中，就这样，两个人成了情侣。

恋爱刚半年，李峰就带着王芳回家见了父母。可是李峰父母见到王芳却不是很满意。一来，王芳是从小地方出来的；二来，她还是单亲家庭的孩子。尤其李峰的母亲，在她看来，自己家也算得上是有头有脸的家庭，儿子李峰现在也是个成功人士，之前亲戚朋友给他介绍的女孩，家里的条件是一个比一个好，哪个拿出来都比王芳强好几倍，儿子怎么就看上这个姑娘了呢。

李峰的父母打心眼里觉得，王芳配不上自己的儿子，所以第一次见面的时候，他们对王芳的态度很冷淡，就洗了点水果，连饭也没做，聊了一会，李峰就送王芳回去了。

儿子回来以后，父母轮番轰炸，坚决反对他和王芳在一起。但李峰态度很是坚决，他说："妈，现在都什么年代了，芳芳她善良单纯。现在这样的姑娘不多了，我爱她，我一定会娶她。"

虽然父母不看好王芳的家庭出身，但是拗不过儿子的坚持。就这样，李峰和王芳在一起不久，就领证结婚了。可是公婆对儿媳妇的不满意，却从来没有消失过。

婚后两个人的小日子过得幸福甜蜜。结婚后第二年，王芳就怀了孕，为了可以让王芳专心养胎，李峰让王芳辞掉了工作。经过十月怀胎，王芳生下了一个男孩。孩子的到来，使得婆媳关系也得到了缓和。看着白白胖胖的大孙子，公婆觉得王芳没有功劳也有苦劳，所以也渐渐地接受了儿媳妇王芳。

时间一天天地过去，转眼间孩子上了小学，一通电话打破了这个家庭的幸福和美好。这天，王芳正在给儿子收拾书包，手机响了起来，是一个陌生的外地号码。王芳接通了电话，电话那头是一个声音深沉的男人："你是李峰的妻子王芳吗？""嗯，是的，请问您是哪位？""我们是公安局的，您尽快过来一趟。""公安局？有什么事吗？""你做好心理准备，李峰潜水发生了意外，情况不太好！"

原来，李峰这几年喜欢上了潜水，每年都会和朋友去外地潜水几次，每次都是去两个星期就回来。李峰平时也没有什么嗜好，所以每次去王芳都很支持，其间王芳就留在家里照顾孩子。突然接到老公潜水出事的消息，王芳感觉天都要塌了。她把儿子送到了公婆家，害怕老人接受不了李峰发生意外的消息，叫上了闺密陪她，连夜订了机票赶往李峰潜水的地方。

在路上，王芳还抱有一丝希望："没事的，到那里，老公就缓过来了。"可在医院看到丈夫冰冷的尸体时，王芳还是彻底崩溃了。她坐在地上歇斯底里地哭喊着，可任凭她怎么哭喊，李峰再也无法醒来。

李峰就这样走了。一年以后，李峰的父母把王芳告上了法庭，这又是为什么呢？难道是为了争夺遗产吗？不，公婆想要的是看孙子。

李峰的父母就这么一个儿子，李峰意外过世，白发人送黑发人，留下一个孙子,儿媳妇为什么不让公婆看孩子呢?这还是要从一年前李峰意外溺亡说起。

就在王芳处理丈夫李峰的遗物时,她第一次翻看了丈夫的手机,没想到却发现了隐藏在丈夫手机里的秘密。李峰手机的相册里有很多照片,有陪儿子去游乐场的;有一家人郊游的;但也有很多张和另一个陌生女人的亲密合照。照片中的女人看起来20多岁,五官精致,笑容甜美,身材丰满,穿着和丈夫一样的潜水服!照片的日期显示,这些亲密合照都是在李峰发生意外前拍摄的。王芳一下子明白了,原来丈夫每次说和朋友去潜水都是和这个女人去的,却从来都没带她去过。

看着手机里的照片,王芳想问问李峰,想听他解释这个女人到底是谁,哪怕他已经不爱自己了,也想听他亲口说出来,可是李峰再也不可能亲口解释了。所以李峰和这个女人的关系,对王芳来说如鲠在喉,她心里难受,但说不出来。

后来王芳向李峰的朋友打听,才知道照片中那个女人叫黄珊珊。她和李峰是在潜水俱乐部认识的,因为两人都喜欢潜水,同样的兴趣爱好让两人有很多共同语言。后来李峰每次外出潜水都会叫上黄珊珊。再后来,干脆就只有他们两个人一起去潜水了。两个人的感情早已突破了朋友的界限,发展成了情人关系。

痛苦的王芳开始回想自己嫁给李峰这几年来的生活。因为自己的家庭条件不好,所以公婆从来都没有真心接纳过自己,一直觉得自己不配嫁入李家。几年来,他们就像防贼一样防着自己,就连结婚时候的新房,房产证上都还是李峰父母的名字。

虽然知道公婆不认可自己,但王芳认为,自己只要和李峰是真爱就足够了。即便公婆总给她脸色看,但王芳一心一意爱着丈夫李峰,她相信,时间可以证明一切。可是丈夫李峰的意外离世,把王芳推向了万丈深渊。尤其当她得知李峰发生意外的当天竟然是和"第三者"在一起的时候,她的内心又痛又恨。更让王芳难以接受的是,她向公婆控诉李峰生前的出轨行为,公婆竟然反过来指责王芳,认为是王芳没有照顾好李峰,李峰在家里没有得到足够好的照顾，才导致他在外面寻求别人的慰藉。

李峰离世后，他的父母表达了立场，孩子必须和他们一起生活。公婆的这一要求就好像要把王芳人生的最后一点希望也给掐灭。对于王芳来说，儿子就是唯一，谁都不能拆散他们母子。于是，王芳决定带着孩子离开这个伤心之地。她回到了父母身边，决定不再和李家来往。

王芳带着孩子离开后，李家老两口一直看不到孩子，于是向法院提起诉讼，要求探望孙子。他们的诉讼请求能得到支持吗？

这就涉及一个法律知识点：祖父母、外祖父母对孙子女、外孙子女有探望权吗？2021年正式实施的《中华人民共和国民法典》也作出了相关规定。

可见，我国法律将探望权的主体限定为"父或母"，没有规定祖父母、外祖父母对孙子女、外孙子女可以行使探望权。但探望权是亲权的延伸，祖父母或外祖父母与孙子女或外孙子女的亲权关系是基于特殊血缘关系而产生，不因孙子女或外孙子女的父母离异或过世而消除。

从社会生活来看，祖父母或外祖父母往往在照顾、抚养孙子女或外孙子女的过程中付出很多，对他们探望权的保护是符合人之常情、符合法律精神与公序良俗的，也是对中华民族传统美德的继承与发扬。

法院经审理认为，虽然祖父母不具有法定探望权，但在有利于未成年人健康成长、有利于亲属间感情融和的基础上，应当支持祖父母、外祖父母对孙辈的合理探望。

本案经法官的耐心劝解，王芳放下了心理包袱，即使过世的李峰有对婚姻不忠的行为，但是血浓于水，孩子和爷爷奶奶之间的亲情，她不该横加干涉。公婆也意识到，从有利于孩子成长的角度出发，爷爷奶奶也不要过多干涉孩子的生活和学习。本案最后，原告与被告调解结案，李家二老每月可以探望孩子一次。

一场悲剧的发生，让一个家庭破碎，也让一家人为了孩子闹上法庭。幸好在法官的耐心疏导之下，双方都释怀了。婚姻需要忠诚，亲情也需要呵护。

【案例二】

2019年5月的一个周末，傍晚时分，某小区的妈妈们推着婴儿车在小区广场乘凉散步。突然，小广场里传来了急促的呼救声："抢孩子啦，抢孩子啦，你还我孩子！"只见一名年轻女子一边大声呼救，一边死死地拽住两个孩子不撒手，与她争抢孩子的是一个50多岁的女人，两个孩子在她们中间被来回拉扯。

幸好不久两人就被周围的邻居拉开了，年纪稍长的女人丢下一句："李萌萌你不是孩子的亲妈，咱们法庭见。"之后扬长而去。李萌萌赶紧安慰被吓坏的两个孩子，哭着将他们带回了家。

来抢孩子的不是别人，正是李萌萌的婆婆。不久之后，婆婆真的将李萌萌起诉了——她要两个孩子的监护权。公公婆婆竟然起诉儿媳妇要孩子的监护权？事情还要从5年前说起。

同一所大学毕业的常帅和李萌萌是一对令人羡慕不已的夫妻，他们从甜蜜的校园爱情走入幸福的婚姻殿堂。常帅家庭条件优越，长相帅气，毕业后继承父业，经营着一家规模不小的公司。结婚以后，李萌萌就当起了全职太太，过上了幸福的小日子。虽然李萌萌的家庭条件远不及常帅家，但常帅的父母对李萌萌挺好的，从来不拿两个家庭的差距说事。老两口提出的唯一要求就是希望他们赶紧生孩子，尤其常帅的母亲，很是着急抱孙子。她说："这孩子啊，还是得趁着年轻的时候赶紧要，我和你爸身体还不错，也能帮忙带一带。"

常帅是个孝顺的儿子，笑嘻嘻地答应了："妈，你就放心吧，不出一年，我和萌萌就让你和我爸抱上大孙子。"就这样，小两口开始备孕。可是准备了小半年，李萌萌的肚子一点动静都没有。于是两个人决定到医院检查一下，看看问题到底出在哪儿了。结果一检查，发现李萌萌竟然患有先天性不孕。

拿到检查结果以后，李萌萌情绪十分低落。常帅看着一天到晚垂头丧气的妻子，心里也不是滋味。他还是很爱李萌萌的，可是问题总得解决。

常帅经常出国，也有很多朋友在国外，他安慰李萌萌说："亲爱的，你不用担心，现在医疗技术很发达，我们可以到国外去找人代孕，你相信我，我们一定会有孩子的！""代孕生子？那能靠谱吗？"李萌萌一脸疑惑地看着丈夫。常帅握着李萌萌的手，把她搂在怀里说："你放心吧，除了你，我这辈子不可能再和别的女人结婚生孩子。"

为了弥补不能生孩子的缺憾，李萌萌答应了常帅的提议，登上了去国外的飞机。因为怕影响家庭和睦，常帅不想让父母知道李萌萌不能生孩子，再加上父母思想保守，让别人替他们生孩子，父母肯定是接受不了的。

为了不让父母怀疑，常帅骗父母说，他要带李萌萌出国去放松心情，住一段日子备孕，而实际上他就是带李萌萌出国去代孕。就这样，到了国外代孕成功后，常帅骗父母说李萌萌终于怀上了，为了避免来回坐长途飞机太辛苦，他们打算在国外生完孩子再回来。常帅的父母高兴得不得了："真是想啥来啥，我们老常家有福气！"

国内的公婆，盼着、想着抱孙子，一心等着李萌萌生完孩子坐完月子，赶快回来。而国外的李萌萌则在焦急地等待着代孕者的喜讯。代孕者十月怀胎，终于生下了一对龙凤胎。李萌萌等孩子状况稳定后，让常帅把他们接回了家，老人家看到两个可爱的孩子笑得合不拢嘴。常帅的父母拿出一个装得满满当当的大红包给儿媳妇，说感谢她，生孩子辛苦了。

本以为这一大家子可以幸福地生活在一起了，可天有不测风云。谁也没有想到，就在孩子刚满3岁的时候，这个美满的家庭破碎了，孩子不是李萌萌所生的事实也暴露了，随后爆发了一场婆媳争子大战！

原本每周六，常帅小两口都会带着孩子回家和父母一起吃饭，但这个周末常帅加班，李萌萌就一个人带着两个孩子先到了公婆家。晚上婆婆做了满满一桌的饭菜，可左等右等都不见常帅回来。

这时候，李萌萌接到了一个电话，是交警打来的，让她到市急救中心，常帅发生了车祸。一家人连忙赶往医院，遗憾的是，大家没能见到常帅最后一面。车祸发生后，常帅经抢救无效，撒手人寰。李萌萌当时就晕倒了。常家父母白发人送黑发人，那段痛苦的日子都不知道是怎么熬过来的。

常帅意外过世后，李萌萌一个人带着孩子独自生活。刚开始，她还是会像以前一样，每周六都带着孩子回去看公婆。幸好还有这一双孙子女，他们就是常帅生命的延续，看到他们，老两口的心里还能好受一点。

可有一天，两位老人在整理常帅的遗物时发现了一份代孕协议，通过这一纸协议，常帅的父母明白了，孩子不是李萌萌亲生的。儿子过世了，孩子不是儿媳妇亲生，和李萌萌没有一点血缘关系，于是老两口决定把孩子要回来。

为了证明孩子不是李萌萌亲生的，常帅的父母还提出了亲子鉴定申请。鉴定结果显示，不排除常帅的父母与两个孩子之间存在祖孙亲缘关系，但是排除了李萌萌为两个孩子的生物学母亲。

原来，李萌萌与常帅采用的是购买别人的卵子、由常帅提供精子、委托其他女性代孕的方式生育的这对异卵双胞胎。这两个孩子和李萌萌一点血缘关系都没有，而常帅的父母的确是孩子的爷爷奶奶，他们的经济条件又很好，所以老两口坚持自己的诉讼请求，认为孩子应该由他们抚养。而对于李萌萌来说，孩子从小就由她养育，从孩子喊出第一声"妈妈"到第一次走路，孩子成长的每一步都有她的陪伴，她早就把孩子当成了自己亲生的。

那么，本案中代孕所生的子女，应该由谁来抚养呢？这就涉及一个法律知识点：非婚生子女的抚养权。

在我国，代孕行为不受法律保护。代孕子女是代孕的人所生，而代孕者与孩子的亲生父亲是没有合法的婚姻关系的。所以在法律上，代孕子女应认定为非婚生子女。而无论是之前的《中华人民共和国婚姻法》还是2021年实施的《中华人民共和国民法典》都规定了非婚生子女与婚生子女享有同等的权利。在确定代孕子女监护权归属问题上也应秉承儿童最大利益原则。也就是说，监护权该归谁所有，需要从最有利于孩子成长的角度出发。就本案而言，从原告、被告双方的年龄及监护能力，孩子对生活环境和情感的需求，以及家庭结构完整性对孩子的影响等各方面考虑，将监护权判归李萌萌更符合儿童最大利益原则。

法院经审理后认为，即使孩子是非婚生子女，李萌萌与两个孩子之间已形成抚养关系，原告作为祖父母，监护顺序在李萌萌之后，所以他们要求孩子监护权的主张没有得到支持，但他们有权探望两个孩子。

以上这两个案例都是在孩子的父亲去世后，爷爷奶奶想要争夺孩子的探望权、监护权。孩子失去父亲，已经受到了不小的伤害，如果再失去母亲的照顾，对孩子来说无疑是雪上加霜。法律从保护孩子的角度出发，将孩子留在了母亲身边，同时也满足了爷爷奶奶探望孩子的需求，希望每个孩子都能够健康快乐地长大。

保姆的秘密

> 法律知识点：1. 从业禁止
> 2. 虐待被监护、看护人罪

【案例一】

2020年小年这天，过年的氛围已经很浓了，大街小巷张灯结彩，家家户户准备过年。

这天中午，家住东北的王芳和高峰家却传来了激烈的争吵声。女主人王芳大声说道："活该！让你藏私房钱。"高峰也不甘示弱："有你这么说话的吗？你把钱拿走了，还不承认，这日子没法过了。"两口子发生争执，婆婆看到他们吵架，气得血压都升高了，这个小年过得甭提多窝火了。

大过年的，小两口因为什么事吵架呢？这还得从刚刚发生的一件事说起。

眼看着2019年就要过去了，春节之前有个习俗叫"扫尘"，就是要彻底打扫家里的卫生，寓意扫去一年的尘土，干干净净地迎接新年的到来，图个好彩头。因为平时有婆婆，还有打扫卫生的保姆，家里都已经收拾得差不多了，年关将至，王芳提前给保姆放了假，让她回家过年了。小年这一天扫尘，小两口就准备挪动一下家具，把平时扫不到够不着的地方都彻底清扫一遍。

这"工程"看着虽然不大，但其实挺累人的。王芳和高峰忙活了一上午，她刚坐到客厅的沙发上吃点水果，准备休息一会儿，高峰从房间出来，坐到了她旁边，试探着问："媳妇，你看到我放在衣柜里的1万元了吗？""1万元？"王芳把送到嘴边的橘子放下，严肃起来："你什么时候有1万元私房钱了？"高峰试着搪塞过去："哦，你先别问这个，你就先告诉我你看没看见？"但王芳开始不依不饶了，让高峰必须把话说清楚。于是，两个人就吵了起来。

按理说，在家里，老公说1万元找不到了，小两口应该赶紧找一找，看看到底在哪儿才对，有什么事都应该等钱找到了再说。可王芳的反应为什么这么强烈呢？这还得从王芳和高峰的婚姻说起。

王芳和高峰是经人介绍认识的，相处了半年两人就结了婚，这是两个人结婚后的第七年。王芳家里是做商品批发生意的，经济条件很好。高峰原来在一家私企做会计，后来因为赚得少，再加上王芳的生意一直忙不过来，他就把工作辞了，专心和王芳一起做生意。

王芳性格大大咧咧，生意一直都很不错。虽然她性格强势，但在孝顺父母这方面是没得说。两年前，高峰的父亲去世了，他又是家里的独生子，老家就剩老母亲一个人生活。于是王芳提出来，把婆婆接到他们家一起生活，方便照应。把婆婆接过来以后，王芳小两口就和婆婆生活在一起。王芳勤快能干，在外忙于生意，在家操持家务，照顾婆婆，是过日子的好手。

直到一件事的发生，让王芳的心凉了半截——王芳发现高峰变心了。有一段时间，王芳把店里的生意都交给高峰打理，挣的钱也都由高峰把持着。但没过多久，她就听到了风言风语，高峰和生意场上的一个女客户好上了。王芳在高峰的手机里发现了他们的暧昧聊天记录，高峰还给这个女人送过礼物和首饰。在铁证面前，高峰也只能承认了，但他一再强调自己只是精神上的出轨，没有任何实际行动，并恳求王芳原谅他。

这场风波发生后，王芳冷静了好几个月，心态才逐渐平复，她选择再给高峰一次机会。俗话说"一朝被蛇咬，十年怕井绳"，王芳已经不再像以前一样无条件信任高峰了。家里的生意她还是要亲自打理，于是她把所有精力都投入生意上,家里的家务事还专门请了保姆来做。而且自这件事以后,王芳就开始严格限制高峰手里掌握的钱,防止他又去招蜂引蝶。

小年这天,高峰鬼鬼祟祟地问王芳有没有看到衣柜里的1万元。王芳当时就生气了,她又想起了高峰出轨,拿自家做生意挣的钱,给别的女人买礼物的事。家里的生意都是王芳张罗起来的,高峰如果藏了私房钱,是要干什么?很明显就是不和自己一条心!于是王芳就爆发了,质问高峰为什么藏私房钱?可高峰觉得,男人平时难免要跟朋友吃个饭、喝个酒,如果兜里比脸都干净的话,这会很没面子。所以他就偷偷给自己攒了些零花钱,本打算过年的时候把这1万元拿出来花,没承想钱却不翼而飞了。于是他就想问问王芳有没有看到,可没想到王芳对他劈头盖脸就是一顿数落。

挨了媳妇的骂,高峰思来想去,觉得如果不是媳妇发现自己藏私房钱给拿走了,还能是谁呢?一定是王芳拿了钱还不承认,借题发挥,小题大做。于是二人就发生了争吵,还动起手来,婆婆怕打出事来,于是报了警。

警察到达现场后,高峰对警察说他丢了1万元钱。这1万元到底去哪儿了呢?是高峰忘记自己放哪儿了,还是让媳妇发现给藏起来了?巧的是,这时候拿钱的人找到了!原来,有其他业主也报案了,他们家中都丢失了财物,这些业主家有一个共同点,都聘请了同一个保姆——田丽。

因为发现老公出轨生意场上的女人,王芳觉得,男人真是有钱就变坏,于是决定亲自接管家中的生意。高峰的妈妈刚从农村过来,对城里的生活还不适应,好几次都把王芳几件高档的衣物直接用肥皂洗、用搓衣板搓。婆婆是一片好心,可最后衣服都被洗坏了。而且王芳出去上班,家里那么大面积的房子,没人收拾也不行。于是王芳决定找一个保姆每天打扫卫生,再给老人做饭。

以王芳的经济条件,请个保姆还是没有问题的。但这件事遭到了一个人的坚决反对,这个人就是王芳的婆婆。老人家特别节俭,觉得自己身子骨还算硬朗,家务事自己都能干,找个保姆来家里,她觉得浑身不自在。

再者，老人家觉得，是不是自己不中用了？要不然好好的，家里为什么还要花钱再找个保姆？

请保姆遭到了婆婆的反对，王芳思前想后，发现住家保姆确实也难找，于是决定退而求其次，找一个每周来家里打扫一次的钟点工保姆。这样每周就能彻底给家里做个清洁维护，婆婆也能接受。一开始，王芳陆续换了几个保姆，不是觉得打扫得不干净就是觉得人家偷懒。直到在网上找到了保姆田丽，这一用就是半年。

田丽，40多岁，老家在东北的一个县城，她刚来的时候穿着朴实整洁，每次到王芳家都是笑脸盈盈、温声细语的，说话也很有礼貌，家里打扫得也干净利索，很对王芳的脾气。

一开始，王芳还不太放心，因为田丽毕竟不是通过家政公司推荐的，而是自己从网上找来的。她也试探过田丽，在家里的鞋柜上放了几百元，但每次田丽来打扫过以后，钱都还在原位。时间一长，王芳就完全相信田丽了。有时候婆婆不在家，王芳就把钥匙直接留给田丽。临近年底，王芳还给田丽包了个红包，又找了一兜清洗干净的衣服，让她带回去给能用得上的亲戚。

就在王芳报警后不久，警方在侦查另一起丢失钱款的案件中，锁定了犯罪嫌疑人田丽。原来，田丽在别的雇主家当保姆的时候，也偷了钱物，业主报了警，警方通过这户业主家的监控录像确定是田丽偷盗的钱款。田丽到案后，如实交代了她还偷了王芳家1万元的事。正好王芳和丈夫高峰来报案，事情一下子就水落石出了。

田丽多年前就离婚了，孩子跟随前夫生活。前夫之所以和田丽离婚，是因为田丽爱打麻将、赌博。离婚后的田丽发誓要戒赌，她离开老家，一个人来到城里打工。因为文化水平不高，也没什么手艺，所以就在家政公司做保姆。做了一段时间保姆后，田丽发现通过家政公司去雇主家当保姆不划算。虽然家政公司会给她们进行培训，还给她们缴纳保险，但家政公司要收管理费，导致自己拿到手的钱就少了很多。于是，有了一些客户积累之后，田丽就在网上自己发广告找雇主，王芳就是自己从网上找到的田丽。

慢慢地，田丽发现，只要肯付出辛苦，在城里做保姆收入还真不少。田丽一周能做好几家的保洁，去掉房租，每个月的收入还能富余不少，生活也有了改善。手里有了余钱，田丽的老毛病就又犯了，她又开始了网络赌博，每天不玩上几把就难受。网上赌博有输有赢，但大部分都是输。很快，她做保姆赚来的钱就输了个精光，而且还欠下了5万多元的信用卡账单。

眼看着要过年了，可回老家过年总不能两手空空啊。于是，田丽在回老家前的一个月里，开始从她当保姆的9个雇主家偷钱。因为现金好出手，所以田丽专门偷现金。偷完钱，她又去赌博，想赌一把大的，好翻身把欠下的信用卡账单都还上，也好回家过年。

田丽在王芳家打扫卧室的卫生时，发现衣柜里有1万元现金，就放进自己包里带走了。这正是高峰攒的私房钱。同时刚好有其他雇主发现家中财物被盗，提供线索报了警，警方将田丽从老家缉拿归案，等待她的必将是法律的严惩。

像田丽这种利用保姆职业之便，偷盗雇主家的财物，即便她受到了刑事处罚，可刑满释放后再从事家政工作，并且不知悔改，那不是谁雇用这样的保姆谁遭殃吗？本案对田丽的判决解决了这一顾虑，也让田丽受到了惩罚。

这就涉及本案的法律知识点：从业禁止。

根据《中华人民共和国刑法》第37条之一的规定，因利用职业便利实施犯罪，或者实施违背职业要求的特定义务的犯罪被判处刑罚的，人民法院可以根据犯罪情况和预防再犯罪的需要，禁止其自刑罚执行完毕之日或者假释之日起从事相关职业，期限为三年至五年。

从业禁止，主要目的在于防止犯罪分子再次利用其职业和职务之便进行犯罪，本质上是人民法院为了预防犯罪、保障社会公众安全，根据被告人的犯罪情况，对被告人所采取的一项预防性措施。

本案中，田丽通过保姆身份实施偷盗的犯罪行为，出于预防她再次犯罪的需要，法院判决：被告人田丽犯盗窃罪，判处有期徒刑8个月，并处罚金人民币1500元。禁止被告人田丽自刑罚执行完毕或假释之日起3年内从事家政服务工作，并将违法所得发还各被害人。

田丽好不容易到城里打工立足，因为赌博欠款偷盗雇主家的财物，枉费了雇主的信任，自己也不得不接受法律的处罚。哪怕刑满出狱后再进入社会，身上有了从业禁止的污点，再重操旧业恐怕也很难了，这无疑又给自己的人生道路添加了一道障碍。

【案例二】

2020年8月的一天傍晚，一阵警笛声打破了东北某小区的宁静。警车停在了小区5号居民楼的门口，两名警察匆匆上楼，不到20分钟，将一名50多岁的女人带上了警车，一同上警车的还有一对年轻夫妻。

坐上警车的这对夫妻，女的名叫徐莹莹，男的名叫李壮。夫妻二人白手起家，一起打拼，经过几年的努力，开了一家规模不小的服装厂，在当地也算小有名气。随着服装厂的生意越做越大，两人开始到各地考察，准备在其他城市开设分厂。可是还没等分厂建起来，家里发生的一件事，让徐莹莹和李壮两人不知道怎么办才好。

这天，李壮突然接到了小区物业打来的电话，原来他父亲在小区楼下散步的时候，突然倒地不起，多亏邻居及时发现，人已经被送到医院抢救了。挂了电话，李壮赶紧叫上妻子一同赶往医院。医生告知夫妻俩，老人家突发脑出血，经过抢救，目前已经脱离了生命危险，但恢复初期，老人生活还无法自理，需要有人贴身照顾。

在生意发展的关键时期，老父亲病倒了，这可愁坏了夫妻俩。李壮和徐莹莹都是独生子女，照顾老爷子这件事谁也指望不上。1个月后，李壮父亲的病情稳定了，徐莹莹和李壮就把老人从医院接回了家里。刚开始，两人轮流照顾生病的父亲，每天都起早贪黑，服装厂和家里两头跑。可是时间久了，两个人都身心疲惫，服装厂的生意也时不时地出现问题。徐莹莹觉得这样下去不是办法，于是提议找一个保姆，这样既能让父亲得到照顾，他们也能安心工作。李壮也同意了。

于是，徐莹莹就在网上找到了一个工资较低的保姆。保姆名叫杨秀英，今年50多岁，简历上写着接受过专业的老人护理培训。徐莹莹拨打了杨秀英在网上留的电话号码，约她来家里见了面。第一次见面，徐莹莹对杨秀英的印象很好。徐莹莹还问了她有没有照顾老人的经验，杨秀英说，她之前在雇主家做的都是照顾老人的工作。于是，徐莹莹告诉杨秀英，第二天就可以上岗了。

就这样，杨秀英正式到徐莹莹家当起了保姆，照顾李壮父亲的日常起居，同时料理家务。这一干就是5个月。可当杨秀英干到快6个月的时候，这天傍晚，她却被警察带走调查。

这是怎么回事？事情要从1个月前说起。

李壮父亲年纪大了，健康恢复得很慢，且发病后留下了后遗症，一直不能清楚地表达。

一天晚上，李壮给父亲换裤子的时候，发现父亲大腿上有瘀青，掀开上衣一看，胳膊上也有瘀青。李壮发现不对劲，就问父亲："爸，您这身上怎么了？"老人家虽然不能表达，但是眼泪含在眼眶里，明显是受了委屈。

李壮知道妻子性子急，他没敢直接告诉徐莹莹，而是自己先买了监控摄像头，趁保姆不在，安装在了父亲的房间里。没想到第二天就有意外发现。第二天下午，李壮见保姆杨秀英拿着粥进了父亲的房间，她先用毛巾围在父亲胸前，然后开始给父亲喂粥。可接下来的一幕，让李壮恨不得马上冲到杨秀英面前给她几巴掌。只见老父亲扭过头不肯喝粥，杨秀英竟然连着扇了父亲好几个耳光，之后又用勺子撬开父亲的嘴，硬生生地把粥塞进了老人的嘴里。之后，杨秀英抽走了老人胸前的毛巾，又狠狠地抽打老人。视频中可以看出杨秀英在情绪激动地谩骂老人，而床上的老父亲却毫无反抗能力。

李壮看到这一幕后马上开车回家，在路上就报了警。警方赶到后对杨秀英展开了侦查，李壮和徐莹莹也到公安机关去做了笔录。

外表和善的杨秀英为何会有如此狰狞的一面？她为何会对老人下此狠

手呢？到案后的杨秀英说出了实情。

原来，徐莹莹特别爱干净，杨秀英到徐莹莹家做保姆以后，因为徐莹莹嫌公公的房间没有打扫干净，总是有一股难闻的气味，第一个月就给杨秀英扣了1000元的工资，原本说好的8000元工资变成了7000元。之后，徐莹莹又以各种理由克扣杨秀英的工资。杨秀英很不高兴。但是现在工作难找，杨秀英也只能委曲求全，继续干着。

徐莹莹的公公大小便不能自理，为了省事，李壮和徐莹莹不在家的时候，杨秀英就减少老人的进餐次数。有时候老人不配合，杨秀英就拿老人撒气，经常打骂老人。这一切被李壮发现后，报了警。杨秀英到案以后如实供述自己的罪行，她承认自己虐待老人已经有两个月了。

杨秀英伤害老人的行为应如何定性呢？这就涉及一个法律知识点：虐待被监护、看护人罪。

虐待被监护、看护人罪，是指对未成年人、老年人、患病的人、残疾人等负有监护、看护职责的人，虐待被监护、看护的人，情节恶劣的行为。本罪是《中华人民共和国刑法修正案（九）》新设的罪名。

我国刑法中虐待罪的主体原来仅限于家庭成员之间，对非家庭成员之间的虐待行为没有规定为犯罪，这就使得大量非家庭成员之间存在的被监护、看护人遭受虐待的现象不能被定罪处罚。对此，《中华人民共和国刑法修正案（九）》通过新设罪名，将非家庭成员之间的虐待行为纳入刑法保护的范围。

《中华人民共和国刑法》第260条之一规定："对未成年人、老年人、患病的人、残疾人等负有监护、看护职责的人虐待被监护、爱护的人，情节恶劣的，处三年以下有期徒刑或拘役。单位犯前款罪的，对单位判处罚金，并对其直接负责的主管人员和其他直接责任人员，依照前款的规定处罚。有第一款行为，同时构成其他犯罪的，依照处罚较重的规定定罪处罚。"

本案中，被告人杨秀英对看护的老人进行虐待殴打，杨秀英虽然不是老人的家庭成员，但其是对老人负有看管职责的人，她对老人长时间的虐待行为也依然构成犯罪。公诉机关以虐待被看护人罪对杨秀英提起公诉。庭审中，杨秀英认罪悔罪。最终，法院判决被告人杨秀英犯虐待被看护人罪，判处有期徒刑一年零二个月。

案件发生后，李壮和徐莹莹很自责，尤其徐莹莹，她一度觉得是自己对保姆要求太严苛了才让她产生了报复心理，对老人下手。好在经过了一段时间的休养，老人的身体有所好转，徐莹莹也把更多的精力放到了照顾老人身上。

随着经济水平的提升、生活节奏的加快，我们一定会越来越需要那些勤奋有爱的专业家政从业者走进我们的家庭。聘请保姆一定要到正规的家政服务机构，选择有上岗资质的保姆，签订正规的家政服务合同，这样才能避免合法权益受到侵害。对于每一个家政从业者来说，金杯银杯，不如客户的口碑。工作没有贵贱，只要勤奋努力，照样能获得社会的尊重和肯定。那些利用职业之便违法犯罪之人，不仅断了自己的职业前途，也一定会受到法律的制裁。

少女的噩梦

法律知识点：强迫未成年人卖淫

　　东北刚刚下过一场大雪，村里路上的积雪还很厚，人走在路上嘎吱嘎吱作响。眼看就要到春节了，外出打工的人都背着大包小裹地回家过年。腊月二十九，家家户户开始张灯结彩，贴春联，挂灯笼，年味儿是越来越足了。可就在这本应热闹欢喜的一天，村里关伟家里却出了人命！

　　只见一位满头白发的老太太瘫坐在关伟家的院子里号啕大哭，嘴里喊着："好好的人跟你出去，怎么就没回来？今天你必须还我孙女！"临近过年这几天正是北方最冷的时候，情绪激动的老人双手和脸颊冻得通红，伴随急促的呼吸，嘴里冒出一团团白色的雾气。左邻右舍听见老人的哭喊声，都赶过来劝架。可是任凭老人家怎么哭喊，关伟家的房门一直紧锁着，没人露头。老人家哭着哭着，突然从兜里掏出一个绿色的瓶子，双手颤抖着扭下瓶盖，猛地一仰头，将大半瓶农药喝了下去。躲在屋里的关伟听到外面的人喊"出人命了，出人命了"，慌忙从屋里跑出来，可等救护车赶到的时候，老人已经没有了呼吸。

　　这老太太是谁？大过年的，她为什么到关伟家要孙女，又在关伟家门前喝农药自尽呢？老人名叫赵春梅，村里人都叫她赵大妈，今年已经73岁了，身体还算硬朗。她老伴已经过世10多年了，儿子和儿媳妇常年在外打工，留下一个孙女跟她一起生活。孙女李晓燕13岁，是赵大妈一手拉扯大的，今年本该上初中，但她从小学习成绩一般，而且在老人的观念里，女娃娃不用念那么多书，所以李晓燕小学毕业以后就没有再念初中，而是在家陪着赵春梅一起种地，偶尔打点零工挣点零花钱。祖孙俩日子过得虽然不算太好，但也算可以维持基本的生计。

晓燕机灵开朗，从小和奶奶的感情就特别好，是奶奶的命根子。可是，李晓燕为什么会突然不见了，这件事又和同村的关伟有什么关系呢？这要从半年前说起。

关伟是赵大妈的邻居，住在赵大妈隔壁，两家人是世交，上一辈人就认识，关系一直不错。5年前关伟结婚的时候赵大妈还去喝了喜酒，关伟的媳妇还是赵大妈托人帮忙介绍的。只不过关伟不务正业，还喜欢吃喝玩乐，夫妻俩经常吵架，3年前就离了婚。后来，关伟声称自己痛改前非，要去城里做生意。听说是开饭店，这对于村里人来说，可不是谁都能做的大买卖。只要逢年过节回老家，关伟就会拎上两斤赵大妈爱吃的绿豆糕去看望她。

去年6月，关伟回了一趟老家，到赵大妈家去串门，正好李晓燕也在家。关伟就问赵大妈，晓燕怎么没上学啊？赵大妈说，孩子学习也不咋好，她自己也不爱上学，我就让她在家和我一起干点活儿。

看着已经长成小大人模样的李晓燕，关伟提议说："大妈，那你让晓燕和我去城里呗，正好饭店缺人手。再说，到了城里，见的人多事多，也长见识，比在村里待着强啊！"还没等赵大妈接话，关伟紧接着说道："在饭店里包吃包住，等晓燕在城里站稳脚跟，没准将来能把您也接到城里去呢，到时候也让您沾上孙女的光。"

赵大妈一听，这敢情好啊，晓燕不念书了，总在家闲晃也不是办法，不如进城去长长见识，见见世面。再说，关伟也是她看着长大的，是邻居，两家人又是世交，知根知底，她也相信关伟。

于是，赵大妈就问晓燕愿不愿意和关伟叔叔去城里？李晓燕当然愿意了。父母常年在外打工，顾不上管她，晓燕基本就没怎么出过村子，去过最远的地方就是每年过年买年货的时候，和奶奶去镇上赶大集。晓燕对外面的世界充满了向往，所以听完奶奶的话，她是一蹦八丈高，立马同意和关伟进城去。

一想到自己拉扯大的孙女就要离开自己，赵大妈还有点舍不得。但是为了孙女能长见识、见世面，就同意了晓燕进城打工。

可没承想，这才是13岁少女李晓燕噩梦的开始。李晓燕刚进城的那两个月，奶奶总是拄着拐杖到村里的小卖部给孙女打电话，问她"吃得好不好啊，住得怎么样"。李晓燕也经常打电话回来给奶奶报平安，说自己一切都好，让奶奶放心。收到第一个月的工资后，李晓燕还给奶奶寄回了300元。拿到钱的赵大妈喜上眉梢，比收到自己儿子给的钱都开心。赵大妈逢人就说，我这大孙女没白养，是个孝顺娃，在城里打工能自己赚钱了，有出息，给我们老李家长脸了。

于是，赵大妈对晓燕在关伟那里打工一直很放心。可是后来，晓燕给奶奶打电话的次数越来越少，而且每次时间都越来越短。有时候她还在电话里支支吾吾，好像有话说不出口。赵大妈以为孙女忙，也没往心里去。再后来，李晓燕再没有给奶奶打过一回电话，赵大妈给她打过去也没人接。赵大妈开始担心了，第一时间联系了关伟，但关伟告诉赵大妈，李晓燕处了对象，辞掉了饭店的工作，跟着对象去大商场打工了，现在还在不在这个城市，他也不知道。

就这样，3个多月过去了，谁都联系不上李晓燕。赵大妈着急了，给儿子儿媳妇打电话，还报了警，可一直都没有李晓燕的下落。赵大妈一直打电话找关伟要人，说晓燕是和你出去打工的，现在一个大活人找不到了，你必须给个说法。关伟反倒满心委屈，他说，我好心好意带着你孙女出去打工，但她是一个大活人，腿长在她身上，她是走是留我说了也不算啊。现在是李晓燕自己走了，又不是我把她藏起来了，你责备我也没有用啊。后来，赵大妈再给关伟打电话，关伟干脆不接了，也一直避而不见。

转眼间到了年底，关伟可算是要回老家过年了，不过他腊月二十九才回到老家。赵大妈听村里人说关伟回来后，哭天抢地地跑去要孙女，关伟躲在屋里都没敢开门。经赵大妈这么一闹，关伟家不大的小院围满了村民。但关伟没想到，赵大妈会想不开，竟当场喝农药自尽。

赵大妈的儿子李丰顺正在家里准备柴火，村里人跑过来说，你快去看看吧，你妈在关伟家出事了。李丰顺放下手里的木柴和斧头，一路小跑到关伟家，赶到一看，老母亲一动不动地侧躺在院子里，已经不省人事。顾不上和关伟理论，李丰顺叫媳妇赶紧打120急救电话把人送医院，可是一切都来不及了，没等抬上救护车，赵大妈就已经没有了呼吸。

　　这个年对于李家来说是悲痛欲绝。女儿丢了找不到，老母亲为了找孙女服药自尽。村子里的年味儿正浓，可李丰顺一家却被悲痛笼罩着，根本没有心情过年。

　　料理完母亲的后事，李丰顺要求关伟对赵大妈的死亡承担赔偿责任。李丰顺认为，要不是关伟带李晓燕出去，晓燕也不会丢，赵大妈也不会自尽。但关伟认为，孩子是自愿和他去城里打工的，也是经过家属同意的，赵大妈是自杀，责任也不在他。只不过出于情理，他愿意补偿李家。就这样，在村委会的调解下，关伟给了李丰顺5万元，这事儿才算了结。

　　这期间李晓燕一直都杳无音信。李晓燕到底去哪儿了呢？她真的和男朋友私奔了吗？为什么不和家里联系呢？谁也没想到，1个月以后，李晓燕竟然回来了。刚出正月，年味儿还没有消散，李晓燕在两名警察的陪同下，突然回到了村子里。这几个月李晓燕她到底去哪儿了？随着李晓燕的出现，她的失踪之谜也终于被解开了。当得知奶奶在不久前到关伟家询问自己的下落，一气之下喝下农药过世了的消息，李晓燕号啕痛哭，伤心欲绝。她多希望那个慈祥的奶奶还在她身边，她给奶奶买她最爱吃的绿豆糕。

　　说起这半年的遭遇，李晓燕痛不欲生。李晓燕和关伟刚到城里的时候，李晓燕确实在关伟的饭店里当服务员，平时就住在店里，休息的时候就去市里走走。刚到城市的李晓燕，看到哪里都是新鲜的，也确实度过了一段开心的时光。可是好景不长，两个月以后，关伟的饭店因为资质不齐全，加上生意不景气，很快就停业了。关伟不得不把饭店兑出去，二人都没了工作和收入。

　　就在两人忙于寻找新工作的时候，关伟神神秘秘地和李晓燕说："我知道有一个好工作的机会，专招你这样的漂亮女孩子，包吃包住赚得多，而且还能学手艺，你要不要去？"

李晓燕听完这话，觉得自己都已经和关伟出来了，现在饭店倒闭了，也没有什么好工作可以干，如果她再说不去，就得回老家了。外面的世界这么好，回老家多没意思啊。于是，李晓燕没有多想，就答应了关伟的提议。关伟把李晓燕带到了一家美发店，把美发店的老板朱美红介绍给李晓燕，告诉她，老板叫美姐。美姐上下打量了一会儿李晓燕，同意收下她做"学徒"。关伟告诉李晓燕，以后她就在这个美发店当"学徒"，学习美发。而关伟自己则在不远处的一家饭店继续工作，没事就会过来看看她。于是，关伟就把李晓燕独自一个人留在了美发店。

从踏进美发店的那一刻，李晓燕的噩梦就开始了。朱美红告诉李晓燕，美发店有美发店的规矩，上班不能带手机，需要打电话的时候会给她机会打电话。说完，她就把李晓燕的手提包和手机都收走了。前三天，朱美红让店里的服务员教李晓燕洗头发和按摩。第四天中午，一件奇怪的事发生了。朱美红打开了一间李晓燕没进过的屋子，让她进去等客人，之后就来了一个陌生男子，要和李晓燕发生关系。李晓燕吓坏了，哭喊着拒绝。这时候，朱美红推门而入，和客人解释了一下，然后把李晓燕叫了出去。还处于惊慌中的李晓燕被带到了朱美红平常休息的房间，房门紧闭，朱美红和一个膀大腰圆的男子走到李晓燕面前，狠狠地打了李晓燕两巴掌。朱美红指着李晓燕的脸，恶狠狠地说道："你装什么清高，你以为关伟真是让你来学什么美发的？他是让你来挣大钱的，我们这里做的是让客人开心的生意，你鬼哭狼嚎的给谁看啊！你要是不从，信不信我们打死你。"说完继续示意身旁的男子殴打李晓燕。

在朱美红和男子的威逼恐吓之下，李晓燕回到了客人的房间，被迫与客人发生了关系。少女李晓燕就这样失去了她的贞洁，噩梦却远没有结束。朱美红拍摄了李晓燕的裸照，告诉她如果敢打什么歪主意，就算她逃跑了，也会把这些裸照公布出去，让全世界都看到她的裸照。3个多月来，李晓燕在朱美红的威胁下，一共被强迫接客20多次。为了防止李晓燕逃跑，朱美红平时都安排人看管李晓燕，再三叮嘱不允许她离开美发店。而刚过完年，美发店还没什么客人，李晓燕趁看管的人中午打盹，偷偷跑了出去，借了好心人的手机报了警，才得以挣脱。

警方了解情况以后，捣毁了美发店的卖淫窝点，将朱美红等涉黄人员抓捕归案。并根据李晓燕和朱美红提供的信息，将李晓燕带回了老家，将关伟也抓获归案。

归案后，关伟没法再狡辩隐瞒实情了。原来，关伟、朱美红二人是早有预谋的。关伟一开始确实在朱美红的美发店附近开饭店，但因为关伟好吃懒做、不务正业，饭店的生意一直不太好。关伟成天吃喝玩乐，根本无心打理生意，经常光顾朱美红的美发店。一来二去，二人就熟悉起来，发展成了情人关系。关伟知道朱美红的美发店有特殊服务，因为剪头发根本挣不了多少钱，所以美发店的大部分收入都是靠从事色情活动得来的。二人发展成情人关系以后，朱美红就告诉关伟，店里的女孩子都是从农村来的，要再物色年轻漂亮的女孩，这样才能抽成挣钱。朱美红还告诉关伟，只要他能帮忙找来合适的女孩，就会给他一大笔酬劳。

为了赚钱，关伟回老家的时候，盯上了隔壁赵大妈家辍学在家的孙女李晓燕。李晓燕虽然只有13岁，但是已经出落成了一个大姑娘，将近一米六的身高，模样还很俊俏。于是关伟就打定了主意，要让李晓燕到朱美红的美发店里从事色情服务。其实当时关伟已经知道自己的饭店快干不下去了，生意不好，再干下去就是赔钱。但他还是以能带李晓燕进城打工为幌子，骗得了赵大妈的信任，把李晓燕带到了城里。

一开始，李晓燕也的确是在关伟的店里打工。朱美红还特意去店里吃饭，看过李晓燕，觉得她长得端正，而且年轻，一定能用她赚到钱。关伟开始寻找时机，好把李晓燕带到朱美红的美发店工作。两个月后，关伟刚好出兑了饭店，按照和李美红商量好的计划，他把李晓燕带到了美发店。朱美红提议，因为李晓燕年轻，找她的客人可以要价贵一点，肯定有市场。最开始，关伟也有顾虑，他是把人带过去了，但万一李晓燕死活不从怎么办？得知关伟的顾虑，朱美红信誓旦旦地说道："你放心，我干这行这么长时间，什么刚烈的性格没见过啊。这事开头难，上点手段就好了，这事我来办，你放心。"于是，关伟就告诉李晓燕，美发店包吃包住，让她好好上班。至于调教李晓燕的事，就由朱美红负责。

李晓燕刚到理发店的半个月，为了不引起李晓燕家人的怀疑，朱美红让李晓燕给家里打过两次电话，但都是在朱美红的监视之下，匆匆说几句话就挂了电话。平日里，朱美红负责寻找客人，李晓燕被迫与客人发生关系。一旦李晓燕稍有不从，就会被拳打脚踢，其间所得的钱财，都被朱美红和关伟截留。后来，赵大妈不停地打电话要孙女，关伟说，李晓燕跟别的男人跑了，他也不知道去了哪里。赵大妈和家人报了警。警方来了解李晓燕的行踪时，关伟做了亏心事，说话胆战心惊。但他一直强调李晓燕是自己走的，也为警方破案增加了难度。

年底了，关伟不得不回家过年，没想到赵大妈会直接到他家讨要孙女。关伟本来就做了亏心事，被这么一闹，他更害怕了，只能选择关紧门窗，装作没有听见。他想着，等赵大妈闹够了自然就回去了。可他没想到赵大妈在他家院子里当场喝了农药，闹出了人命。最后，在村委会的协调之下，为了安慰李家人，把赵大妈的事先化解了，关伟同意赔偿 5 万元。

关伟回老家的时候，对朱美红千叮咛万嘱咐，千万别让李晓燕跑了。可没想到，李晓燕最终还是逃脱了。李晓燕向警方说出了实情被送回了老家，关伟也被捉拿归案。

案件到此终于水落石出，公诉机关以强迫卖淫罪对关伟和朱美红提起公诉。在庭审过程中，两人却说他们并没有强迫李晓燕去卖淫，出来打工是经过李晓燕家长同意的，就连去理发店工作都是李晓燕自愿的，他们根本没有强迫和威胁的行为，自然也不构成犯罪。

关伟和朱美红的行为是否构成强迫卖淫罪呢？这就涉及一个法律知识点：强迫未成年人卖淫。

《中华人民共和国刑法》第 358 条第 1 款、第 2 款规定："组织、强迫他人卖淫的，处五年以上十年以下有期徒刑，并处罚金；情节严重的，处十年以上有期徒刑或者无期徒刑，并处罚金或者没收财产。组织、强迫未成年人卖淫的，依照前款的规定从重处罚。"

本罪侵犯的是他人的人身权利和性的不可侵犯的权利，犯罪的对象是"他人"，一般指妇女，但也包括不满14周岁的幼女和男性。本罪在客观方面表现为违背他人意志，用暴力、胁迫或者其他方法迫使他人卖淫。关于用何种方法强迫他人卖淫，法律上没有限制。实践中主要用暴力、胁迫的方法，如采用对他人殴打、虐待、捆绑或以实施杀害、伤害、揭发隐私、断绝生活来源相威胁，或在他人走投无路的情况下，采用挟持的方法迫使他人卖淫。如果仅仅是采用物质引诱、暗示、鼓动他人卖淫，没有违背他人意志的，不能构成本罪。

本案中，关伟和朱美红强行收走了李晓燕的身份证件和手机，并且拍摄了裸照相威胁，将她关在理发店长达3个月的时间，完全限制了李晓燕的人身自由，并用言语威胁和恐吓，足以达到强迫卖淫罪的手段要求，且李晓燕只有13岁，属于不满14周岁的幼女。因此，对关伟和朱美红应当从重处罚。最终，法院判决被告关伟和朱美红犯强迫卖淫罪，均判处有期徒刑7年，并处罚金2万元。

本案的审理虽然已经告一段落，关伟和朱美红也受到了法律制裁。但对于李晓燕来说，恐怕留下的心理阴影永远都不会抹去，奶奶也无法再回来了。试想一下，如果13岁的李晓燕还在上学，如果赵大妈没有掉以轻心，没有把13岁的孙女交给邻居带离身边，也许李晓燕此刻正坐在教室里朗读着初一的课文，她的人生也许会沿着正常的轨迹行走。可是人生没有如果，时间也不能倒流。

未成年人心智尚不成熟，需要家长、学校、社会的关爱与引导。家长应该重视起来，在孩子的成长过程中，父母一定要扮演好自己的角色，除了教育，更多的是陪伴与呵护，让孩子学会保护自己，不要轻信别人的引诱。同时也对那些企图利用未成年人的单纯实施违法犯罪的不法之徒提出警醒，《中华人民共和国刑法》和《中华人民共和国未成年人保护法》都有规定，侵害未成年人合法权益，利用未成年人犯罪的，都难逃法律的制裁，而且要加重处罚。

失职的营业者

法律知识点：1. 禁止向未成年人出售烟酒
2. 宾馆接待未成年人的注意义务

【案例一】

夏天的一个周末，晚上8点多钟，月亮爬上树梢，镇上的公园里有一个小湖，乘凉的人们像往常一样沿着湖边散步，周围还时不时地传来青蛙和蛐蛐的叫声，伴随孩童的嬉笑声，四周的景象静谧而又美好。

突然，这一切被几个孩子的求救声打破了。只听见有人大声呼喊："救命啊，救命啊！"随后，两个10多岁的男孩从不远处向人群跑过来，大声呼救说："有人落水了！"散步的人群中，几个会游泳的男人赶紧朝孩子指的方向跑去。岸上的人有的用手机打开光源照亮，有的拨打了报警电话，随后救援人员赶到现场。但因为是晚上，湖面上没有光亮，给救援增添了难度。直到第二天早上，救援队才在湖里打捞上一具尸体。令人惋惜的是，死者是个十四五岁的孩子。

孩子为什么会坠湖？到底是意外还是另有隐情？坠湖的男孩叫刘晓刚，今年刚满15岁。晓刚上小学的时候，他的爸爸妈妈就离婚了，晓刚被判给了父亲。后来，父亲又成了家，没有精力照顾他，所以晓刚就一直和奶奶一起生活。

刘晓刚的学习成绩一般，但已经长成将近一米七的个头，开朗帅气，还好交朋友。在学校里，整个年级几乎就没有不认识他的。得知晓刚溺水的消息，晓刚的奶奶受了刺激，当场昏迷。后来，经法医鉴定，晓刚的死因虽然是溺水身亡，但在他的体内却检测出一种不该出现的物质——酒精。这说明晓刚在坠湖之前喝过酒。这和他坠湖有关系吗？一个15岁的初中生，为什么要喝酒呢？这就要从出事的前一天说起。

刘晓刚和赵博是同班同学，两家住得又很近，所以经常一起上下学，刚好第二天就是同学赵博的生日了。讲义气的刘晓刚就约上他们共同的好友冯亮，在一家烧烤店里给赵博庆生。3个人在烧烤店里点了各种烤串之后，刘晓刚突然提议："今儿这么高兴，来，咱们几个喝点酒，庆祝一下。"赵博和冯亮对视了一下，都有点犹豫，喝酒？他们可从来没喝过酒。可是刘晓刚却说："是男人哪有不喝酒的啊，咱就喝点啤酒，没啥度数！"看两个朋友还有些犹豫，刘晓刚告诉他们，自己曾经在爷爷的生日宴上喝过一整箱啤酒，当时啥事都没有。所以，他劝两个朋友不用担心，放心大胆地敞开喝。说着，刘晓刚就点了6瓶啤酒，他们3个人每人喝二瓶。

就这样，3个男孩在烧烤店里开怀畅饮，每个人喝得都很兴奋。吃完烧烤、喝完啤酒之后，他们没有马上回家，刘晓刚又提议到附近的公园去玩。在酒精的作用下，刘晓刚越发兴奋。到了公园，他又提议要到湖边戏水，凉快凉快。就这样，赵博和冯亮便一同和刘晓刚到湖边戏水，但是说话间的工夫，刘晓刚已经脱了上衣，游到湖里去了。

刘晓刚是会游泳的，一开始，他还在岸边游得起劲儿，兴奋地和岸上的赵博和冯亮挥着手。可是游着游着，岸上的赵博突然注意到好像不对劲了，渐渐地在湖面上就看不到刘晓刚的影子了。于是赵博开始呼喊刘晓刚的名字，但没有得到任何回应。赵博和冯亮又喊了好几遍，还是没有得到刘晓刚的回应。两个人感觉不妙，但他们又不会游泳，于是赶紧呼救，跑去找人救援。无奈天色已晚，给救援增添了难度。第二天早上，刘晓刚才被打捞上来，可惜已经是一具冰冷的尸体了！

突如其来的变故让刘晓刚一家彻底崩溃了，尤其是刘晓刚年迈的奶奶，白发人送黑发人，她没有办法接受刘晓刚溺水身亡的事实，明明头一天还活蹦乱跳的孙子，怎么突然就没了呢？

料理完刘晓刚的后事，刘晓刚的父母想给孩子的离世要个说法。他们认为，刘晓刚之所以溺水，罪魁祸首就是烧烤店，如果不是孩子在烧烤店里喝了酒，就不会发生这样的事。于是，刘晓刚的父母将烧烤店的经营者告上了法庭，同时还起诉了和刘晓刚一起吃饭的同学赵博、冯亮，以及公园的管理者。刘晓刚的父母要求这几方赔付死亡赔偿金、丧葬费、尸体打捞费、精神抚慰金等费用共计36万余元。但烧烤店的经营者却认为，他们已经在店内张贴了"禁止未成年人饮酒"的标识，是刘晓刚他们自愿饮酒，因此烧烤店的经营者不用承担责任。

烧烤店经营者的辩解有道理吗？本案涉及一个法律知识点：禁止向未成年人出售烟酒。

根据《中华人民共和国未成年人保护法》第59条的规定，禁止向未成年人销售烟、酒、彩票或者兑付彩票奖金。烟、酒和彩票经营者应当在显著位置设置不向未成年人销售烟、酒或者彩票的标志；对难以判明是否是未成年人的，应当要求其出示身份证件。并且，"任何人不得在学校、幼儿园和其他未成年人集中活动的公共场所吸烟、饮酒。"

这充分说明了，因未成年人身心发育尚不成熟，烟酒会严重影响未成年人的身心健康。本案中，尽管烧烤店张贴了"禁止未成年人饮酒"的标识，但经营者没有尽到充分的注意义务，还是向3个未成年人出售了酒品，这属于经营的过错。

法院经审理认为，由于烧烤店的经营者未履行《中华人民共和国未成年人保护法》规定的义务，违法售酒导致刘晓刚饮酒后发生危险行为的可能性增大，所以售酒行为与刘晓刚的死亡结果之间具有因果关系。所以法院判定，烧烤店的经营者对刘晓刚的死亡要承担6%的责任。

那么，和刘晓刚一起喝酒的同学，以及公园的管理者要承担责任吗？本案中，和刘晓刚一起喝酒的赵博和冯亮均系未成年人，已年满8周岁不满18周岁，虽然系限制民事行为能力人，但对自己的行为应有一定的判断力。赵博和冯亮与刘晓刚共同饮酒，酒后一同到公园游玩并参与了下湖戏水的危险行为，二人未能尽到相互照顾、提醒的义务，所以对刘晓刚的溺水死亡也应该承担责任。但因为饮酒、湖边游玩、戏水都是刘晓刚提议的，刘晓刚溺水后，赵博和冯亮还参与了救援。所以，法院判定赵博、冯亮对刘晓刚的溺水身亡责任较小，各承担2%的责任，这部分责任由他们的监护人承担。在庭审中，公园的管理方也提供了证据证明，他们已经设置了提示游客"水深有危险，禁止游泳"的安全警示标志，所以法院判定公园的管理方不承担责任。

这起案件发生在周末，刘晓刚将自身置于危险之中。同时，结合本案的证据情况，刘晓刚曾经表述，他在爷爷的生日宴上曾经一人饮一箱啤酒，可见刘晓刚平时就存在饮酒的行为，而刘晓刚的父母应当知晓，但二人平时对刘晓刚饮酒的行为没有进行有效制止，足见父母对刘晓刚的监护责任履行不到位。所以，对于刘晓刚的死亡，原告也就是刘晓刚的父母要自行承担90%的责任。

法院最后判决，对于刘晓刚溺水身亡，给原告赔付死亡赔偿金、精神抚慰金等各项费用共计36万余元。烧烤店承担6%的赔偿责任，即赔偿刘晓刚的父母2万余元，同学赵博、冯亮的父母各赔偿7000元。

青春期的孩子正值叛逆期，常常觉得抽烟喝酒很帅很酷，于是过早地接触了烟酒。殊不知，未成年人身心发育尚不成熟，烟酒会影响未成年人的健康成长。家长要关注孩子青春敏感期的变化，用正确的方法引导孩子，同时以身作则，给孩子营造一个健康的成长环境。

【案例二】

2020年秋季的一天，风和日丽。一家咖啡馆里，有人听着音乐，有人在看书，氛围安静又轻松。这时候，咖啡馆里却出现了激烈的争吵声，一个中年女人和一个十八九岁的男孩发生了争执，中年女人还把咖啡泼到了男孩的身上。

女人名叫李凤琴，两天前她接到了一个电话，这个电话是女儿的班主任打来的。李凤琴的女儿小兰今年读初三，马上要中考了。班主任在电话里告诉李凤琴，小兰的学习成绩每况愈下，再这样下去，恐怕考不上高中。而且班主任还反馈了一个信息，最近上课的时候，小兰总是愣神儿，有时候还一个人美滋滋地傻笑，这些行为都很反常。

李凤琴心里纳闷，女儿小兰之前乖巧懂事，学习成绩也处于班里的中上游，是什么原因让孩子举止反常，成绩下滑呢？李凤琴是个事业型的女强人，小兰刚上小学的时候，李凤琴和老公就因为感情不合离了婚，小兰一直跟着妈妈一起生活。因为没能给小兰一个完整的家，李凤琴一直觉得亏欠孩子很多，所以很努力地给孩子创造好的生活条件。

早些年，也有人给李凤琴介绍对象，但她担心婚后男方对女儿不好，所以这么多年她一直没有再婚，而是自己一个人带着女儿生活。女儿要星星，她恨不得摘月亮。只要是女儿提出的要求，她总是想方设法地满足。一来二去，小兰就变成了一位养尊处优的"小公主"，而李凤琴因为一直忙于工作，很少有时间关注小兰的学习和生活。

听完老师反馈的情况，李凤琴开始留意女儿的举动，果然发现了女儿的秘密。因为小兰平时经常上网课，李凤琴给她买了一台电脑。这天，小兰去上学了，李凤琴帮小兰收拾房间的时候，发现电脑没关，电脑上还登录着女儿的微信号。微信里有个好友发来了新消息，而那个好友的头像竟然是一个男生和小兰亲密的照片。李凤琴紧张地点开男生的头像，发现了他和女儿的聊天记录。这个男生叫彭博，他和小兰竟然以老公、老婆相称，言语间都是暧昧的情话。从聊天记录可以看出来，两个人还经常出去约会。甚至有几次，小兰竟然连周末兴趣班都没有去，而是瞒着李凤琴偷偷地和这个叫彭博的男生约会。

李凤琴终于明白了，为什么小兰最近学习总是心不在焉，学习成绩下滑。最让李凤琴崩溃的是，她在聊天记录里发现，某个周末，彭博给小兰发了一个位置，那是一个小旅馆的地点，他告诉小兰自己会在那里等她。可那个周末，小兰明明告诉李凤琴，她要到同学家去玩，没想到竟然是和这个男生到小旅馆去约会了。

李凤琴看了他们的聊天记录，面红耳赤，她感觉女儿就毁在了这个叫彭博的男生手里了。她往上翻看了女儿和彭博的所有聊天记录，发现他们是从初二暑假开始联系的，已经联系了至少3个多月，而这期间对方竟然多次约小兰到那个小旅馆开房。怎么办？小兰还没有成年啊！李凤琴又着急又生气，她想马上把这个臭小子揪出来，查个究竟，问个明白。但作为母亲，她内心仅有的理智又说服她一定要克制，要尽可能地把对女儿的伤害降到最低。就这样，李凤琴用女儿的微信给这个叫彭博的男生发去信息，以女儿的口吻约他到宾馆附近的咖啡厅见面。只见对方回复道："咦，你今天没上学吗？"李凤琴继续用女儿的微信号回复道："我作业忘带了，中午回家取作业，所以我们俩可以去吃个饭，我先在咖啡厅等你！"就这样，那天中午，李凤琴用女儿的口吻和彭博聊天，并约他见了面。

　　李凤琴早早地来到咖啡厅，之后看到一个十八九岁的小伙子走了进来，他高高瘦瘦的，李凤琴一眼就认出他是微信头像上的那个人。只见彭博找到一个角落坐下，他显然不知道小兰的妈妈已经在咖啡店里等他。彭博在等小兰，这时李凤琴走到彭博面前坐了下来。彭博刚想开口说"这里有人"，没想到李凤琴却先开口了："我是小兰的妈妈，你们的事我都知道了！"见眼前这位阿姨是小兰的妈妈，彭博愣了一下神："你，你找我有事吗？"李凤琴开门见山地说："我不同意你们在一起，你们小小年纪还没到谈恋爱的时候，离开我女儿，别再耽误她学习！以后等你们都长大了，如果你们还觉得彼此合适，到时候我就不拦着你！"没想到，听她这么说，彭博并没有示弱，反而说道："我们的爱情我们说了算。你凭什么给小兰做主？"李凤琴急了，喊道："凭什么？凭我是小兰的妈！你家大人没教你吗？你这叫早恋！以后不允许你再联系我女儿，否则我报警了！"彭博继续反驳道："报警？哼，你报呗！我一没偷，二没抢，小兰也是自愿和我在一起的。你报的哪门子警啊？"彭博对李凤琴满脸的不屑，无礼又傲慢！李凤琴一怒之下将一杯咖啡泼到了彭博身上，二人在咖啡店起了争执，后来服务员报了警。

　　到了派出所李凤琴才知道，彭博只有19岁，初中毕业就辍学了，没什么正经职业。他和小兰是在社交软件上认识的，之后开始每天聊天。正值青春期的小兰情窦初开，彭博见她漂亮可爱，就开始追求她。从小在单亲家庭长大的小兰，第一次对男性有了怦然心动的感觉。很快，小兰便接受了彭博的追求，和他谈起了"恋爱"，之后两个人便一发不可收拾。

民警了解到，小兰的确多次和彭博一起到旅馆开房，多次在这家旅馆发生了关系。可是经过警方的调查，和彭博发生性关系是小兰自愿的，彭博并没有强迫她，而小兰也已经年满14周岁，因此彭博不构成强奸罪。但李凤琴认为，如果不是旅馆允许彭博和小兰开房，也许就不会发生这么多事了。而且旅馆的老板娘因为和彭博很熟，所以小兰每次和彭博开房，都没有登记身份信息，宾馆老板娘还说："小兰看起来高高的，以为小兰已经成年了。"李凤琴认为，旅馆有不可推卸的责任。所以，李凤琴将旅馆起诉至法院，要求旅馆的经营者赔偿小兰精神损害抚慰金2万元。

李凤琴的诉求能得到支持吗？这就涉及一个法律知识点：宾馆接待未成年人的注意义务。

《中华人民共和国未成年人保护法》第57条规定："旅馆、宾馆、酒店等住宿经营者接待未成年人入住，或者接待未成年人和成年人共同入住时，应当询问父母或者其他监护人的联系方式、入住人员的身份关系等有关情况；发现有违法犯罪嫌疑的，应当立即向公安机关报告，并及时联系未成年人的父母或者其他监护人。"

新修订的《中华人民共和国未成年人保护法》中，对旅馆、宾馆、酒店等住宿经营者接待未成年人入住的安全保护义务作了规定。为贯彻落实《中华人民共和国未成年人保护法》等法律规定，防范在旅馆发生侵害未成年人案件，保护未成年人身心健康，公安部制定了旅馆经营者接待未成年人入住"五必须"：一、必须查验入住未成年人身份，并如实登记、报送相关信息；二、必须询问未成年人父母或者其他监护人的联系方式，并记录备查；三、必须询问同住人员身份关系等情况，并记录备查；四、必须加强安全巡查和访客管理，预防针对未成年人的不法侵害；五、必须立即向公安机关报告可疑情况，并及时联系未成年人的父母或其他监护人，同时采取相应安全保护措施。

本案中，法院经审理后认为，被告旅馆的经营者在接待未成年人入住时，未询问其父母的联系方式及与入住人员的身份关系，未尽到对未成年人安全保护的法定义务，应承担一定责任。最终，在法院的调解之下，双方达成调解协议，被告旅馆同意赔偿张小兰精神损害抚慰金5000元，并当场履行完毕。

也许赔偿数额可以用金钱来衡量，但是未成年人的人生呢？有些错误一旦犯了是没有办法弥补的。经历了这件事，李凤琴把重心从工作转移到家庭，平时多陪伴女儿，关心女儿的生活。而小兰也知道自己错了，休学了两个月，李凤琴一直陪着她，母女二人的关系也得到了重建和缓和。

孩子是家庭的希望，也是国家的未来。未成年人的心智还不成熟，社会也应该给予更多的保护。无论是《中华人民共和国民法典》还是《中华人民共和国未成年人保护法》，都规定家长、学校、社会，包括餐饮、住宿、娱乐场所，都要承担起对未成年人的保护责任，共同为未成年人的安全、健康成长营造良好的法治和社会环境。未成年人入住酒店，经营者应认真履行保护未成年人的义务，违反了法定义务，就要承担责任。同时，作为未成年人的监护人、共同入住人，在办理酒店入住时，也应给予更多理解和配合。共同构建关爱、保护未成年人的安全机制，共同防范和杜绝发生在旅馆的侵害未成年人案件，为未成年人的健康成长提供良好的社会环境。

早来的爱情

法律知识点：1. 公平原则
2. 刑事责任年龄

【案例一】

2018年3月中旬，东北的天气逐渐回暖，镇上的高中开学了，刘玉红的女儿王贝贝17岁，在镇上的高中念高三。刘玉红永远都不会忘记，她那天中午接到的那个电话。

"喂，是王贝贝的母亲吗？我是王贝贝的班主任李老师，王贝贝在学校身体不舒服，已经送到镇中心医院了，你赶紧过来一趟吧！"刘玉红挂断电话，赶紧往医院赶去。赶到医院，她简直不敢相信自己的眼睛，女儿被送到的是妇产科，医生的诊断为宫外孕，并表示，多亏送来及时，命是保住了，但右侧输卵管不得不被切除，今后生育怕是会有影响。刘玉红听完医生的话，瘫坐在地上，身体颤抖着。

眼看着孩子就要高考了，好不容易日子就要熬出头了，却出了这样的事。女儿今年才17岁啊，是谁让她怀孕了？她今后的人生怎么办？刘玉红用力晃晃头，让自己保持清醒。她不敢相信，这件事就发生在自己女儿身上！可现实给了她狠狠的一巴掌，让她意识到，眼前的一切都是真实的。冷静下来后，刘玉红突然想起了一个人，这事一定和他有关系！事情还得从3个月前的一张纸条说起。

上学期临近期末考试的一天，刘玉红给女儿收拾书桌的时候，从一本书里掉出来一张纸条，上面写着："因为爱你，所以我改变；因为爱你，所以我努力。"落款是李晓强。字迹虽然有些稚嫩，但一看就是一个男孩子的笔体。刘玉红突然意识到，女儿王贝贝早恋了。她突然明白了，难怪最近贝贝总是在她面前躲躲闪闪。晚上做功课的时候，刘玉红进屋给贝贝送水果，有好几次贝贝都很警觉，好像要刻意隐藏什么。

发现了纸条之后，刘玉红翻找了王贝贝的书桌，在贝贝的日记本，找到了答案。贝贝日记本里记录着她和李晓强相识的过程和在一起的点点滴滴。王贝贝性格活泼，从小喜欢跳街舞。刘玉红觉得女孩子学街舞一点用处都没有，不如好好学习，考试成绩好比什么都强。

当时为了能上这个街舞班，王贝贝还花了很大力气说服妈妈。但是刘玉红开出条件，能考进班级前五名就让她去上街舞班。王贝贝还真挺争气，果然月考考了全班第三。所以，在高二上学期，刘玉红就给女儿报了街舞班，每周就一节课。刘玉红想，就当让女儿放松放松了。就是在这个街舞班里，王贝贝认识了阳光帅气的李晓强。期末，街舞班组织联欢活动，王贝贝和李晓强分到了一组。作为舞伴，两个人互相鼓励，彼此欣赏，又有共同的兴趣爱好，于是互生好感，产生了感情。

看到女儿的日记，刘玉红终于确定，女儿贝贝和李晓强早恋了。刘玉红在贝贝很小的时候就与老公离婚了，她性格非常要强，这么多年又当妈又当爹，就盼着孩子能成才。她对贝贝的管教一向是强势又严格，非常在意贝贝的学习成绩。王贝贝平时学习成绩挺好的，这也一直是刘玉红为之骄傲的。

可是最近，贝贝的学习成绩突然下滑。眼看要高考了，当时刘玉红以为是孩子压力太大、发挥失常，也没敢多问，只能多给孩子些鼓励。但如今，刘玉红发现了李晓强给贝贝写的这张纸条和贝贝的日记，她意识到贝贝学习成绩下滑，事出有因，一定和李晓强有关。

于是，当天王贝贝放学回家之后，刘玉红就直接把李晓强写给她的情书，还有贝贝的日记本统统摔到了桌面上，对着王贝贝劈头盖脸就是一顿教训。她对王贝贝喊道:"我每天起早贪黑的,我为了啥?还不是为了你能考上大学。你看看你现在的成绩下滑到什么程度了,还处上了男朋友,你对得起我吗?"王贝贝没想到妈妈会偷偷翻看她的东西,她觉得自己的秘密被别人偷窥了。她质问妈妈:"你为什么翻我的东西?"而刘玉红强势地说道:"翻你东西?不翻你东西我还不知道你为什么成绩下滑呢!"就这样,母女俩爆发了一次激烈地争吵。

王贝贝自从和李晓强频繁接触以后,学习成绩确实有所下滑,以前都是班级前十名,后来掉到了十二三名。刘玉红对王贝贝学习成绩本来要求就很高,这下知道了王贝贝和李晓强早恋,无论王贝贝的学习成绩到底是因为什么下滑,刘玉红都认为一定和早恋这件事有关,所以对贝贝很失望。她当着王贝贝的面撕毁了所有李晓强写给她的信,不让王贝贝再去街舞班,让她断绝和李晓强的所有来往。而且,每天贝贝放学回家一进屋,她就密切关注贝贝的一举一动尤其写作业的时候,刘玉红几乎是寸步不离。

王贝贝在妈妈的监视之下,的确是安分守己,每天都按时回家,回到家就专心写作业。刘玉红以为女儿已经和李晓强彻底断了联系,可是没有想到,王贝贝竟然怀孕了。王贝贝在医院里苏醒过来以后,刘玉红马上追问,到底是不是那个李晓强干的好事,贝贝这才说出了实情。

原来,王贝贝对刘玉红偷看她信件和日记的事非常反感,她认为妈妈不应该偷看她的隐私。而且刘玉红知道她和李晓强互相有好感以后,经常看着她,甚至监视她的一举一动。这让王贝贝更加抵触,母女俩的关系变得紧张。刘玉红越是不让她和李晓强联系,她就偏偏越要联系。其实,王贝贝根本没有断了和李晓强的联系,只不过二人的联系更加隐蔽而已。

一个周末,王贝贝本来要去补课,但她没有去,她和李晓强约好,两个人要去附近的公园散心。不巧,那天下起了雨。于是李晓强就提议,到附近的旅馆开个钟点房避雨。两个人开了房间,李晓强告诉王贝贝,他是真心喜欢她,他一定会对王贝贝负责的。而且两个人一定要考上同一所大学,远离父母身边,那时候他们就可以光明正大地在一起了。窗外下着细雨，青春期的王贝贝和李晓强第一次发生了性关系。初尝禁果后的少男少女，在假期中又发生了两次性关系。由于防护意识淡薄，王贝贝怀孕了，开学第一天就因为宫外孕大出血晕倒。

听女儿讲述了事情经过，刘玉红气得差点背过气去，她认为是李晓强强暴了自己的女儿，于是报警，让警方抓人。但警方了解到，王贝贝已经17岁，在李晓强和王贝贝发生关系的时候，双方都是自愿的。警方给王贝贝做了询问笔录，贝贝也说李晓强并没有强迫她，所以李晓强和王贝贝发生关系导致王贝贝怀孕，不属于刑事案件。

但刘玉红认为，要不是李晓强和王贝贝发生关系，王贝贝就不会发生宫外孕，贝贝以后还能不能怀孕这都两说，李晓强得承担责任。于是，她找到李晓强的父母，要李晓强家长给个说法，而且还要赔偿。李晓强的父母一再道歉，但是谈到赔偿，他们也觉得挺冤枉的。他们认为，王贝贝和李晓强毕竟是自愿发生性关系的，谁也没有强迫谁，所以他们不愿意对贝贝进行赔偿。

既然协商不成，刘玉红就起诉了李晓强和他的父母，要求赔偿。在诉讼过程中，又对王贝贝切除输卵管做了伤残等级鉴定。经鉴定，贝贝的伤残等级为九级。刘玉红请求法院判令李晓强及他的父母赔偿王贝贝各项费用30万余元。

王贝贝当初是自愿与李晓强发生关系的，李晓强及其父母是否有义务对王贝贝进行赔偿呢？这就不得不提到民法中的一个重要原则：公平原则。

公平原则是民法的一项基本原则，它要求当事人在民事活动中应以社会正义、公平的观念指导自己的行为、平衡各方的利益，要求以社会正义、公平的观念来处理当事人之间的纠纷。

本案中，原告、被告均认可双方为恋爱关系并自愿发生关系的事实，被告也承认双方的行为导致原告怀孕的事实。原告、被告双方均系未成年人，在交往期间，原告、被告双方贸然发生性行为，致使原告右侧输卵管异位妊娠，导致右侧输卵管被切除，造成原告人体损伤九级伤残，对于这一损害结果的发生，原告、被告双方都应当负有相应的责任。人民法院依据公平原则，由双方当事人平均分担，各承担50%的责任。被告李晓强于判决生效后10日内给付原告王贝贝各项损害补偿款共计12万元，由李晓强的父母承担赔偿责任。

王贝贝住院以后，李晓强也吓坏了，他毕竟还是个孩子，不但没有去询问贝贝的病情，还把贝贝的微信也删除了，不再联系。王贝贝承受着身体上的伤痛和精神上的伤害，两个人也不再联系了。王贝贝毕竟还是个高中学生，刘玉红也担心因为怀孕的事情让王贝贝在同学中抬不起头来，于是给她办了转学，准备复读一年，第二年再参加高考。经历了宫外孕、休学、转学这一系列的风波，王贝贝的内心受到了很大的伤害，不仅耽误了一年的学业，人也变得十分消极。李晓强也因为这件事受到了学校处分，他的父母带着他回了老家。

刘玉红也开始反思，自己知道女儿早恋后的处理方法是否得当。如果当初能跟女儿平心静气地谈一谈，坦然面对女儿在青春期的情感变化，教会女儿保护好自己，或许贝贝也不会走到今天这一步了。

【案例二】

2018年冬天的一个上午，平时生意繁忙的陈丽好不容易有点闲暇时间，于是就在家收拾收拾屋子，给女儿李小萌洗洗床单和换下的脏衣服。

可是一拽床单，她发现不对劲了，女儿的床单上和换下的内衣上都有血迹。陈丽以为女儿来月经了，就赶紧问女儿有没有什么不舒服？但李小萌吞吞吐吐的，好像有话不敢说。在陈丽的安抚和劝导之下，李小萌说出了实情。听了女儿的话，陈丽大吃一惊，赶忙报了警。

警方介入调查后，在镇上的网吧将15岁的王亮亮抓获。王亮亮是谁？他到底对13岁的李小萌做了什么？这要从王亮亮的家庭说起。王亮亮3岁的时候，他的父母就离婚了，他跟随母亲生活，母子俩相依为命。王亮亮的母亲朱云，文化水平不高，在饭店当服务员，每天起早贪黑地工作，才能勉强维持母子俩的生活。

王亮亮 12 岁那年，朱云和现在的丈夫郭强结婚了。第二年，朱云又生了一个儿子。弟弟出生以后，全家人都在围着弟弟转，有什么好吃的好用的都留给弟弟。朱云每天忙着照顾弟弟，没什么时间看管王亮亮。打王亮亮记事起，他家里就没有爸爸。现在虽然有了爸爸，但那不是他的亲爸爸。他总觉得妈妈、弟弟、还有现在的爸爸，他们才是一家人，自己只是个外人。

所以，从弟弟出生后，王亮亮就变得叛逆，不听话。朱云说他几句，他还经常顶嘴。时间长了，王亮亮也不听朱云的管教，朱云也懒得管他了。在这样的情况之下，王亮亮学习成绩自然不好。初中毕业后，朱云就让他上了一所职业技术学校。上了技校以后，由于住校，更加脱离了母亲的管束，王亮亮开始经常逃学。他还结识了社会上的青年，每天跟他们呼朋唤友，称兄道弟，觉得自己很有面子。

半年前，王亮亮整天都泡在网吧里打游戏、聊天，也就是那个时候，他在网上认识了一个女孩，她就是李小萌。两个人在游戏中配合很默契，于是就成了网友，经常相约一起玩游戏。李小萌的聊天软件资料显示她 13 岁，在镇上的中学读初一，就是王亮亮之前所在的那个初中，两个人还是校友。李小萌还在网上发布了很多自己的照片，王亮亮一看，觉得这个女孩很漂亮。两个人年纪相仿，还是校友，在游戏里配合还很默契，于是王亮亮就约李小萌见面了。

别看李小萌才 13 岁，可她父母都是做生意的，家庭条件很好。只要李小萌开口，父母一定会满足她，要星星恨不得给摘月亮，平时零花钱不断。李小萌的父母觉得，我们家就这一个宝贝女儿，不想让孩子太辛苦，学习差不多就行，家里的钱也足够她舒舒服服地生活一辈子了。所以，李小萌才上初中就学会了化妆，穿的用的也都是名牌，经常和朋友出入游戏厅、网吧这样的场所。正因为如此，她认识了王亮亮。

两个人相约在网吧见面，一起打游戏。虽说王亮亮只有 15 岁，但已经有一米七的个头了，长相帅气，眉宇间透着一股英俊之气。第一次见面，李小萌就觉得王亮亮挺帅的。从那以后，王亮亮和李小萌就经常见面约会，王亮亮还会约上社会上的哥们儿一起玩，每次都带上李小萌。

王亮亮家庭条件不好，他没什么零花钱，李小萌家庭条件好，所以有好几次出去玩都是李小萌买单。王亮亮觉得李小萌既漂亮又有钱，李小萌觉得王亮亮和他那些社会上的朋友们很酷，有他们这样的朋友很有面子。于是，两个人见了几次面以后，李小萌就答应做王亮亮的女朋友。

这天，正好是寒假，白天李小萌的父母都出去了，留她一个人在家。王亮亮提议去李小萌家里打游戏，李小萌告诉了王亮亮自己家的地址。两个人打了一会游戏，王亮亮叫了外卖还点了啤酒。李晓萌也喝了两瓶啤酒。两个人一边吃饭喝酒，一边聊天，相互吐槽自己的父母。王亮亮说，他妈自从改嫁，又有了弟弟以后，就不管他了。李小萌说，别看自己家庭条件不错，但爸妈所有的时间都在生意上，也不管她。两个人如同找到了知音一般互相安慰，在酒精的作用下初尝了禁果，发生了关系。事后，王亮亮向李小萌承诺，一定会对李小萌好，等自己挣足够多的钱，就会带李小萌远走高飞，过更好的生活。之后，王亮亮离开了李小萌家。而李小萌的妈妈因为当天天气不好提早回了家，看到床上的血迹和孩子的异样，发现情况不对，在得知实情后报了警。

因为王亮亮尚未成年，所以警方对他询问时，通知了王亮亮的监护人朱云到场。当朱云在得知王亮亮涉嫌强奸罪的时候，赶紧向李小萌和她家人道歉，希望得到他们的原谅。可是，王亮亮的行为已经触犯刑法，即便被害人和家属原谅，他也依然要被追究刑事责任。

公安机关侦查结束后，检察院以强奸罪对王亮亮提起了公诉。王亮亮年仅15周岁，尚未成年，他需要承担刑事责任吗？这就涉及一个法律知识点：刑事责任年龄。刑事责任年龄，是法律规定行为人应负刑事责任的年龄。根据人的生理与心理发展成熟度及社会化水平确定。

根据我国刑法的规定，刑事责任年龄可以划分为三个阶段：已满16周岁的人犯罪，应当负刑事责任；已满14周岁不满16周岁的人，犯刑法规定的八类罪（即故意杀人、故意伤害致人重伤或者死亡、强奸、抢劫、贩卖毒品、放火、爆炸、投毒罪）的，应当负刑事责任；不满14周岁为无刑事责任年龄，不承担刑事责任。已满14周岁不满18周岁的人犯罪，应当从轻或者减轻处罚。因不满16周岁不予刑事处罚的，要责令他的家长或者监护人加以管教；在必要的时候，依法进行专门矫治教育。

本案中，王亮亮与李小萌发生性关系时已经年满15岁，为相对负刑事责任年龄，需要承担刑事责任。根据《中华人民共和国刑法》第236条的规定，奸淫不满14周岁的幼女的，以强奸论，从重处罚。案发时李小萌属于不满14周岁的幼女，王亮亮与不满14周岁的李小萌发生性关系，无论李小萌是否同意，王亮亮的行为都将以强奸罪论处。这也是考虑到这个年龄段的女孩生理心智尚未成熟，从法律上给予的保护。

人民法院查明事实后，判处被告人王亮亮犯强奸罪，但考虑到被告人王亮亮尚未成年，经法院调解，取得了被害人的谅解。本着教育为主，惩罚为辅的原则，为教育、感化、挽救被告人，判处王亮亮有期徒刑3年，缓刑4年。

本案的审理虽然告一段落，但王亮亮的人生留下了难以抹去的污点，而少女李小萌也失去了宝贵的人生第一次。双方的父母都非常后悔，王亮亮的母亲后悔，即便重组了家庭，又有了孩子，也不应该忽略了对王亮亮的教育。李小萌的父母更后悔，青春期的孩子，更应该关注他们的心理生理成长，只给他们提供良好的物质保障是远远不够的。有些事情钱能解决，而教育和关爱的缺失是金钱弥补不来的。

少男少女进入青春期后，表现出对异性的爱慕欣赏，或是愿意接近自己喜欢的异性，这是很正常的生理反应。但由于年龄尚小、知识和社会经验的欠缺，未成年人还不能真正理解爱情的含义，往往不知道如何把控自己的情感。如果处理不好，不仅会影响学业，甚至可能给往后的人生留下阴影。所以家长、学校、社会应该正确看待青少年早恋的问题，并加以正向引导，帮助青春期的少男少女实现正常的人际交往，让他们的心理健康发展，顺利地度过人生的花季与雨季。

坠楼的少女

法律知识点：强迫卖淫罪

2018年9月的一个周末，天气已经没有了七八月的酷热感，东北某市的商业街上人来人往，十分热闹。人们都趁着休息时间逛街娱乐，享受着放松的周末。

可在这一天，却发生了一场意外。上午10点多钟，热闹的商业区街道上，一个女孩突然从天而降，重重地摔在了水泥地面上。大白天从天上掉下来一个大活人，这一幕可把路过的行人给吓坏了。女孩掉下来的位置上方是商业街的临街公寓。显然，女孩是从这楼上掉下来的。

女孩浑身是血，奄奄一息，但她几乎用尽浑身的力气，从嘴里挤出三个字："救救我！"于是路人赶紧拨打了120急救电话，同时还报了警。女孩周围开始围上了一小群人，好心的路人把外套脱下来，给女孩垫在身下。不一会儿，救护车赶到了。与商业街繁华热闹的氛围相比，突然响起的救护声警笛声显然与周围的环境格格不入。医护人员赶到后，现场对女孩进行了包扎，紧接着把女孩抬上了救护车，送往了就近的市中心医院。所幸，经过救治，女孩脱离了生命危险。

女孩苏醒以后，警方联系了女孩的母亲，女孩的母亲火急火燎地赶到了医院。跳楼的女孩叫林倩倩，她在接受警方询问时说自己是主动跳楼的，但她之所以跳楼，和一个男人有关。

这还得从林倩倩的家庭说起。林倩倩这一年16岁，长相甜美，在镇上的高中读高一。她善良纯真，性格大大咧咧的，没什么心眼，而且家庭条件很好，平时零花钱不断，所以经常请客。漂亮的长相，外向的性格，所以在同学当中，林倩倩的人缘一直挺好的。

林倩倩的父母在她很小的时候就离婚了，林倩倩一直跟母亲王桂芳一起生活。王桂芳和林倩倩她爸离婚以后，一直单身，平时做服装生意。离婚以后，也有男士追求过王桂芳，王桂芳曾经试着和女儿聊再婚的事情，但倩倩很反感："我不想管一个陌生男人叫爸，也不想和他生活在同一屋檐下。"就这样，王桂芳怕再婚影响女儿的情绪，为了女儿，她也就不考虑再结婚的事了，一直单身。毕竟女儿可是她的命根子，是最重要的人。

为了给孩子创造好的经济条件，王桂芳在生意场上摸爬滚打，她总是认为，一定要挣足够多的钱，才能给她们娘儿俩充裕的生活保障。凭着不服输的劲头，王桂芳的服装生意做大了，家里住上了大别墅，她的性格也变得强势起来。虽然王桂芳和倩倩她爸离了婚，但是以王桂芳强势的性格，样样都得要最好的，她给倩倩穿好的、用好的，当然要求倩倩的学习成绩也必须好。

王桂芳教育孩子的理念是"穷养儿，富养女"，闺女就得富养，再说了，自己赚钱这么辛苦为了啥，还不是为了给女儿更好的生活嘛！其实，王桂芳内心深处一直觉得她和孩子她爸离婚，让女儿在单亲家庭长大，亏欠女儿太多了，她想用丰富的物质条件去弥补女儿。所以，她在物质上对女儿是有求必应，只要是女儿需要，王桂芳一定满足。但同时，王桂芳也非常在意女儿的学习成绩。她自己没什么文化，之前做生意还吃过亏，所以她把希望都寄托在女儿倩倩的身上。她觉得，林倩倩一定得学习好，将来凭本事赚钱，就不用像她现在一样辛苦了。所以，林倩倩的课余时间几乎都被王桂芳安排得满满当当，每周一、三、五学习英语、语文、数学，周二、四、六学习古筝、舞蹈、电子琴。

林倩倩的学习成绩在班级里一直是中等水平，每次考试成绩一公布，她都非常紧张，因为考出来的成绩离妈妈王桂芳的要求还相差很远。王桂芳要求女儿必须考入班级前5名，因为只有这样，将来才有希望考上重点大学。就这样，林倩倩虽然得到了物质上的极大满足，但王桂芳平时忙于生意，很少和林倩倩谈心交流，对倩倩的学习成绩只在意结果，却忽略了过程。母女二人经常因为林倩倩的学习问题而发生争吵。自从林倩倩上了高中，课业繁忙，几乎没有了课余时间。再加上林倩倩刚刚步入青春期，敏感叛逆，用王桂芳的话说，就是感觉这孩子总是和自己对着干。

高一上学期，老师还把王桂芳找去了，说林倩倩最近上课总是打瞌睡，是不是晚上学习学到太晚了，第二天才没精神。王桂芳觉得，不应该啊，孩子晚上学习是挺用功的，但为了不影响第二天上学，王桂芳每天都陪读到10点钟，然后让倩倩睡觉。王桂芳和老师说："可能是孩子太累了，我会多督促她休息的！"于是，王桂芳开始留意倩倩到底是因为什么成天打不起精神。这一查，果然找到了答案。

王桂芳晚上偷偷在女儿的房间外面，听到她躺在被窝里用手机发语音。林倩倩说："明天早上，还是6点钟，老地方见！"听到这话，王桂芳似乎觉察到了什么。大半夜的，女儿是和谁约明天早上不见不散呢？她决定按兵不动，继续暗中观察。第二天早上，王桂芳做好了早饭，倩倩吃完饭就背上书包去上学了。王桂芳从楼上的窗户看过去，一辆黑色的轿车停在离家不远的路口。林倩倩开心地坐上车，车开走了。

王桂芳纳闷了，女儿上学竟然有人专门开车在路口等她。这事让王桂芳觉得很奇怪。开车来的人是谁呢？王桂芳决定，晚上等倩倩放学再看看究竟。这天，王桂芳特地早早回家，在楼下的胡同附近等着倩倩放学。到了倩倩放学的时间，还是早上那辆黑色的轿车，在胡同口停了车。坐在副驾驶的倩倩和开车的男子举止亲密，互相依依不舍地道别。

王桂芳见倩倩下了车，赶紧走过去。这时车已经开走了，倩倩也看到了妈妈。很明显，妈妈是在等她。她愣了下神，低下头迟疑了一下，不敢看王桂芳的眼睛，然后背着书包，一转头大步流星地往家走去。母女俩一前一后，距离不远，气氛却很紧张。

刚才在外面，王桂芳不好质问女儿，现在到了家里，关上了门，她是一刻都不能等了。

林倩倩换了鞋，摘下书包，往自己的房间走，王桂芳啪的一声放下钥匙，紧跟着就到了倩倩的房间："送你回来的人是谁啊？"林倩倩理直气壮地说："是我同学！""同学？同学能开车上学吗？还早上接，晚上送？"当王桂芳说出这句话的时候，林倩倩意识到，原来王桂芳已经都看见了。倩倩觉得自己被王桂芳监视了，于是她顶嘴说道："你为啥监视我，你这是侵犯我的隐私。我就不能有点自己的私人空间吗？"王桂芳没想到，女儿竟然还和自己顶起嘴了，于是立马就扇了林倩倩一巴掌。就是这一巴掌，让母女俩的关系彻底地陷入了僵局。

在王桂芳的不断追问下，林倩倩哭着说出了实情。这个男孩叫张帅，林倩倩之所以之后会在商业街上的公寓坠楼，也和张帅有关系。一切还得从林倩倩和张帅的相识说起。

上了高中以后，班上很多同学都有了手机，林倩倩也想要一部手机。但王桂芳一开始不同意，手机王桂芳买得起，但就怕手机耽误了孩子学习。林倩倩求了王桂芳好几次，说："我们班的同学都有手机，你要是不给我买手机，我和班上的同学都有代沟了。"就这样，也是为了方便联系，王桂芳就给倩倩买了一部新手机。林倩倩和张帅就是通过这部手机认识的，但张帅可不是林倩倩的同学。

高一上学期，林倩倩开始通过手机在网上聊天。每天晚上睡觉之前，她都会摆弄一会儿手机，后来在一个交友软件上认识了一个长相帅气的男生，他就是张帅。林倩倩和张帅很聊得来。张帅告诉倩倩，他家在本地，家里经营汽车配件生意，他刚大学毕业从国外回来，父母让他回来接管家里的生意。而且张帅外表帅气，在学习上还经常给倩倩加油打气，时不时发来体贴的问候。

林倩倩从小在单亲家庭长大，基本上没有享受过父爱，初入青春期的她对男女之间的好感懵懵懂懂。妈妈王桂芳平时生意忙，很少和倩倩谈心交流，而且对她的学习成绩要求又很高，报的各种补习班填满了她的生活，让她感觉压力很大。这时突然出现一个帅气的大男孩，理解她、关心她，这让林倩倩内心觉得很温暖。所以，林倩倩就总把学习上和生活上的事情，甚至有时候和妈妈之间争吵的事，都告诉张帅，让张帅帮她出主意。每天晚上睡觉前，她都会和张帅聊一会。终于，在一个周末，两人见了面。

那天，林倩倩刚补完课和同学从补习班出来。一眼就看到张帅绅士般地倚靠在车门外，他穿着一件雪白的T恤，头发干净利落地梳到脑后，长相帅气，还带着灿烂的微笑。倩倩看到张帅有点不好意思。同学们看倩倩放了学有帅哥开车来接，当场起哄，倩倩就更不好意思了，腼腆地和张帅打了招呼。张帅很绅士地拉开了车门，请倩倩上了车。随后，张帅带倩倩去吃了午饭，并把倩倩送回家了。

第一次见面虽然时间不长，但张帅给倩倩留下了特别好的印象。这顿饭其实她没有吃好，因为全程她都感觉心在怦怦地跳，她以前对男生没有过这种感觉。这次见面后，两个人就开始频繁见面。张帅只要没事，就接倩倩上学放学，每天晚上二人也要通过手机聊到很晚才睡。直到老师发现倩倩上课总是走神犯困，告诉了她的妈妈王桂芳，王桂芳这才发现了张帅的存在。

知道女儿小小年纪就谈起了恋爱，王桂芳强硬地让倩倩和张帅断绝一切联系。林倩倩哭着说："你每天就知道让我学习学习，你在意过我的感受吗？我一点自己的时间都没有，我交个朋友怎么了？最起码他会听我的心声，我不开心他会安慰我，我考不好他会鼓励我。可你呢？你只会埋怨我！"王桂芳上去就打了林倩倩一巴掌："我既当妈又当爹地抚养你，还不如你认识不久的一个外人？看来我是养了个白眼狼啊！"说完，王桂芳收走了倩倩的手机。

自那以后，母女俩的关系开始变得紧张起来，不再像原来一样亲密。但是，倩倩和张帅并没有就此断了联系。倩倩在学校用同学的手机给张帅打电话，她告诉张帅，她妈妈发现了两人频繁联系，还打了她。林倩倩越想越委屈，说着就哭了起来。张帅安慰倩倩："你别哭了，周末我去看你。"于是，自从王桂芳发现倩倩和张帅的恋情以后，二人的联系就更加隐秘，只有趁着周末倩倩上补习班的时候才会秘密见面。但是倩倩脑子里经常会想起张帅，有时候她正写着作业，脑海里就会突然出现张帅的名字。她每天都盼着周末快点来，这样补习班放了学她就能见到张帅了。

1个月后，张帅约倩倩去逛街看电影。林倩倩骗妈妈说，自己要和同学一起出去。张帅带林倩倩看了一场电影，买了些零食，和倩倩说，我带你去个好地方，然后把倩倩带到了商业街上的一间公寓里。公寓是两室的格局，不一会儿，张帅去开门，又进来了两个男人。男人看了一眼林倩倩，就进到了另一个房间。

倩倩觉得奇怪，她来和张帅约会，怎么房间里突然多了两个陌生男人？这时候，张帅说出了让倩倩胆战心惊的话："亲爱的，一会儿你去陪陪他们哥俩，事后我会分你钱！"林倩倩吓坏了，感觉浑身的汗毛都立了起来。林倩倩今年15岁，虽然她不敢完全肯定张帅让她去陪陪他们哥俩是什么意思，但从张帅和那两个人的眼神和语气里，她能感觉出来，一定不是什么好事。她有些惊慌和害怕，于是连忙拿起书包要离开。但这个时候，张帅露出了真面目。他强硬地收走了林倩倩的书包和手机，攥住林倩倩的手腕，恶狠狠地说："你最好老实点！别硬碰硬，否则没啥好结果！"然后就把林倩倩按倒在沙发上。林倩倩用几近哀求的声音，让张帅放她回去，但显然没有用。为了制伏林倩倩，张帅还打了林倩倩两巴掌。他威胁林倩倩，你要是不听话，信不信明天你们学校的人都会看见你的裸照，我看你以后怎么见人！此时的张帅就像一头面目狰狞的野兽，他打骂林倩倩大约持续了20分钟。林倩倩吓得一边哭，一边告诉自己要保持冷静。林倩倩对张帅说："你先松开我，我答应你，我先准备准备。"

林倩倩说自己要去卫生间。进了卫生间，她迅速观察了一下，卫生间有一个小窗户，人能钻出去。要么跳楼，要么听从张帅的指挥和两个陌生男人发生关系。林倩倩已经顾不上害怕了，她按了一下冲水马桶，制造出声音，然后打开窗户，直接跳了下去。幸好，公寓在三楼，林倩倩跳楼后，没有生命危险，但浑身多处骨折。张帅发现林倩倩从卫生间窗口跳楼，救护车、警车都来了，他和那两个男人赶紧逃走了。

王桂芳接到警方打来的电话，得知倩倩在医院，连忙往医院赶去。看到病床上的女儿，王桂芳心疼得泪流满面。当得知张帅竟然逼迫女儿做见不得人的事情，王桂芳恨得咬牙切齿，恨不得马上找到张帅，给女儿讨回公道。

警方通过侦查，很快将张帅和两名男子缉拿归案。张帅到案以后，交代了自己的全部罪行。

张帅已经 23 岁，根本不是留学归来的大学生，他只有初中学历，一直没有什么正经职业，当过酒吧的领班经理，之前在酒吧就从事过组织卖淫的活动，还因为贩卖毒品坐过牢。出狱之后，无所事事的张帅经常在网上寻找年轻漂亮的女孩，骗财骗色，林倩倩就是其中之一。

张帅在交友软件上认识了林倩倩以后，发现她在网上晒了很多家里豪宅的照片，穿衣打扮也都是名牌，一看她就是有钱人家的孩子。于是张帅就想接近林倩倩，从她身上捞点钱花。所以，张帅平时对林倩倩嘘寒问暖，关怀备至，其实都是虚情假意，只是等候时机对林倩倩下手而已。但和林倩倩接触了没多久，林倩倩的妈妈就发现了，还让林倩倩断了和他的联系，没收了林倩倩的手机，给林倩倩的零花钱也少了。张帅觉得，得赶紧对林倩倩下手了，不然过一阵子，林倩倩的妈妈对她看得更紧了，那到口的"肥肉"不就跑了吗？这天，张帅约完林倩倩外出以后，就联系了他之前在酒吧认识的两个客人。张帅之前在酒吧就为这两个客人介绍过色情服务，知道二人经常出入色情场所。张帅和他们谈好了价钱，告诉他们事先开好的房间号，打算让林倩倩和他们发生关系。却不料林倩倩竟然跳楼逃脱了。

经法医鉴定，林倩倩浑身多处骨折，已构成轻伤一级，腰椎受伤已构成轻微伤。公诉机关以强迫卖淫罪对张帅提起公诉。庭审中，被告人张帅认为，虽然自己有强迫林倩倩提供色情服务的行为，但最后因为林倩倩跳楼逃脱，没有实现最终的结果。所以，他认为自己是犯罪未遂。本案涉及一个法律知识点：什么情况下强迫卖淫罪构成既遂？如何把握强迫卖淫罪的既遂标准？

《中华人民共和国刑法》第 358 条第 1 款规定："组织、强迫他人卖淫的，处五年以上十年以下有期徒刑，并处罚金；情节严重的，处十年以上有期徒刑或者无期徒刑，并处罚金或者没收财产。"

强迫卖淫罪属于行为犯，也就是说，只要行为人实施了强迫他人卖淫的行为，并且强迫行为已经完成，就构成既遂。本罪的犯罪构成不需要发生被害人已经向客人提供了色情服务这种特定的结果，主要看强迫行为是否实施完毕。被害人是否在行为人的强迫之下发生了卖淫的后果，并非法定的危害结果，只是量刑时需要考量的因素，这并不影响强迫卖淫罪的成立和既遂的认定。被告人张帅采用言语威胁、殴打的方式强迫被害人林倩倩出卖肉体，强迫行为已经发生，因此，强迫卖淫既遂。

人民法院经审理认为，被害人林倩倩案发时尚未成年。根据《中华人民共和国刑法》第358条的规定，组织强迫未成年人卖淫的，依照前款的规定从重处罚。且张帅有犯罪前科，属于累犯。最终，法院判决被告人张帅犯强迫卖淫罪，判处有期徒刑7年，并处罚金人民币7000元。张帅得到了法律应有的制裁，他联系的两位顾客，也因此受到了行政拘留处罚。

案件审判结束的时候，林倩倩的伤情有所好转，已经出院回家休养。因为女儿受伤，再加上王桂芳担心学校里会有同学议论，对倩倩的心理产生影响，所以给林倩倩办理了转学。

伤势可能痊愈，学校也能转学，但本案的发生对林倩倩的内心伤害恐怕一时难以平复。王桂芳很后悔，如果一开始她没有给倩倩那么大的学习压力，能多花时间与倩倩沟通交流，也许今天的悲剧就不会上演。

未成年人在青春期产生对异性的好感是正常的，这种好感就像一颗青苹果，稚嫩而又青涩。

青春期的孩子，尤其需要父母的呵护与关爱。为了孩子好，父母要耐心、细致地与孩子沟通，不应该居高临下，通过呵斥的方式来解决问题。本案给予我们警醒，孩子的学习成绩固然重要，但比这更重要的是父母与孩子之间良好有效的沟通。父母是孩子的第一任老师，怎么当好这个老师，值得每个人，每个家庭去思考。

后 记

　　Hello，各位读者，大家好啊，我的新书终于和大家见面啦！

　　先说一说这本书的来历，说起这本书就要从我与《法律讲堂》的渊源说起了。那就要回到传说中的"小时候"，在那个家家晚饭时都要打开电视机的年代，我清晰地记得有个法律节目，节目的开场白是"观众朋友们，大家好！欢迎收看《法律讲堂》"。主讲人讲的故事我已经记不清了，但是这句开场白却一直刻在我的脑海里。当时，有一个念想闪过，好像注定了我与《法律讲堂》的缘分，那就是"如果有一天我也能上这个电视节目该多好！"

　　如今我的梦想成真了，每次录制节目，当我走上讲台，灯光亮起打在我的身上，"观众朋友们大家好！欢迎收看《法律讲堂》。"就像小时候我看到的那些前辈主讲人一样，我接过了偶像们的话筒，在开场坚定地讲出这句开场白。这句开场白好像有魔力，每每讲起，都让我浑身充满力量。所以你看，梦想还是要有的，万一实现了呢？

　　当然，梦想的实现，不能靠做梦。这本书的诞生，是我与编导老师从我上百期《法律讲堂》的节目中提炼汇编而来。上百期节目，无数个日夜，坚持与结果同样美好。随着节目的播出，我收获了来自全国各地观众的喜爱，有很多观众把电话打到律师事务所咨询我法律问题。我深知光环的背后，更要靠精湛的律师业务支撑。长久以来，我没有忘却律师初心，带领我的团队一直在婚姻、刑事、公司股权领域深耕，而很多复杂的婚姻家事案件，其实又往往涉及这些法律领域。

在故事的讲述中，在案件的代理中，当我以律师的视角看到婚姻的悲欢离合，家庭的破裂残缺，我常常问自己婚姻的本质是什么？我深知自己阅历尚浅，不敢自称读透了人性，看透了生活的本质。我常常这样通俗地比喻，婚姻好比两个人一起组队打"怪兽"，双方要磨合出一套盖世"武功"，磨合得好，"武功"就高强，就会击退"怪兽"，享受成功的喜悦到达幸福的终点。磨合得不好，就没有什么杀伤力，反而会被"怪兽"吞噬，甚至走火入魔。当然，有时也会碰到队友退缩了、掉队了、队友和别人组队了的麻烦和困惑。那么，可能还没等到要打"怪兽"，队友就先散了。因此，这本书其实就是通过一个个现实中真实的案例，揭示人性，渗透婚姻家庭的本质。如果你此刻正深陷婚姻、情感的迷茫之中，那么，这些活生生的案例也许会带给你警示：放下手中的刀，淡忘心中的恨！每个人的人生都会经历负重前行，爱和希望是伴随我们前行的动力。希望这些真实的案例让你在做人生的选择时，不再彷徨！

　　4年前，我开始做自媒体（抖音"有张法"、快手"你张姐"），仍然是以女性律师视角讲述婚姻中要如何避坑，如何守护婚姻的美好。在自媒体平台我也收获了众多粉丝的关注和喜爱。粉丝们经常在我私信和评论区留言，说她妈妈是我《法律讲堂》节目的观众，她是我抖音的粉丝，还有很多粉丝说是看着我的节目长大的（此处手动表情——捂脸），这让我在感到受宠若惊的同时，也感受到了岁月的魅力，原来时间已经过去了5年多。观众、粉丝的关注、信任和喜爱是我莫大的荣幸，所以这本书也是对观众和粉丝的回馈。

　　这本书也是《法律讲堂》团队共同的结晶。我要感谢中央广播电视总台社教节目中心社会节目部副主任苏大为老师，5年前苏老师带队远赴沈阳开展《法律讲堂》主讲人选拔赛，通过大赛的选拔，我登上了梦想的讲台，成为《法律讲堂》的主讲人；感谢中央广播电视总台社教节目中心《法律讲堂》栏目副制片人陈德鸿老师对栏目做出的贡献，为本书倾情作序；感谢栏目策划孙海石老师，正是因为孙老师的沟通、协调，才促成了沈阳的选拔活动，使我有机会登上讲堂；感谢栏目主编郝燕飞老师，郝老师就像我们所有主讲人的一位大家长，永远在审稿环节等着我们，也正是郝老师的高标准、严要求，才让我们每一位主讲人的节目得以完美呈现；感谢栏目执行主编李威老师，撰稿初期，白天我既要办案又要忙于业务，只有晚上静下心来打磨稿件，所以每次和李威老师沟通的时间基本是在凌晨以后，估计李老师被我折磨得掉了很多根头发！由衷地感谢李威老师的指导，才有了此书的出版；我还要感谢节目导播高虹老师，要知道每次录制节目的美照可都是出自高老师之手，感谢他为我们每一位主讲人记录下美好而又珍贵的回忆。

最后，感谢我的爱人郑巍先生。很幸运我遇见了你——我人生的队友！我做律师平时很忙，常常出差熬夜，家里的生活基本照顾不上，为了成就我、成就我的律师事业，为了小家为了爱，你包容了我很多，也为我们的家付出了很多。这本书的出版你功不可没。在你生日这一天，我写下本书的后记。我的第一本书献给你，生日快乐，我爱你！

张 蕊 律师

2023 年 7 月 19 日

图书在版编目(CIP)数据

黑白灰地带:如何走出婚姻家庭的误区和阴霾/
张蕊著.— 北京:中国民主法制出版社,2023.8
ISBN 978-7-5162-3325-2

Ⅰ.①黑… Ⅱ.①张… Ⅲ.①婚姻法—案例—中国
Ⅳ.① D923.905

中国国家版本馆 CIP 数据核字(2023)第 136355 号

图书出品人:刘海涛
出版统筹:石　松
责任编辑:张佳彬　姜　华

书　　名/黑白灰地带——如何走出婚姻家庭的误区和阴霾
作　　者/张　蕊　著
出版·发行/中国民主法制出版社
地　　址/北京市丰台区右安门外玉林里 7 号(100069)
电　　话/(010)63055259(总编室)　63058068　63057714(营销中心)
传　　真/(010)63055259
http://www.npcpub.com
E-mail:mzfz@npcpub.com
经　　销/新华书店
开　　本/16 开　710 毫米 ×1000 毫米
印　　张/19.25　插页 7　字数/290 千字
版　　本/2023 年 8 月第 1 版　2023 年 8 月第 1 次印刷
印　　刷/三河市宏图印务有限公司

书　　号/ISBN 978-7-5162-3325-2
定　　价/68.00 元
出版声明/版权所有,侵权必究。

(如有缺页或倒装,本社负责退换)